古典文獻研究輯刊

三 編

潘美月・杜潔祥 主編

第 **11** 冊

宋代尚書學案(上)

蔡根祥 著

國家圖書館出版品預行編目資料

宋代尚書學案（上）／蔡根祥著 — 初版 — 台北縣永和市：花
木蘭文化出版社，2006〔民95〕

序 2+ 目 2+238 面；19×26 公分
（古典文獻研究輯刊 三編：第 11 冊）
ISBN：978-986-7128-61-4（精裝）
ISBN：986-7128-61-3（精裝）
1. 書經－研究及考訂
621.117　　　　　　　　　　　　　　　95015556

ISBN 986712861-3

9 789867 128614

古典文獻研究輯刊　　　　　ISBN：978-986-7128-61-4
三　編　第十一冊　　　　　ISBN：986-7128-61-3

宋代尚書學案（上）

作　　者　蔡根祥
主　　編　潘美月　杜潔祥
企劃出版　北京大學文化資源研究中心
出　　版　花木蘭文化出版社
發 行 所　花木蘭文化出版社
發 行 人　高小娟
聯絡地址　台北縣永和市中正路五九五號七樓之三
　　　　　電話：02-2923-1455／傳眞：02-2923-1452
電子信箱　sut81518@ms59.hinet.net
初　　版　2006 年 9 月
定　　價　三編 30 冊（精裝）新台幣 46,500 元

宋代尚書學案(上)

蔡根祥　著

作者簡介

蔡根祥字本善，號社松，廣東中山人。民國四十五年生於澳門。高中畢業後來台升學，以第一志願就讀國立台灣師範大學國文系。修業完成，獲分發台北市蘭雅國中任教。考上師大國文研究所碩士班，以論文〈《後漢書》《尚書》考辨〉完成碩士學位。經陳新雄老師推薦，應聘赴韓國釜山東亞大學校中語中文系。返台攻讀台灣師大國文研究所博士學位。以〈宋代《尚書》學案〉論文畢業。先後任教於崇佑企業專科學校、台北工專，再轉任高雄師大國文系，復改任經學研究所副教授迄今。曾受聘為國立編譯館國中國文教科書編審委員，對中學國文教材有所鑽研。除《尚書》之外，對群經、諸子、文字學、聲韻學、訓詁學、語言學、方言（粵語）、書法等皆有涉獵鑽研，現在所任教之課目亦與前述專長相同。曾發表相關論文數十篇。

提　　要

　　有宋一代，學術鼎盛；黃震云：「經解惟書最多。」蓋尚書者，既為歷代君臣施政之洪範，亦為義理之家發揮心性之理據也。然尚書之文，詰屈聱牙，又歷經七劫，千頭萬緒，見之者視為畏途；故至今日，尚書之學術體系，未臻完備；自縱而言之，宋代尚書學，尚付闕如；自橫而言之，宋代經學猶缺尚書專門之研究；自人而言之，宋儒各家之尚書學，亦鮮有探微窮賾者。是以斯篇之作，一以足成歷代尚書學體系之重要環節，二以增補宋代經學研究之未備，三以彰顯宋儒各家尚書學之真貌；故擬定其題目曰「宋代尚書學案」。「宋代」者，其時代之斷限也；「尚書」者，其研究之主題也；「學案」者，謂以人為主，論其尚書學之淵源，治尚書之方法及態度，由尚書學以見其義理思想、政治主張，以及尚書學之新見異議、疑經改經，乃至補經辨偽之意見，並明其學說之影響及評價。

　　本論文都八十萬言，共為學案二十二，人物四十八。全文共分四編：一、緒論編，說明本論文之研究目標及體例，並分析宋代學術之環境及流變風氣，以見尚書學之定位。二、北宋尚書學案編，敘述北宋諸儒之尚書學。三、南宋尚書學案編，敘述南宋諸儒之尚書學。四、結論編，一以作漢宋尚書學之比較，以見宋代尚書學之特色，二以總述本論文之收穫也。每一家學案之中，必有四項：一、案主之生平事略，以知人論世；二、述其尚書之著述與著錄，以見其學說之流傳；三、明其尚書學之內容，以見其學說之淵源、方法、見解、疑改、辨偽、義理等之主張；四、論其尚書學之影響及評價。

　　本論論文既成，總其成果，除預期目標達成之外，其尚可論者，亦有五焉：一、明漢宋尚書學之異同；二、考辨得偽書；三、辨正前人著述之本意，使其作意明白；四、辨明宋元學案及遺錯置人物，學術流派不明之誤；五、考明數家尚書學之真貌，以正前人之失。

目錄

自 序

　　金壇段玉裁嘗謂《尚書》有七難：秦火一也；漢博士抑古文二也；馬、鄭不註古文逸篇三也；魏、晉之有僞古文四也；唐修《尚書正義》用僞孔本五也；玄宗天寶改字六也；宋開寶改《釋文》七也。職是之故，讀《尚書》之難，蓋可見矣；韓退之云：「周誥殷盤，詰屈聱牙。」良有以也。是以歷來研究《尚書》者，亦云寡矣。然以今日觀之，研究《尚書》亦有可喜之事焉：如敦煌有《隸古定尚書》及《釋文》殘本，可彌改字之亡逸；清末出土甲骨、鐘鼎之契銘，少補詰屈之疑難；僞孔古文之定讞，足免歧途之誤蹈；誠可慶也。雖然，《尚書》之不易通貫，眾皆知之；上庠學子，視爲畏途。余性素不喜附驥尾，聽雷同，故於諸所涉獵者，獨鍾此經。竊常思之，若是經人皆畏之，則斯文有斷絕之虞，於是捨我其誰之慨，油然而興，不辭駑劣，願肩斯任焉。

　　余碩士論文題爲《後漢書尚書考辨》，就《後漢書》所引《尚書》文義，考得范曄當時未見《僞古文尚書》，可證僞孔出於劉宋元嘉之間，且知范氏尚書學出於鄭康成。其間經許師錟輝懇勤指點，開喻宏旨，改正錯失，所獲良多，由是識《尚書》之大概。是以欲駕輕就熟，順流而就委也。且考辨一文，主在小學考據，而學問精義，在乎貞定人生，若拘於小學詁訓，易有偏失，因思冀由漢入宋，由考據而接乎義理之學也。此《宋代尚書學案》之所由作也。

　　斯篇之作，自擬題迄完稿，歷七寒暑，其間深宵伏案，染翰操筆，覃思達旦者，不知凡幾夕，不爲不勤矣；然宋代著述，多如河沙，而余日力有限，靡能遍閱，困蹇愁鬱之意，盎然於胸臆；此其苦也。撰作之間，時見前人精義，於吾心戚戚焉；或苦思疑難，一旦豁然貫通，其心欣欣然；或偶見前儒之疏失，得一二新見於卷牘，其心信信然；而其中最可誌者，乃考得前代《尚書》著述僞書一部，就教於許師而以爲足可成立，其不知手之舞之，足之蹈之矣。此其樂也。

　　余本僑居珠海濱之澳門，少鮮接乎國學；迨弱冠，負笈蓬萊，就讀師大，以國文爲首志，將教化作先務，由是識學問統緒。白隙四載，任爲人師；教然後知困，古人誠不吾欺；遂復叩鱟宇，執贄於諸先生之門，得窺宗廟之美焉；以此得受許師錟輝之指導；三年而論文斯就，學稱小成。然登東山而小魯，登泰山而小天下，聞見漸廣，益知夏蟲井蛙之可譏；復發憤應試，三趨堂奧，思贖前業，亦

有幸再叩許師之門，聆謦欬而潤化雨。不量駑樗之質，勉馱千鈞之重；倏忽八載，始克茲篇。其間許師諄諄訓誨，勉之責之，惠護有加；文稿呈審之後，朱批斑斑，錙銖必指，掘剔疏漏，補正闕失，費時耗力，不可以道里計。猶憶今年二月，師宅之鄰，夜半失火，倉皇之間，許師未及他顧，唯抱余所草就之文稿出奔爾；吾師忠於學術之志，玉成弟子之情，不言可喻。嗟予小子，幸得良師，能不心領神習，黽勉自勵，冀不負厚望，以報師恩於萬一哉。

撰文期間，家務操勞，吾妻賽華多操持之；小兒嗷嗷，亦未遑暇顧，於此既愧且謝。本文篇幅繁蕪，頗費梓資，兄錦昌允支其半，友于之情可感。又芄芸、淑筠、騰昇三生助吾文稿初校，一併誌之。

文既就而復思之，本文論譔寫所及，實未足牢籠有宋尚書之學，其間罅漏尚多，然以學程所限，學力不足，僅以所見所識，勉爲斯文。至於補罅塞漏，惟俟他日矣。大雅君子，幸有以教之也。

民國八十三年六月　蔡根祥　謹識於
國立台灣師範大學國文研究所

第一編　緒　論

第一章 導 言

一、釋名義

　　本文以「宋代」爲範圍，專以六經中之「尙書」一經爲研究對象，並師意黃宗羲
之「宋元學案」、「明儒學案」之「學案」，因題曰「宋代尙書學案」。宋元學案原敍云：

> 周官經曰：師以賢得民，儒以道得民。鄭注以德行六藝分屬師儒；蓋
> 以小成大成別之；實非有區域也。然魯論孔子及門，分爲四科；小戴記儒
> 行，列爲十五；韓非子曰：孔子之後，儒分爲八。蓋道合於一者，聖也；
> 其分而屬者，儒也；各就其性以成爲學，而傳授淵源，遂不能強同〔註1〕。

夫「學案」旨在明其學說之變遷原委，及其內容之特色，以及學術之成就。就宋元
學案之體例言之，列于每一學案之首者，皆此一學術流派之首領，其下列述諸人，
則爲流衍承繼者，故其書於首領人物，論之特爲詳備，而其後所列者，則各標明其
與首領之關係，若門人、講友、同調、學侶之類，然後述其生平事略；蓋其意以爲
諸後列者其學術與首領者相同也。然則「學案」之義，多就學派整體而論也。本文
除有取於斯義者外，復益以「個案」之意。蓋宋元學案之作，乃就某派學術全體而
言，故其重者在大同，而本文唯執「尙書」一經之學以研論，其範圍既視宋元學案
爲小，故欲求其精密，是以大同之外，孜孜求彼此之小異，若不就諸家個別求索，
則小異無由彰現；不求其小異，則不能見彼此尙書說相承變化之迹。且宋儒之學，
多師心自用，視師傅所傳之說，猶多取捨異同之論，可謂人各一家，自成體系，必
就個案以求，始見其尙書學之眞面目也。是以本論文所謂「學案」，其義有二：

　　（一）以見其學說原委流派之關係。

　　（二）以顯其個別尙書學說之特色。

〔註 1〕見宋元學案前附，何凌漢撰。

二、研究本課題之動機

　　昔韓退之謂「周誥殷盤，誥屈聱牙」，尚書讀之不易，於此可見矣。蓋尚書既經秦火之餘，幾成絕學，幸賴伏生，雖耄而猶以其所學教於齊魯之間，尚書之學，於斯漸盛；然其后劫難踵至：若漢有今、古文之爭；漢末有鄭、王混亂家法；晉則孔壁古文全數亡佚，偽古文尚書之出現；南北朝有北鄭南孔之異；而唐則太宗詔修五經正義，尚書學取偽孔傳本為宗，遂定於一尊，其他家派學說，於焉浸逸，玄宗命衛包改隸古從今字，於是隸古定字體亦亡；至宋太祖開寶間，命陳鄂改釋文，而隸古定本遂絕〔註2〕。職是之故，歷來研究學者，亦云寡矣。上庠學子，視為畏途。余性好勝爭衡，不喜附驥尾，聽雷同，故於諸所涉躐者，獨鍾此經。竊亦思之，若人人畏之而束諸高閣，則斯學不傳矣；於是捨我其誰之慨，油然而起，不辭駑劣，願肩此重任，繼此絕學焉。

　　又余碩士論文為「後漢書尚書考辨」，經許師錟輝之指導，於尚書一經，已能識其大概；是以欲駕輕以就熟，順流而就委也。且「考辨」之文，學類屬考據小學之門；余以為學術之精義，在貞定人生社會，若拘於考據小學，則易偏失；因思有以廣視博識，冀由漢而入宋，由考據而得接於義理之學也；此「宋代尚書學案」之所由作也。

（一）完成歷代尚書學研究之一重要環節

　　夫我國學術之流變，大致可分先秦、兩漢、魏晉南北朝、隋唐、宋元、明清數節。以尚書學論之，大陸有劉起釪先生「尚書學史」一書，總論尚書一經之流變，然於各朝代之尚書學者，多略述一二，未暇深探。而斷代研究方面，於先秦則有許師錟輝之「先秦典籍引尚書考」，足見其概；於兩漢則有古國順之「史記述尚書研究」、駱文琦之「漢書尚書說考徵」、余所撰「後漢書尚書考辨」，三篇皆就史以論經，雖未能蓋其全，亦可略窺六七。魏晉南北朝經學不振，佛老盛行，尚書之學，多沿兩漢之餘緒耳；隋唐則因修五經正義，尚書之學，定於一尊，欲見唐代尚書之學，觀尚書正義可得八九；加以有張寶三之「五經正義研究」一文，差可參考；於宋，黃震謂解經之作，尚書最多〔註3〕，成申之嘗為「尚書四百家集說」〔註4〕，其夥可知，據知尚未有宋代尚書學之斷代研究者；唯有專家學術研究中，偶一及之耳。其中研究專家尚書學之最精且深者，則程元敏先生所撰「三經新義輯考彙評（一）『尚書』」，

〔註2〕上述尚書諸難，大致採段玉裁古文尚書撰異序中所謂「尚書七難」也。
〔註3〕參見黃震《讀書日鈔》云：「經解惟書最多。」
〔註4〕參見經義考卷八四，頁1有著錄，宋志五十八卷。元代王天與尚書纂傳、董鼎書集傳輯錄纂註尚有引用一二。

以及「王柏之生平與學術」專論王柏之尚書學；又有「宋元之際的學者─金履祥和他的遺著」一文，專論其尚書學。又有何淑貞先生撰「金履祥生平及其經學」博士論文，亦有金氏尚書學之專章論述。其他若錢穆之「朱子新學案」中，論及朱子之尚書學，喬珩琯先生「陳振孫學記」一書有論陳氏之尚書學，如此之類，亦尚有之；然若劉子健著「歐陽修的治學與從政」，劉若愚著「歐陽修研究」，於歐陽永叔之尚書學，略無一言及之。其他若郭忠恕之定古文尚書並釋文，其學有可述者，而學者皆未有論及之者。至於綜論一代者，唯有蔣秋華所撰「宋人洪範學」一文，然亦僅及洪範一篇，於尚書一經亦未得其全；且洪範之內容體式，視他篇甚殊異，不可執偏蓋全也。尚有葉國良撰「宋人疑經改經考」，上就疑改之事以論。總而言之，宋代尚書之學，又缺整體之斷代研究。元明兩代，大致承宋學而來，然於尚書學言之，梅鷟之「尚書考異」，已開清學先河，於此則有傅兆寬著「梅鷟辨偽略說及尚書考異補證」一文可參。至於清代尚書學，則有古國順所撰「清代尚書學」一書可參考。故余撰為此文，旨在補歷代尚書學斷代研究之一環。

（二）彙整宋代尚書學研究之結果

宋代學術，號稱變古，著作之豐，無與倫比；而宋儒好師心自用，博觀約取，不必囿限於師門，故若無通盤之研究，實難明其學說之端緒源流；且人各有說，自成一系，非個別釐析，亦無以見其精粹所在；本文旨在明其學之原委，兼欲顯其一家之言也。宋代尚書家數甚多，亦有不易翻尋之難，而宋代印刷刊刻之業甚盛，著作流傳極多，就余所得而論者，有四十八家：其中有世罕論者若郭忠恕；有既知之而其書已佚者若吳棫、張綱；有既知之而又易忽之者，若胡士行、范浚、歐陽修、黃倫、陳大猷等。故本文之作，不欲先儒之成果沈埋於故紙之中也。

（三）補充宋代經學研究之未備

宋代文風極盛，作者如林，理學大儒，無不治經，是以宋代經學，冠絕古今。而研究宋代經學者，於春秋有宋鼎宗之「春秋宋學發微」，於詩經則有黃忠慎之「宋代之詩經學」；其統論宋代六經者，則有汪惠敏之「宋代經學之研究」，然失之浮泛。是以本論文之作，旨在補宋代經學研究之未備也。

三、本論文之體例

（一）範疇之界定

本論文既稱「學案」，故以人為經，以尚書學為緯，以見其人其學，及與當時學術環境、人物之相對關係。故就人而言，凡有有關尚書學說論議之作者，均屬之；就尚書學之範圍而言，舉凡經文、傳文、注疏、大傳、文字、版本、家法、考證、

義理等，均屬之。抑亦有所難者，宋代作者之眾，作品如沙，不可勝數；其有一文之中，偶引尚書文句以證論其說者，不可即爲立一學案。是爲立一案之先，必衡其尚書相關論說之質與量也。就量言之：其人既有尚書全經專門之著述者，理當爲立一案，若東坡書傳、林之奇尚書全解等是也；或其人有專論尚書數篇或一篇之學說者，亦應列入，若楊簡之五誥解，史堯弼之洪範論，蘇轍之洪範五事說，歐陽修之泰誓論等是也；或其人本有專門之尚書著述，而今亡佚者，則爲之輯佚文以見其尚書學之面目；程元敏先生於王安石之尚書新義，已先爲之矣，故本論文得據以論王介甫之尚書學；而吳棫、陳振孫兩案，亦此類也。或其人無尚書之專著，其尚書之學說與其他學說共存成書者，亦宜爲立一案焉，若張文伯之九經疑難，胡宏之皇王大紀，王應麟之困學紀聞，眞德秀之大學衍義、西山讀書記是也。至若就質而言之：或雖無尚書專著，而影響深遠者，若劉敞七經小傳，論尚書止二十二條，而變古風氣，因之而發，王安石新義，亦每用之，可謂舉足輕重者也；若郭忠恕本有尚書之作，今其佩觿一書，有關尚書之資料僅兩條，然一以見其議唐玄宗改經之失，二以創尚書解字之新說，兩者皆具創見，可謂擲地有聲；復以汗簡之中，保存尚書古文，亦足增其量也。據上所述之質與量合而衡之，於宋代共取四十八家尚書學說，立案以論。其次就時空之範疇而論，本文既以宋代斷代研究爲準，則所謂「宋代」，其時空範疇，亦需界定。以時言之，據清乾隆時史官齊召南所作「歷代帝王年表」爲準，自宋太祖建隆元年（西元 960 年），歲在庚申，至宋帝昺祥興二年，歲次己卯，共十八主，凡三百十九年。以地言之，上述時間之內，北方尚有遼、金、蒙古，雖其國文化本不如中土之盛，然亦有一二有關尚書之事也〔註 5〕，本論文所論，止於宋王朝所管轄之範圍，遼、金、蒙古者，非所論也。雖然，亦有生平早歲晚年涉及兩朝者；由五代入宋者，唯有郭忠恕，經義考列入宋代〔註 6〕；由宋入元者，則有王應麟、金履祥；王、金二氏，入元不仕，可謂宋朝遺老；而金履祥猶近元代，古今目錄之家，有列入元代作者之林者，若清「欽定書經傳彙纂」所列書目是也〔註 7〕，然四庫全書總目提要，則命之曰「宋金履祥」，皕宋樓藏書志亦列爲「宋人」〔註 8〕；

〔註 5〕金朝於尚書有關之事，略而言之，金史孔璠傳載金熙宗頗讀尚書。選舉志載國子監書用孔安國注。金史世宗紀載大定二十三年譯經，譯尚書成。哀宗正大三年，楊雲翼講尚書。趙秉文傳載趙氏嘗上無逸直解。此篇亦見著錄於經義考卷九七，頁 10。

〔註 6〕經義考卷七九，頁 1 錄郭忠恕「古文尚書」，其次則在宋眞宗皇帝「尚書圖詩」之後，可知其列爲宋代之作者也。

〔註 7〕參見其書前附，卷首上，頁 12。

〔註 8〕四庫提要之說參見總目提要卷十一經部書類一，頁 29、30。皕宋樓藏書志則見於卷四，頁 9、10。

亦有視爲「宋元之際」者，程元敏先生「宋元之際學者－金履祥和他的遺著」是也。今以金履祥殿於宋代之末，以其尚書學之著作，質量俱精，可爲壓軸也。

（二）體式之說明

　　本文研究之目標，既欲彰顯宋代諸儒之尚書研究成果，兼欲尋釋其彼此相承相接之跡，故於每一學案之中，必論如下四項：

1、生平事略

　　孟子謂「知人論世」，讀其書而不知其人，斯不足以論其學也；況學者有某說，多因有某事而生，若東坡之書傳，每評「近世學者」而未明言所指爲誰，若不究其時代背景，則不知其爲王氏新學而作，如此於其所評者，失其指歸矣。又若范純仁之尚書解進呈神宗，其中絕無指評之論，然考諸史傳，方知其論亦一一針對王安石、宋神宗之所論

　　所爲而發；如斯者，亦知人論世之效也。故列作者生平事略一項，其中於史傳記載作者引用或討論尚書之相關材料，多所採擷，亦所以彰明作者尚書學之一助也。

2、尚書學之著述與著錄

　　宋世距今千載，宋儒所述，或存或佚，不一而足，爰立此項以論之。或論其著述之動機、時間及寫成之地域；或考其成書之過程；或溯其刊刻流傳之狀況；或索其著錄之經過；或明其存佚；或指其所見存之處；或載其體例、卷帙之數；至有辨其眞僞，正其訛誤者，皆在是矣。作者專門尚書著述之外，若文集中有論及尚書之單篇文章，或見引於他書而本已佚者，亦就所見，加以說明。

3、案主之尚書學

　　學案主之尚書學即爲本論文之核心也。本論文之目標，在明作者尚書學之特色、內容，以及與其他各家之關係，故本項所論，厥有兩大端：一以論其學說淵源，以明其傳承相接之跡；二以析論其尚書學之內容，諸如其解說尚書之觀念與方法；由尚書一經所演繹而出之義理內涵及政治思想；對尚書經文、傳疏、序文之態度；疑經改經之主張；對尚書解說之創見或異議等：凡所析述，務求精確詳實，以見前人學術之眞貌也，不必論其說之是非。

4、案主尚書學之評價及影響

　　宋代尚書之學，就時而言，乃歷代尚書學之一環節，其影響所及，亦足見學術流衍之變化；若王氏新義，獨尊六十年；朱、蔡之傳自元代以下，莫能外之者，皆是也。就地而言，某家某派之尚書說，或止行於某地，若永嘉事功派之尚書說行於永嘉，陸象山門人之尚書說止於四明，朱熹之尚書說行於天下。就學說內容而言，

或某家尚書說中，有特異之論而後世多所採用者；若東坡之論胤征、顧命，王安石之論尚書句讀及洛誥「復子明辟」之說，劉敞之疑經改經，王柏之補經，吳棫、朱熹之考辨經、傳、序之僞跡，於後世皆有深遠之影響。至於案主尚書學說之評價，於廣錄歷代學者觀點之餘，復就個人所見，予以補充評騭。或前儒評論有誤，亦爲之疏辯，務求中綮，不枉古人。

總而言之，本論文所涵蓋之範圍極廣，實非一人一時之力所能盡。蓋有宋載籍，多如繁星，累世不能盡通，余孜孜於是者八載，其間每每深宵伏案，覃思達旦，然猶深感力有不逮，掛一漏萬之處，在所不免；至乎選人立案，或亦未能盡棄個人主觀；或以識力不足，視隋珠爲魚目，以散木爲梗楠，恐亦有之。孟子云「盡其在我」，斯一言可以盡之矣。昔黃宗羲爲宋元學案而未成，全祖望爲之補續以成，卷帙盈百，不惟不多矣，而馮雲濠、王梓材復爲之補遺，而其量數倍之，足見學術研究之難全也。黃梨洲、全謝山，皆世大儒，猶尚如此，嗟余小子，豈無臨深履薄之懼乎！惟願大雅君子，有以指正；他日學有所進，當補今日之或失，終吾生而已，斯或可無愧於前人也哉！

第二章　宋代學術概說

第一節　宋代學術發展之條件

　　有宋趙氏，起家行伍，兩世裨將，終至陳橋兵變，黃袍加身，一統天下，國主十八世，國祚三百一十九年〔註1〕，文治大興；以文則有歐陽修之古文運動，於義則有性理道學之大顯，其視前代，無有過之者。學術振興，人才輩出。所以然者，自有其因；茲析論之：

一、政治之原因

（一）偃武修文之政策

　　太祖初登帝位，所任文武，皆後周舊人，石守信、王審琦，以擁立大功，典掌禁衛；太祖深以爲憂，恐其有變，遂於杯酒之間，收禁衛之兵，諸大臣出爲節度使。唐時節度使權力極大，於所管轄之區，其行政、軍事、財政，均爲統領，故唐末有諸節度使之亂；宋太祖有鑑於此，遂設通判於諸鎮，以收諸權一歸於中央；又凡藩鎮出缺者即以文人知州事以代之，若乾德元年，荊南高氏亡，即始以文臣代知州事也。不惟此也，至武將亦需讀書。涑水紀聞記曰：

　　　　太祖聞國子監集諸生講書，喜，遣使賜之酒菓，曰：今之武臣，亦當
　　使其讀經書，欲其知爲治之道也〔註2〕。

以此見宋代文治爲先，故學術之風蔚然大盛。

（二）國君躬行之提倡

　〔註1〕此用清齊召南之歷代帝王年表之說。
　〔註2〕見江少虞著宋朝事實類苑卷一，頁3引司馬光涑水紀聞。

趙匡胤以行伍得國，嘗立碑以示子孫所當遵者，凡新天子即位，必恭讀其碑上誓詞。詞有三，其一曰「不得殺士大夫及上書言事人〔註3〕」，此太祖重士得士之故也，故終宋之世，文臣無殿刀之辟。宋君重士，屢見於史籍。若太祖：

> 太祖皇帝以神武定天下，儒學之士，初未甚進用；及卜郊肆類，備法駕，乘大輅，翰林學士盧多遜攝太僕卿，升輅執綏，且備顧問。上因歎儀物之盛，詢致理之要，多遜占對詳敏，動皆稱旨。他日，上謂左右曰：作宰相須用儒者〔註4〕。

又太祖將改年號，求古今未嘗有者，宰臣以乾德為請，後得一鑑，背字云「乾德四年鑄」，乃召學士陶穀、竇儀問之，儀對曰：「蜀主曾有此號，鑑必蜀中所得。」太祖大喜曰：「作宰相須是讀書人。」自是大重儒臣〔註5〕。

宋太宗亦喜讀書，嘗謂宰相曰：「朕每日所為，自有常節，辰巳間，視事既罷，便即觀書。」又詔收訪遺書，大興書庫，為二廊以置圖書。初平蜀得書一萬三千卷，平江左又得二萬卷，參以舊籍，為八萬卷。又集李昉、扈蒙、徐鉉、張泊等門類群書，名曰「太平御覽」；又詔李昉修「太平廣記」；類前代文章為「文苑英華」〔註6〕。真宗性喜文事，無他玩好，雖政務繁劇，中夕披閱不輟，條其舛互，纖悉窮究，諸儒疲於應對。又詔諸儒編君臣事迹一千卷，曰「冊府元龜」。真宗嘗為一詩曰：

> 富家不用買良田，書中自有千鍾粟；安房不用架高梁，書中自有黃金屋；娶妻莫恨無良媒，書中自有顏如玉；出門莫恨無隨人，書中馬車多如簇；男兒欲遂平生志，六經勤向窗前讀。〔註7〕。

仁宗登極，亦時召侍講為之說經。嘗謂宋祁曰：「近代士人，多不務通經，但用一時之藝，苟取富貴。蓋進用高科者，不十年，便居顯位，所以不勸也。」〔註8〕凡此者，皆是上有好之，下必甚焉矣。

（三）科舉考試之改革

宋朝既立，開科選士，一如唐代。太祖嘗言曰：

> 國家懸科取士，為官擇人，既擢第於公朝，寧謝恩於私室，將懲薄俗〔註9〕。

士子進身仕途，唯由科舉考試，蓋科舉之制，廣及寒門，苟富實學，皆可由之以進。

〔註3〕參見清潘永因編之宋稗類鈔卷一，頁1。
〔註4〕見同註2。
〔註5〕參見註2所引書，頁11。
〔註6〕參見宋朝事實類苑卷二。
〔註7〕參見前書。真宗勸學詩，見古文真寶前集卷首真宗皇帝勸學文。
〔註8〕見宋朝事實類苑卷四，總頁39。
〔註9〕見宋會要選舉志卷三，頁1、2。

夫科舉雖始於唐代，然唐代任官，多以蔭補，由科舉而入仕者甚鮮〔註10〕；是以太祖力倡科舉，以求得人。夏竦嘗論科舉之制曰：

> 子弟以嗣蔭而受祿，士以歷試而頒爵；歷試之下，黜陟章明，故士之不肖者鮮矣〔註11〕。

宋初科舉考試，仍以詩賦爲主。宋史選舉志云：

> 宋初承唐制，貢舉雖廣，而莫重于進士、制科，其次則三學選補。

宋代科舉於各科之中，以「進士得人爲盛〔註12〕」而進士所試者，即有詩賦論文各一首，其他科目；止於帖經、墨義耳。然以文學取士，未必得治國牧民之才，遂有改革之議。首發之者爲范仲淹。慶曆三年，范仲淹奏「答手詔條陳十事」中，即有「明黜陟」、「抑僥倖」、「精貢舉」之目。其論曰：

> 今諸道學校如得明師，尚可教人六經，傳治國治人之道。而國家專以詞賦取進士，以墨義取諸科，士皆舍大方而趨小道，雖濟濟盈庭，求有才有識者，十無一二；況天下危困，乏人如此，固當教以經濟之業，取以經濟之才，庶可救其不逮。……其取士之科，即依賈昌朝等起請，進士先策論而後詩賦，諸科墨義之外，使通經旨，使人不專詞藻，必明道理〔註13〕。

慶曆四年，翰林學士宋祁，暨王拱辰、張方平、歐陽修等九人，合奏「學校貢舉條例」，本范仲淹「興學校、本實行」之意，以爲詩賦聲病，墨義記誦，不足盡人才；易以策論，則爲文詞者留心治亂，簡程式則閎博者得以馳騁，問大義則執經者不專於記誦〔註14〕，如此則人之眞才見矣。其議詔罷不行。仁宗嘉祐三年，王安石上萬言書，痛陳當時科舉之弊，所取之士，非皆人才，亦不適時用，及神宗登極，王安石任參知政事，進爲宰執，於熙寧四年上「乞改科舉劄子」曰：

> 伏以古之取士，皆本於學校，故道德一於上，而習俗成於下，其人材皆足以有爲於世。……宜先除去聲病對偶之文，使學者得以專意經義，以俟朝廷興建學校，然後講求三代所以教育選舉之法，施於天下，庶幾可復古矣〔註15〕。

帝從其意，詔定貢舉新制：進士罷詩賦、帖經、墨義，各占治詩、書、易、周禮、禮記一經，兼以論、孟，務通義理，不須盡用注疏。由是專以經義取士，行之十五

〔註10〕參李弘祺著宋代教育散論中，宋代教育與科舉的幾個問題一文，總頁41。
〔註11〕見夏竦文莊集卷十五，頁6李德裕非進士論。
〔註12〕見宋史選舉志一。
〔註13〕見范文正公文集政府奏議上。
〔註14〕參見續資治通鑑長編卷一四七，頁9、10，宋史選舉志一，文獻通考卷三一。
〔註15〕見臨川集卷四二，頁4。

年；然士人求列榜上，專攻王氏三經新義以應，而以經義取士之旨不達，王安石亦自歎云：

> 本欲變學究爲秀才，不謂變秀才爲學究〔註16〕。

哲宗繼位，司馬光入朝執政，廢三經新義專行；元祐元年，恢復詞賦，使與經義試并行，并許用古今諸儒之說。哲宗親政，再罷詩賦，專習經義，歷三十五年；宋室南渡，高宗重經義而抑詩賦〔註17〕；紹聖三十一年，進士試遂分經義、詩賦兩科，而並以策、論試之。自是迨明、清，經義取士，遂成定式。

宋代自慶曆以後，重經義策論，務求齊家治國之才，學者讀經之風，於焉寖盛。王夫之「宋論」曰：

> 語有之曰：『得士者昌』。……人主而下有大臣，有師儒，有長吏，皆士之所自以成者也。人主之職，簡大臣而大臣忠，擇師儒而師儒正，選長吏而長吏賢；則天下之士在巖穴者，以長吏爲所因；入學校者，以師儒爲所因；升朝朝廷者，以大臣爲所因；如網在綱，以群效於國。……大臣不自信，師儒不相親，長吏不能撫，於是乎綱斷紐絕，而獨夫之勢成……少陵長，賤妨貴，疏閒親，不肖毀賢，胥曰：吾知有天子而已。豈知天子哉？知爵祿而已矣〔註18〕。

其言雖不專就科舉而發，然論得士之是否，亦一針見血之論之。

（四）政治與學術之結合

宋自慶曆以還，科舉選士倡主經義，其意在明經世治國之道也。至熙寧年間，王安石掌政，議制新法，青苗、市易、免役諸法日下，雷厲風行。考其新法，皆出諸經籍。王氏「上五事箚子」曰：

> 蓋免役之法，出於周官，所謂府吏胥徒，王制所謂庶人在官者也。……市易之法，起於周之司市，漢之平準；今以百萬緡之錢，權物價之輕重，以通商而貫之，令民以歲數萬緡息，然知天下之貨賄未甚行；竊恐希功幸賞之人，速求成效於年歲之間，則吾法隳矣。……故免役之法成，則農時不奪而民力均矣；……市易之法成，則貨賄通流，而國用饒矣。〔註19〕

王氏「答曾立公書」曰：

〔註16〕見陳師道後山叢談卷一，頁15。筆記續編，廣文書局。顧炎武日知錄卷十九，頁473亦引之。
〔註17〕參見建炎以來繫年要錄卷一百一十三。
〔註18〕見宋論卷一太祖頁7、8。
〔註19〕見王臨川集卷四一。

一部周禮，理財居其半，周公豈爲利哉！……蓋因民之所利而利之，

不得不然也〔註20〕。

王氏亦嘗對神宗問治道，答以「擇術爲先」、「當法堯舜」，或有以爲王氏但知經術，不曉世務，安石則以爲「經術正所以經世務，但後世所謂儒者，大抵皆庸人，故世俗皆以爲經術不可施於世務爾〔註21〕」。可見王氏以經術治國措政之意。其修三經新義，頒布天下，亦爲其新法作地耳，示其法皆前有所據，乃古聖先賢之宏法也。然反王氏者，亦每據經義別立新說以駁之，若司馬光之譏孟子，蘇軾之疑周禮，作書傳以辯王氏之說；皆有爲而作也。然王安石以經術，施行於政治之上，亦經術致用之光輝也。

二、思想之原因

（一）隋唐學術之繼承及反響

夫儒學至唐，注釋繁雜，太宗遂命國子祭酒孔穎達與諸儒撰定五經正義，頒布天下，士子據之以爲科場程式，人人熟習，於是夫經學一統，別無異義；然正義之作，亦有非議者，以爲彼此互異，曲徇經文，雜引讖緯〔註22〕；故逮中唐，有啖助著春秋集傳，及其弟子陸淳著春秋集傳纂例、春秋微旨等，皆考三傳之得失，以明聖人之眞意，並時陳一己之見〔註23〕。此即不滿正義而勇於突破者。又若劉知幾著史通，以經爲史，並有疑古之篇〔註24〕；此亦唐代思想中之異類也。迨宋開國，多承唐朝之舊，一以正義爲準，不肯稍加改易；及慶曆間，劉敞之七經小傳出，始異前儒之說，王安石新義繼作，於注疏之學，徹底捨棄〔註25〕；於是說經者家爲一說，每出己意，遂蔚成風尚矣。

（二）理學之建立

李唐一代，尊佛崇道，儒家之學，淪爲次等，是故有識之士如韓愈者遂有「諫迎佛骨表」、「原道」之作，力舉儒學，排斥佛老；李翺作「復性書」，亦以建立儒家思想爲宗旨。有宋開國之初，創制之法，以儒學爲前提，重儒術，興教化；而理學者雖力持排佛老之見，然亦浸染於佛道而不自知；若理學家云明心見性，即是佛語；若陳摶所傳先天圖、太極圖，爲理學家言理、性、命之所宗，此出於道家者也。梁

〔註20〕見前書卷七三。
〔註21〕參見宋史卷三百二十七，頁3王安石本傳。
〔註22〕參見皮錫瑞著經學歷史頁43所論。
〔註23〕參見新唐書啖助傳贊。
〔註24〕參見史通卷十三疑古篇。
〔註25〕參見困學紀聞卷八經說，頁39。

啓超「儒家哲學」一書中曰：

> 佛教因禪宗之起，勢力大增；在儒家方面，亦沾染禪宗氣息，治經方
> 法，研究內容完全改變儒家在北朝時專講註疏；中唐以後，要把春秋三傳
> 束之高閣，這是方法的改變；儒家在北朝時，專講訓詁名物，中唐以後，
> 主張明心見性，這是內容的改變；所謂去傳窮經，明心見性，與佛教禪宗
> 大致相同〔註26〕。

錢穆先生則以爲禪宗者，即佛學之中土化，亦佛學之儒家化；道家之學亦然。於是儒、釋、道三家思想無形融合，成所謂理性之學，即道學也〔註27〕。此學又稱之曰「新儒學」，所以然者，先秦儒學，主在安頓人生，平治家國，鮮言性理；戰國秦漢之儒，則多牽引陰陽五行及讖緯入儒，解釋經典，以投時好；宋代儒者，則遠祧先秦孔孟之學，益之以心性道理氣命之說，其視前儒皆迥然不同，就形式而言，可謂之新矣。

　　理學之建立，以人而論，宋元學案列安定胡瑗爲首。其聘爲太學教授，嘗以「顏子所好何學」試諸生，此實如大石投水，掀起波瀾，蓋從來說經，主於訓詁解釋，而此則欲體經文之心義，出於注釋訓詁之外；亦猶孔子曰「天何言哉！四時行焉，百物生焉；天何言哉」之意。夫既欲求經意於訓詁之外，則於傳注義疏，皆不必株守，甚而棄之猶

　　恐不及，進而以理推求有不順者，至疑經文，改經文，考經文之眞僞；或若陸九淵者主「我註六經」，發揮一己之學；凡此皆理學之影響也。

三、社會之原因

（一）知識分子之醒覺

　　科舉之制，籠絡士人，天下士子，盡入此中；雖其中不乏輔君濟世之才，亦不免利祿之嫌。自胡瑗振起理學，反求諸心，所講所求，不外成德之教，所謂「顏子之樂」是也。是以有宋一代理性學者，雖不免形役仕途，然每遇困厄，皆能固執本志，安於其所遇而不稍失節，若張九成、陳鵬飛、張綱、胡宏等，雖忤當政，貶竄四裔，猶孜孜於道理探求，不稍中輟；甚至有視場屋時文爲不屑者，若范浚、傅寅、錢時、蔡沈諸人，視科舉爲畏途，沈潛於學術鑽研之中，自得其樂〔註28〕。然則學術之研究，無求無依，出於志道之心，任重道遠，死而後已，能無所得乎！學士如

〔註26〕見汪惠敏著宋代經學之研究頁16引。
〔註27〕參見錢穆著中國學術思想史論叢冊四，頁230「禪宗與理學」一文。
〔註28〕參見本論文所論上述諸家之生平事略。

此，道其遠乎？范仲淹謂「先天下之憂而憂，後天下之樂而樂」，此即知識分子心靈醒覺之先聲；張載曰：「爲天地立心，爲生民立命，爲往聖繼絕學，爲萬世開太平。」憂患之心，宏矣偉矣〔註29〕。

（二）書院教育之推助

夫書院之制，始於有唐，溯其遠源，出於先秦諸子，洙泗遺風；漢代學術，極重師法家法，今文古文，各自講授，此已具書院之雛形。逮唐受禪林之樂，高僧皆立精舍，傳法宣道，有百丈清規之制，此可謂書院之前身。書院之名，亦始於唐，玄宗時有麗正書院、集賢書院，皆建於朝省，爲修書之地，非士子肄業之所。迄宋理學大興，文風日開，講學之聲，比比相聞，構屋築舍，聚徒講習；朝廷亦每嘉其義行，賜經書，賞田產者有之。當時有所謂四大書院者。呂祖謙「白鹿洞書院記」云：

> 國初斯民新脫五季鋒鏑之阨，學者尚寡；海內承平，文風日起，儒生
> 往往依山林，即閒曠以講授，大率多至數十百人。嵩陽、嶽麓、睢陽及是
> 洞爲尤者，天下所謂四書院者也。祖宗尊右儒術，分之官書，命之祿秩，
> 錫之扁榜，所以寵綏者甚備〔註30〕。

書院既設，於是名師大儒，每駐守而講學，傳道解惑，學風大盛，幾重於學校矣。

（三）民生經濟之繁榮

夫富而後教，聖人早言於冉有；衣食足而後知榮辱，此亦人之常情；宋室初建，百姓稍息於干戈，未幾而遼金西夏，相繼擾邊，朝廷重文輕武，務求息事寧人，每爲輸帛獻金，以求相安。靖康難發，高宗定鼎於金陵，北方淪於異族之手，經濟蕭條，都城破敗，文風不振。反觀江南半壁，本爲魚米之鄉，宋室南渡，中原衣冠，學士文人，富商巨賈，亦皆隨之南下；是以政治雖屬偏安，而學風尤勝北朝；海疆之域，商業鼎盛，經濟繁榮。宋史食貨志載開寶四年，設置市舶司於廣州，後又杭州、明州、泉州，相繼設置，監領對外貿易之事。宋史謂當時泉州「有蕃舶之饒，雜貨山積」，夢梁錄記當時杭州「戶口蕃息，近百萬餘家。杭城外城，南西東北各數十里，人煙生聚，民物阜蕃，市井坊陌，鋪席駢盛，數日經行不盡，各可比外路一州郡」，足見杭城繁榮矣。經濟民生既富之矣，於是宙豪之家，每捐錢贈地，設立書院，教育子弟，學風於焉大盛〔註31〕。

（四）印刷事業之發達

宋代朝政，既重儒學，科舉考試，一本儒典，天下士子，皆人手一冊，印刷之

〔註29〕范仲淹之說見「岳陽樓記」，張載之說見張子全書卷十四近思錄拾遺。
〔註30〕見東萊集卷六。
〔註31〕參見吳萬居著宋代書院與宋代學術之關係一書中第二章頁62～65。

業，於焉盛矣。景德二年，眞宗親臨國子監檢閱圖書，問國子監祭酒邢昺以經書雕版之數，邢昺曰：

> 國初不及四千，今十餘萬，經傳、正義皆具。……臣少從師業儒時，經具有疏者百無一二，蓋力不能傳寫，今板本大備，士庶家皆有之，斯乃儒者逢辰之幸也。〔註32〕

宋仁宗嘉祐四年，求諸史善本不得，遂有重刊頒行之議。其事曰：

> 嘉祐四年，仁宗謂輔臣曰：宋、齊、梁、陳、後魏、後周、北齊書，世罕有善本，未行之學官，可委編校官精加校勘。八月，命編校書籍，盈恂、丁寶臣、鄭穆、趙彥若、錢藻、孫覺、曾鞏校宋、齊、梁、陳、後魏、北齊、後周七史。恂等言：梁、陳等書缺，獨館閣所藏，恐不足以定著，願詔京師及州縣藏書之家，使悉上之。仁宗皇帝爲下其事，至七年冬，稍稍始集；然後校正訛謬，遂爲完書，模本行之〔註33〕。

由是正史全由國子監板行矣。金人南侵破宋，汴京失守，國子監所藏書板，被劫一空；南宋初渡，諸書重校翻刻，或刻諸國子監，或刻之杭州。其他若各州縣刻書，各路使司刻書，公使庫刻書，州縣學刻書，書院刻書，私宅刻書、家塾刻書、坊肆刻書，可謂盛極〔註34〕。學者有所著述，多能刊印，不虞藏諸名山矣。印刷事業大盛，技術亦隨之提昇。仁宗慶曆年間，畢昇發明活版印刷，其術載於沈括夢溪筆談卷十八技藝篇中。南宋周必大即用此法刊印「玉堂雜記」〔註35〕。印刷術既盛且精，當能刺激學者勤研力著也。

第二節　宋代學術風氣之流變

夫春秋以前，學術各有官守，與政昇降；平王東遷，周室日衰，王官失其所守，文獻典章，散落民間，士之習之，倡爲學術；或本仁義，或言道德，或主刑政，或論陰陽；有行兼愛非攻，有爲神農之言，不一而足，百家爭鳴〔註36〕。自秦尚法，申、韓之術行焉，焚書坑儒，學術之大劫也。及漢先尚黃老，自武帝以來，罷黜百家，獨尊儒術，儒學遂成正統，儒家典籍，修輯且備；有今文之學，行於朝廷；有古文之學，盛於民間；各自訓說演義，自成一家之言，此皮錫瑞所謂「經學昌明時

〔註32〕見宋史邢昺傳。
〔註33〕見江少虞著宋朝事實類苑卷三一，總頁395。
〔註34〕參見歷代刻書概況一書中，李致忠撰宋代刻書述略，總頁52。
〔註35〕參見南宋史研究集，總頁233黃重寬「南宋活字印刷史科及其相關問題」一文。
〔註36〕註三十六：參見漢書藝文志諸子略序。

代」也。逮乎后漢，學術益盛，經書訓詁，有百餘萬言，大師講學，眾至千數；此所謂「經學極盛時代」也。東漢末，馬融、鄭玄，混用古今家法師說，其學盛極一時，而漢代師家之學微矣；及王肅起而攻鄭，於是王學盛於魏而鄭學衰，此所謂「經學中衰時代」也。南北對立，學術亦分而為南北，北史儒林傳序曰：

> 江左周易則王輔嗣，尚書則孔安國，左傳則杜元凱；河洛左傳則服子
> 慎，尚書、周易則鄭康成；詩則並主於毛公，禮則同遵於鄭氏〔註37〕。

是北朝尚鄭，南朝用王弼、孔傳、杜預，與北朝異，此所謂「經學分立時代」也。學術風氣雖分立，然南朝善談名理，增飾華詞，表裡可觀，北人多羨；久之，學術之風，北學衰而南學盛。

　　隋唐一統，政出專門，而學術多途，章句繁雜，唐太宗有感於此，乃命國子監祭酒孔穎達與諸儒撰定五經義疏，後名曰「五經正義」，後稍論訂，於高宗永徽四年頒于天下，科場明經，依此為準，天下士子，奉若圭臬。其書於易主王弼，書用孔傳，左氏依杜解，是北學全歿而南學一尊矣；此所謂「經學統一時代」也。此時期之學術，承東漢古文學之意。

　　多詳章句訓詁，是亦「漢學」也〔註38〕。至乎中唐，國勢日衰，學者思有以振起之，求索於經典，則拘限於一家；且正義之說，或彼此互異，或曲徇注文，或雜引讖緯，學者亦思有以變之，由是異說漸起矣。新唐書啖助傳云：

> 大曆時，（啖）助、（趙）匡、（陸）淳以春秋，施士匃以詩，仲子陵、
> 袁彝、韋彤、韋茝以禮，蔡廣成以易，強蒙以論語，皆自名其學〔註39〕。

其贊曰：

> 啖助在唐，名治春秋，摭訕三家，不本所承，自用名學，憑私臆決，
> 尊之曰：孔子意也。趙、陸從而唱之，遂顯於時。

上述諸人，自名其學，不肯屈就傳統注疏之學，學術風氣，於斯漸變。晁公武論之曰：

> 大抵啖、趙以前，學者皆專門名家，苟有不通，寧言經誤，其失也固
> 陋。啖、趙以後，學者喜援經擊傳，其或未明，則憑私臆決，其失也穿鑿
> 〔註40〕。

晁氏之說，殆為事實。啖、趙之後，有呂溫者，亦指舊學儒風不振，必復歸儒家倫

〔註37〕註三十七：見經學歷史頁36。
〔註38〕註三十八：見前書卷48。
〔註39〕註三十九：見新唐書卷二，頁啖助傳。
〔註40〕見文獻通考卷一，頁八十二經籍九，春秋集傳纂例辨疑條。

理之精神。其言曰：

> 夫學者豈徒受章句而已，蓋必求所以化人，日日新，又日新，以至乎終身。夫教者豈徒博文采而已，蓋必本之以忠孝，申之以禮義，敦之以信讓，激之以廉恥，過則匡之，失則更之，如切如磋，如琢如磨，以至乎無瑕〔註41〕。

可見中唐以後，學者已漸鄙視章句注疏之學，直求儒經大義。韓愈「寄盧仝詩」有云：「春秋三傳束高閣，獨抱遺經究終始。」亦此意也。

逮夫宋朝，學術與政權相起落。蓋科舉既由詩賦轉而爲經義，故因科舉而入仕者，多爲學術之人，而非文學之士；學者每因其論議之異而派分流別，彼此是非依違，遂有朋黨之興，派別之異；王夫之論北宋之變曰：

> 宋之不靖也，自景祐而一變矣；熙寧而再變，元祐而三變，紹聖而四變，至是而五變矣。國之靡定，不待智者而知也。乃數十年來，小人迭進，而公忠剛直之臣，項背相依；然求其立難進易退之節，足以起天子之敬畏，立士類之坊表者，無其人焉。……韓忠彥孤立以戴女主，而望起兩世之傾危，諸君子何其易動而難靜也！伊川貶，而尹和靖、張思叔諸學者，皆羅僞學之禁。韓侂胄之惡，自此倡；……則非禍中於國家，而且害延學術矣。建中靖國之初政，有識者所爲寒心也〔註42〕。

黨人、僞學之名，於兩宋之間，時起時落。北宋有新學、洛學、蜀學之派，有元祐之黨、熙寧之政，皆可見也。全祖望於宋元學案中，特立元祐、慶元黨案，其序錄曰：

> 元祐之學，二蔡二惇禁之；中興而豐國趙公（鼎）弛之；和議起，秦檜又禁之；紹興之末又弛之；鄭丙、陳賈忌晦翁，又啓之，而一變爲慶元之錮籍矣。此兩宋治亂存亡之所關。嘉定而後，陽崇之而陰摧之，而儒術亦漸衰矣〔註43〕。

夫宋代學術，以理學爲大宗；於所言之理有異，則必相非相難，心性之理如是，治國之理亦如是。洎自仁宗以後，相勝之習，愈趨而下，因而相傾，皆言者之氣矜爲之也。始以君子而求勝乎小人，繼以小人而還傾乎君子，繼以君子之徒自起相勝，繼以小人之徒還自相傾；至於小人之遞起相傾，則竊名義以大相反戾，而宗社生民，皆其所不恤。此有宋所謂「朋黨」，所謂「僞學」，所謂「程朱、陸王」、所謂「新學」、「蜀學」之所以興也。茲以宋代學術之流變，分期陳述如后：

〔註41〕見全唐文卷六百二十七「與族兄皋請學春秋書」。
〔註42〕見宋論卷八，總頁 147。
〔註43〕見宋元學案卷首敘錄頁 11。

一、宋初時期

　　宋代學術，承晚唐、五代之風，於文學則有所謂「西崑體」，經典學術，則仍唐之正義注疏之學。皮錫瑞曰：

　　　　經學自唐至宋初，已陵夷衰微矣，然篤守古義，無取新奇，各承師傳，
　　不憑胸臆，猶漢唐注疏之遺也〔註44〕。

是當時學術，大體尚守官書，尤以科舉考試為然。讀資治通鑑長編卷五十九記景德二年三月科試，有試題論「當仁不讓於師」，時舉子李迪、賈邊皆有名場屋，及禮部奏名，而二人皆不與；考官取其文觀之，李迪落韻，賈邊論「當仁不讓於師」，釋「師」為「眾」，與經疏異；參知政事王旦以為「落韻者，失於不詳審耳；捨注疏而立異論，輒不可許，恐士子從今放蕩無所準的」，遂取李迪而捨賈邊；史臣云：「當時朝論，大率如此。」可知皮錫瑞所言不差也。

　　然中唐自啖助、趙匡、陸淳以來，求變之風，至宋初依然存續，若聶崇義之「三禮圖」，於舊圖刊正疑訛，於義疏有未達，則引漢注以況之，於有圖未周，則詳證以補其闕。若王素昭研易，以為王、韓注易及孔、馬疏義，或未盡是，乃著易論二十三篇。宋史崔頤正傳記曰：

　　　　本監先校定諸經音疏，其間文字訛謬尚多，深慮未副仁君好古誨人之
　　意也。……伏見國子博士杜鎬、直講崔頤正、孫奭，皆苦心彊學，博貫九
　　經，問義質疑，有所依據，望令重加刊正，冀除舛謬〔註45〕。

咸平二年，邢昺主持校定群經義疏，亦頗有改易。孫奭患五經章句浮長，刪為節解數百篇，取九經之要，著微言五十篇〔註46〕。若柳開，以為諸家傳解箋註於經者，多未達其義理，他日終悉別為注解；張景稱之謂「凡誦經籍，不從講學，不由疏義，悉曉其大旨，注解之流，多為其指摘」〔註47〕。以是之故，景德四年七月，真宗嘗謂臣曰：「近見詞人獻文，多故違經旨而立說〔註48〕。可見宋初學術，大體雖仍為正義注疏之學，然有志之士，已漸變而改革矣。

二、慶曆時期

　　宋至仁宗慶曆之間，胡瑗、孫復、石介、歐陽修、劉敞、王安石等皆相繼用事，

〔註44〕見經學歷史頁48。
〔註45〕參見宋史卷四百三十一聶崇義傳、王素昭傳、崔頤正傳。
〔註46〕參見宋祁景文集卷五八「孫奭墓誌銘」。
〔註47〕參見河東先生集卷二，頁7「補亡先生傳」及附錄「行狀」。
〔註48〕見續資治通鑑長編卷六六。

理學興起，疑古風行，學術丕變，唐代章句義疏之學，已不足牢籠士子學人矣。王令於「答劉公著微之書」中云：

> 今夫章句之學，非徒不足以養才，而又善害人之材。今夫窮心劇力，茫然日以雕刻爲事，而不暇外顧者，其成何哉？初豈無適道學古之材，固爲章句之敗爾。自章句之學興，天下之學者，忘所宜學而進身甚速；忘所宜學，則無聞知；進身甚速，則謀道之日淺，甚者不知誦經讀書何以名學，徒日求入以仕〔註49〕。

其意謂章句之學，每導人於歧途。故欲破此僵化之思想樊籬，實爲要務。不獨不必信傳注，至於經文亦可致疑，此即所謂慶曆學風也。慶曆學風之力行而著者，若孫復，著「春秋尊王發微」，其言「不惑傳注，不爲曲說以亂經。其言簡易，明於諸侯大夫功罪，以考時之盛衰，而推見王道之治亂，得於經之本義爲多」，彼嘗爲仁宗講說詩經，亦「多異先儒〔註50〕」。孫復致范仲淹「寄范天章書」中曰：

> 專主王弼、韓康伯之說而求於大易，吾未見其能盡於大易者也；專主左氏、公羊、穀梁、杜預、何休、范寗之說而求於春秋，吾未見其能盡於春秋者也；專主毛萇、鄭康成之說而求於詩，吾未見其能盡於詩者也；專守孔安國之說而求於書，吾未見其能盡於書者也。彼數子之說，既不能盡於聖人之經，而可藏於太學，行於天下哉？又後之作疏者，無所發明，但委曲踵於舊之注說而已。……執事亟宜上言天子，廣詔天下鴻儒碩老，置於太學，俾之講求微義，殫精極神，參之古今，復其歸趣，取諸卓識絕見，大出王、韓、左、穀、公、杜、何、范、毛、鄭、孔之右者，重爲注解，俾我六經廓然瑩然，如揭日月於上，而學者庶乎得其門而入也。如是，則虞夏商周之治，可不日而復矣〔註51〕。

彼對注疏之學，深爲不滿，至欲全盤重新注釋，以求六經眞義彰明，而二帝三王之治道方可見也。孫復之外，胡瑗亦一健將，蔡襄撰胡瑗墓誌云：

> 胡瑗尤患隋唐以來，仕進尚文詞而遺經業，苟趨祿利。……設師弟子之禮。解經至有要義，懇爲諸生言，其所以治己而後治乎人者，……五經異論，弟子記之，目爲胡氏口義〔註52〕。

胡氏之論稱「五經異論」，其一反傳注，自出己意爲說可知也。石介傳泰山之學，於

〔註49〕見廣陵先生文集卷十七。

〔註50〕參見歐陽修居士集卷二七「孫復墓誌銘」。

〔註51〕見孫明復小集「寄范天章書二」。

〔註52〕見端明集卷三七，頁6～9。

傳注亦多所斥責。而歐陽修者其所摒棄者不獨傳注，至於經文、序文、亦一併疑之。其作「易童子問」，以爲「繫辭而下，非聖人之作」。於周禮，則以爲「漢武以爲瀆亂不驗之書，何休亦云六國陰謀之說，何也？然今考之，實有可疑者〔註53〕」。又作「詩本義」以評毛、鄭之失曰：

> 其說織辭辯，固已廣博，然不合於經者亦不少，或失於疏略，或失於謬妄〔註54〕。

所作「泰誓論」，亦不信觀兵、改元之說。至和二年，歐陽修上「論刪去九經正義中讖緯箚子」，力評漢唐經義之失。其言曰：

> 士子所本，在乎六經。而自暴秦焚書，聖道中絕。漢興，收拾亡逸，所存無幾，或殘編斷簡，出於屋壁，而餘齡昏眊，得其口傳。去聖既遠，莫可考證，偏學異說，因自名家；然而授受相傳，尚有師法。暨晉、宋而下，師道漸亡；章句之篇，家藏私畜。其後各爲箋傳，附著經文，其說存亡，以時好惡；學者茫昧，莫知所歸。至唐太宗時，始詔名儒撰定九經六疏，號爲正義，凡數百篇；自爾以來，著爲定論。凡不本正義者，謂之異端，則學者之宗師，百世之取信也。然其所載既博，所擇不精，多引讖緯之書，以相雜亂，怪奇詭僻，所謂非聖之書，異乎正義之名也〔註55〕。

故其主刪去其中詭異駁雜之說，使經義純一，學者不致誤入歧途也。

又有劉敞，作「七經小傳」，好以己意改經；宋舊國史記云：

> 慶曆以前，學者尚文辭，多守章句注疏之學；至劉原父爲七經小傳，始異諸儒之說。王荊公修經義，蓋本於原父云〔註56〕。

王應麟困學紀聞亦云：

> 自漢儒至慶曆間，談經者守訓故而不鑿；七經小傳出而稍尚新奇矣；至三經義出，視漢儒之學若土梗〔註57〕。

可見劉敞七經小傳之影響鉅大也。稍後於歐陽、劉氏者，則爲王安石，其修「三經新義」，頒於學官，以易舊注疏之說，變革之大，莫此之甚也。王氏嘗謂：

> 今衣冠而名進士者，用千萬計；蹈道者有焉，蹈利者有焉。蹈利者則否，蹈道者則未免離章絕句，解名釋數，邈然自以聖人之術彈此者有焉。

〔註53〕見居士集卷四八「問進士策」，頁一。
〔註54〕見歐陽修著毛詩本義卷十五「詩解統序」。
〔註55〕見歐陽修奏議集卷十六。
〔註56〕見晁公武著郡齋讀書志卷四，頁6；吳曾著能改齋漫錄卷二「注疏之學」條亦引之。
〔註57〕見困學紀聞卷經說八，頁39。

夫聖人之術，修其身，治天下國家，在於安危治亂，不在章句名數焉而已〔註58〕。

所謂「章句名數」，即指漢唐之學也。安石之學，以經術爲治，新學亦即新法，故言者每謂其三經新義乃爲新法作地，是其說出己意而多非傳注也。王氏又有字說，可謂之「新說文解字」，王闐之評曰：

公（王安石）之治經，尤尚解字，末流務爲新奇，浸成穿鑿〔註59〕。

其評是也；亦可見王氏之務爲新說也。

總而論之，慶曆時期，政治之改革，儒學之出新，蔚成風尚。陸游嘗論此時期之學術曰：

唐及國初，學者不敢議孔安國、鄭康成，況聖人乎！自慶曆後，諸儒發明經旨，非前人所及。然非繫辭，毀周禮，疑孟子，譏書之胤征、顧問，黜詩之序，不難於議經，況傳注乎〔註60〕？

按皮錫瑞亦嘗引此言以論宋代慶曆學風，並加案語曰：

宋儒撥棄傳注，遂不難於議經。排繫辭，謂歐陽修；毀周禮，謂修與蘇軾、蘇轍；疑孟子，謂李覯、司馬光；譏書謂蘇軾，黜詩序謂晁說之。

此慶曆及慶曆稍後人，可見其時風氣實然，不獨咎劉敞、王安石矣〔註61〕。

可見此一時期學風之轉變。皇祐元年，劉恕舉進士，詔試講經，每「先列注疏，次引先儒異說，末乃斷以己意，凡二十問，所對皆然；主司異之，擢爲第一〔註62〕」此與賈邊黜落之事相較，實不可同日而語矣。可見朝廷公卿，亦有求變之聲浪。然亦有持反對之論者，如司馬光曰：

至有讀易未識卦爻，已謂十翼非孔子之言；讀禮未知篇數。已謂周官爲戰國之書；讀詩未盡周南、召南，已謂毛鄭爲章句之學，讀春秋未知十二公，已謂三傳可速之高閣。循守注疏者謂之腐儒，穿鑿臆說者，謂之精義〔註63〕。

司馬光雖評當時學者之失，然亦足見當時學風矣。

三、南宋初期

〔註58〕見臨川集卷七五「答姚闓書」。
〔註59〕見澠水燕談錄卷十。
〔註60〕同註57。
〔註61〕見經學歷史頁48。
〔註62〕見宋史卷四百四十四本傳。
〔註63〕見困學紀聞卷八經說，頁38、39。

　　宋室爲金所迫，擄徽、欽二宗，長江以北之地，盡爲金人所據，史稱「靖康之難」。高宗定鼎金陵，改元建炎，追贈元祐黨人官爵。紹興四年，任尹和靖爲崇政殿說書；張九成、汪應辰相繼進士第一。此南宋初十年，伊川之學禁稍解。紹興六年十二月，陳公輔論伊川之學，惑亂天下，乞屏絕之。七年，陳公輔又劾胡安國學術頗僻，行義不修；四月，尹和靖以師程子之久，辭經筵。紹興十三年，張九成坐趙鼎黨，貶謫南安軍居住。十四年，何若乞申戒師儒，黜伊川、橫渠之學，自是又設專門之禁者十餘年〔註64〕。據上所述，可見南宋之初，伊川理學，亦曾見重於朝廷，理學之士，漸見擢用；然其時甚短，蓋十年耳；後又爲朝廷所禁，於是又有所謂「慶元黨禁」興焉。考南宋初十年，伊川學見重之時，學者皆懲靖康之禍，思有以振起補亡，掘禍亂根源而去之。其時學術所宗望者，莫過楊時，楊時之仕，本爲蔡京之薦；及金兵圍京，楊時受命爲國子祭

酒，遂首言蔡京蠹民害國，人所不齒，而蔡京之誤國，乃王安石新法所起，其言曰：

　　　　蓋京以繼述神宗爲名，實挾王安石以圖身利，故推尊安石，加以王爵，
　　配饗孔子廟庭；今日之禍，實安石有以啓之〔註65〕。

楊時於介甫新學，本已詆訾有加。二程遺書記云：「楊時于新學極精，今日一有所問，能盡知其短而持之。介父之學，大抵支離；伯淳嘗與楊時讀了數篇，其后盡能推類以通之〔註66〕。」故每攻王氏之學爲倡導邪說，啓人主之侈心，是以著「三經義辨」、「字說辨」、「日錄辨」，思有以思想摧廓王氏之學也。楊時所攻王學，每謂王氏「不知道」。按二程遺書記人問程頤：「介甫言堯行天道以治人，舜行人道以事天，如何？」答曰：「介甫不識道字；道未始有天人之別，但在天則爲天道，在地則爲地道，在人則爲人道〔註67〕。」是王安石主天人相分，其論洪範「庶徵」，解「若」爲「似」、「如」，亦此意也。楊時於所訂二程語錄「粹言、論道篇」，記語錄一則云：

　　　　或問：介甫有言，盡人道謂之仁，盡天道謂之聖。（程）子曰：言乎
　　一事，必分爲二，介甫之學也。道一也，未有盡人而不盡天者也，以天人
　　爲二，非道也。

考遺書卷十八此條原作「問曰：有人言：盡人道謂之仁，盡天道謂之聖。此語固何如？曰：此語固無病，然措意未是。安有知人道而不知天道者乎！道一也，豈人道

〔註64〕上述事蹟參見宋元學案卷九六，總頁 1801～1804。
〔註65〕見宋史楊時傳。
〔註66〕見二程遺書卷二上。
〔註67〕參見二程遺書卷二二上。

自是人道，天道自是天道？」兩相比較，楊時明指「介甫之言」，又加「言乎一事，必分爲二，介甫之學也」及「以天人爲二，非道也」兩句，可見楊時評王氏之學，每在王氏「天人相分」之思想，以爲「不知道」者亦在是。楊時攻王氏，亦有於心性論而言者。王氏學説，解「忠」字爲「中心爲忠」；楊時「字説辨」則評之曰：

> 心無中外，以忠爲中心，無是理也。禮器曰：禮以多爲貴者，以其外心也；以少爲貴者，以其内心也。蓋用心之有内外耳，非心有内外也〔註68〕。

此外，王氏晚年奉佛，龜山力評之；王氏以經術造士，修三經新義，楊龜山則評之曰：

> 熙寧更新法度，以經術造士；世儒妄以私智之鑿，分析文字，而枝辭蔓説亂經矣。假六藝之文，以濟其申商之術〔註69〕。

楊龜山力評王安石之學與政，乃欲以伊川之學代之，務起國家於危難之中也。不獨龜山以王氏之學爲國禍之根，李燾亦有是説，其言曰：

> 當安石萌芽，唯光、軾能逆折之，見於所述文字，不一而足。……其用功不在決洪水，闢楊墨下；使其言早聽用，寧有靖康之禍〔註70〕？

以是之故，故南宋及親見靖康之禍者，其著述中每以針砭國禍，警惕前事爲標的。若陳振孫論陳鵬飛書解曰：

> 今觀其書，紹興十三年所序，於文侯之命，其言驪山之禍，申侯啓之，平王感申侯之立己，而不知其德之不足以償怨，鄭桓公友死於難，而武公復娶於申，君臣如此，而望其振國恥，難矣！嗚呼，其得罪於檜者，豈一端而已哉〔註71〕！

陳鵬飛書解，特著意於平王「文侯之命」，是有寄意於南渡之勢，激朝廷勿苟於偏安也。又有楊龜山之弟子張九成，著「尚書詳説」；王應麟云：

> 張子韶書説，于君牙、同命、文侯之命，其言峻厲激發，讀之使人憤惋，其有感于靖康之變乎〔註72〕！

可見南渡初十年，因懲于國難，欲掘其禍根，學術矛頭均指向王氏之學；此時勢學術使之然也。

四、慶元時期

宋孝宗崩，寧宗即位，改元慶元，時韓侂胄用事，朱熹罷侍制。二年，僞學禁

〔註68〕見楊龜山先生全集卷七。
〔註69〕見前書卷四「記劍州陳諫議祠堂記」。
〔註70〕見愛日齋叢鈔卷二，頁13引。
〔註71〕見直齋書錄解題卷二，頁6。
〔註72〕見經義考卷八十，頁8引。

起。二月，省闈知貢舉，有奏論文弊，六經、語、盈、中庸、大學之書，爲世大禁。蔡元定貶編管道州。三年，有詔監司師守薦舉改官，並於奏牘前聲誓不是僞學，如是僞學，甘伏朝典；二月，有請自今權臣之黨，僞學之徒，不得除在內差遣；十二月，置僞學黨籍，列趙汝愚、朱熹等共五十九人之名。慶元四年，朱熹乞致仕。嘉泰二年，學禁稍解〔註73〕。

慶元時期，朝廷雖有僞學之禁，而學者講學不輟，朱熹、呂祖謙、陸九淵、薛季宣等，相互激盪，於是有閩學，有四明學，有金華學，有永嘉學，各自分流不絕，學術討論，未之或懈；鵝湖一會，尤爲著名。全謝山曰：

> 宋乾淳以後，學派分而爲三：朱學也，呂學也，陸學也；三家同時，
> 皆不甚合。朱熹以格物致知，陸學以明心，呂學則兼取其長，而復以中原
> 文獻之統潤色之；門庭徑路雖別，要其歸宿於聖人則一也〔註74〕。

按全祖望之說，大體得當時學術流派之大概，然尚遺永嘉事功一脈，若薛季宣、陳傅良、葉適、陳亮、唐仲友等，俱爲一時俊彥，何可忽哉！彼等多因見國家危殆，思有以救之，故於山川地理、典章制度、兵刑轉輸，多有鑽研，冀有一日能施用於國朝也。若宋末之金履祥，雖接朱子之緒，然其學受永嘉學派之影響，至爲明顯也。

第三節　宋代尚書學概說

一、宋代以前之尚書學流變

尚書者，上古帝王朝臣爲治之記錄也。以今語言之，即朝廷之文書檔案。然其中亦有後世追記遠古傳說之事，周書以上者多如是。尚書之爲一學術主題，不知起於何時，想其初當爲王官世守；及周室東遷於洛，官失其守，文書檔案與王官後裔，散入民間，遂開民間研讀尚書之途。而尚書之編集，據史記孔子世家云：

> （孔子）序書，上紀唐虞之際，下至秦繆，編集其事。

班固漢書藝文志亦承史記之說。考諸論語爲政篇有「子曰：書云：孝乎惟孝，友于兄弟。施于有政，是亦爲政，奚其爲爲政」，憲問篇有「子張曰：書云：高宗諒闇，三年不言。何謂也？」之問；皆可見孔子之書教也。孔子以前文獻，惟詩經有引文與尚書同者九條，可見孔子以前，研習尚書之風已興；孔子以後，若孟子書引尚書三十五條，荀子書引尚書二十七條，可見孔門尚書之學，流傳不絕。若墨子引書四

〔註73〕參見註64，總頁1809～1816。
〔註74〕見宋元學案卷五十一東萊學案，總頁936、937。

十四條，韓非引書十一條，呂氏春秋引書二十四條，屈原楚辭引書四條〔註75〕，可見尚書一門，廣爲學士所習也。

秦滅六國，統一天下，用李斯、韓非之議，以爲儒以文亂法，遂頒禁書之令，焚毀詩、書之冊，禁語詩書，坑殺儒士，民間不許有之，唯秦博士得研習其學。及漢，解禁書之令，求能知尚書者，得濟南伏生，故秦博士也；年老不能行，朝廷遣太常掌故鼂錯往受其書，僅得二十九篇；伏生以尚書教於齊魯之間，由是齊、魯多傳其尚書之學。其弟子濟南張生，千乘歐陽生，當時最爲知名，傳授不輟，遂有歐陽、大小夏侯三家今文尚書之學。漢武帝時，魯恭王壞孔子故宅，得古文尚書于壁中，滋多於伏生所傳者十六篇。孔安國者，孔子十一世孫，武帝時博士，悉得古文尚書之簡，以今文讀之，因以起其古文家法。司馬遷嘗從孔安國問故，故史記中頗有古文說。劉向、劉歆，皆好古文，求立學官，未果。東漢賈逵，受古文尚書，召入論白虎觀，章帝以爲可取，古文尚書遂行；及后杜林、馬融、鄭玄爲古文作注解，古文遂大顯於世。漢世尚書之學，首見僞作；東萊張霸，分析今文二十九篇以爲數十，又采左傳、書序爲作首尾，凡百二篇；成帝時求其書，以獻，取中書校之，非是，遂揭其僞。考兩漢尚書之學，今文行於朝廷，古文行於民間，今文西漢爲盛，古文東漢方殷；今文學者，每爲帝師，古文學者，講學鄉里；此古、今文家之大異也。至東漢末，鄭玄混合古今家法，而漢朝學派之別漸泯矣〔註76〕。

魏朝繼起，研尚書而名者，首推王朗。朗師楊賜，習歐陽尚書，傳子肅；肅素不喜鄭玄之說，采會同異，爲尚書解，列於學官，集聖證論以譏短鄭玄；由是遂有鄭、王學之爭。延至晉朝猶然。永嘉之亂，古文與今文歐陽、大小夏侯尚書並亡。江左中興，有所謂豫章內史梅賾奏上古文尚書孔安國傳之說，見隋書經籍志，陸德明經典釋文，唐孔穎達尚書正義，均有此說。清程廷祚「晚書訂疑」云：

> 江左之初，所得者二十九篇之僞傳也，以李顒尚書集解知之。五十七篇與傳，不出於梅頤所獻。又嘗自晉大興四年，歷百三十餘年，至宋元嘉之末考而知之；范蔚宗撰後漢書，論贊極多，未見有引用晚書者；其西羌傳中言舜竄三苗，而不言禹征苗事。徐廣史記音義所載尚書，常引皇甫謐之語，而不及孔傳。又裴松之注三國，於其文用尚書者，率援鄭注爲訓，間引馬氏，而亦不及孔傳。使其時孔書已出，不容於不見；若見之而不以

〔註75〕參見許師錟輝著「先秦典籍引尚書考」第一章第三節，總頁 41～44。
〔註76〕參見漢書、後漢書藝文志、儒林傳。並參李振興先生著「尚書流衍述要」一文。見孔孟學報第四十一期，頁 71～84。下述魏晉、南北朝、隋唐亦然。

之爲據，則其不信于孔，有必然矣。此三君者，皆終于元嘉之世者也，至
松之子駰爲史記集解，則居然引用安國之說，其後屬辭之家，稍稍徵
引，……而晚書之出于元嘉，相與刊削其始末〔註77〕。

程氏主張僞孔傳本尚書出於劉宋元嘉之後，其證十分堅強。余亦嘗就後書所引尚書
之亦，詳加考察，亦見其中絕無僞孔古文二十五篇之文，程氏之說可信〔註78〕；然
則僞孔本尚書不出於東晉也。

　　自五胡亂華後，中土爲胡人所據，漢族南移，形成南北對峙之勢。南朝國祚
多短，文教草創未遑，即已轉替，惟梁武帝好尚儒學，四方學者，靡然向風，有
孔子袪、張譏二人明於尚書。北朝國祚較長，文教大興，尚書之學頗盛。北史儒
林傳云：

　　　大抵南北所爲章句，好尚互有不同，江左尚書，則孔安國，河洛尚書
　　則鄭康成。其言大抵可信。

有隋代興，文風未替，隋書經籍志云：「孔、鄭並行，而鄭氏甚微，自餘所存，無後
師說。」是北學漸統于南學矣。其時尚書名家者，若顧彪、劉焯、劉炫是也。

　　唐代隋而有天下，太宗即位之初，即重儒崇學，置弘文館，精選天下儒士，講
論經義；以儒學多門，章句繁雜，乃命前中書侍郎顏師古，國子祭酒孔穎達，與諸
儒撰定五經義疏，名曰五經正義，令天下傳習。至是南北學說，復歸一統，開科取
士，以爲定本。其尚書採南學之孔傳本，由是鄭學益微；正義中亦每引鄭說而評駁
之。正義之說，於孔傳曲爲回護，專守一家之學，其說既定，而先儒之異義浸浸而
佚矣。又尚書於唐代，宗本孔傳本，而復有改訂。唐書藝文志云：「開元四年，玄宗
以洪範『無偏無頗』聲不協，詔改爲『無偏無陂』；天寶三年，又詔集賢學士衛包，
改古文從今文。」此所謂「古文」者，乃指由古文隸定而成之「隸古定」本文字，
所謂「今文」，即唐代之楷書。隸古定本尚書，其本仍行於世，至宋猶存，若郭忠恕、
薛季宣等皆見之。

　　唐代尚書之學，雖定於一尊，然亦有異議者。其最著名者，莫若劉知幾史通。史
通有疑古之篇，疑尚書九事，多舉汲冢書、周書、論語、孟子之言與尚書經文有相違
左者，遂致其疑，曰：「夫五經立言，千載猶仰，而求其前後，理甚相乖。」又曰：「大
抵自春秋以前，尚書之世，其作者述事如此；今取其正經雅言，理有難曉，諸子異說，
義或可憑，參而會之，以相研覈；如異於此，則無論焉。……推此而言，則遠古之書，

〔註77〕見程廷祚著晚書訂疑卷上「晚書見于宋元嘉以後條」。
〔註78〕參見余所撰「後漢書尚書考辨」第一章（三）「今本僞古文尚書出世之年代」，總頁6
　　～16。

其妄甚矣〔註79〕。」其疑尚書，可謂至矣。此亦唐末思變之風尚使然也。

二、宋代尚書學之發展

有宋一代，文風之盛，邁越前朝，於朝廷則重文輕武，儒士任相，科舉大興，務識經義；於民間亦教育大興，講學甚盛，理學相傳，遂成大流；而作家日出，刊印不輟；雖精粗相形，雅鄭相雜，瑣碎支離，所在不免，然萬派朝宗，四瀆猶分；百川騰躍，終入環內，求約於博，自得精華，此宋代之所以文風冠千秋也。茲論其尚書學之發展：

（一）宋代尚書學發展之環境

黃震讀書日鈔嘗謂：「經解惟書最多。」考宋代學者之尚書著述，見于著錄者逾二百部以上，其視自漢迄唐千餘年來尚書之著作，多逾數倍。南宋末成申之有「四百家尚書集解」，所集雖非全為宋人之說，然其數量之豐可見矣。所以然者，析論其因，厥有下列數端：

1、尚書本質之特點

夫尚書者，乃上古為治之書，君臣之訓謨，治國之淵懿存焉；是以自孔子以下，凡言政道治術者，莫不稽考焉。若漢代諸帝，皆受尚書之學，尚書博士，每為帝師，尊榮之極。宋代君王命侍臣講尚書，獻治道之文，繪尚書之圖以為座佑者，不一而足。若宋太宗淳化五年十一月，幸國子監，令孫奭講尚書，賜以束帛。眞宗咸平元年，召崔頤正日赴御書院尚書。仁宗景祐二年春正月，邇英、延義二閣寫尚書無逸篇於屏。皇祐四年十二月，蔡襄上所書無逸圖。神宗熙寧年間，命范純仁曰：「卿善論事，宜為朕條古今治亂可為監戒者。」乃作尚書解三十條以進。曰：「其言皆堯舜禹湯上武之事也，治天下無以易此，願深究而力行之。」。哲宗元祐二年九月，經筵官進講尚書，呂公著、范祖禹進所節尚書三經要語。徽宗建中靖國年間，嘗幸太學，命蔣靜講尚書無逸篇。南宋高宗建炎二年，上親書素屏尚書旅獒一篇，出示宰執。孝宗淳熙四年，賜程叔達觀尚書敬天圖，上曰：「此圖美惡並著，亦欲以之儆戒。」至無逸篇則曰：「無逸言人君享國久長，由嚴恭寅畏所致，尤當以為法。」寧宗嘉泰三年正月，幸太學，命祭酒李寅仲講尚書周官篇。理宗嘉熙四年，進石刻御製尚書敬天圖〔註80〕。宋代君王之所以多命侍講講尚書，繪圖書寫，置於俯仰之際，皆欲取以為座佑加警戒之用也。

〔註79〕見史通通釋卷十三，總頁388。
〔註80〕參見中國歷代經籍典卷一百十一書經部，總頁601～603。

2、君上之重視與研習

宋代諸帝，不獨每命侍讀講尚書，其研讀尚書，亦多有心得己見。宋太祖晚年好讀書，嘗讀尚書歎曰：

> 堯舜之世，四凶之罪，止從流竄，何近代法網過爲靡密，乃知先王用刑，蓋不獲己〔註81〕。

太祖出身戎馬，而讀書有感如此，蓋有刑措之意也。宋太宗太平興國九年，太宗謂侍臣曰：

> 朕讀書必究微旨。尚書云：伊尹放太甲於桐宮，三年，以冕服奉嗣王歸於亳，作書三篇，以訓太甲。此伊尹忠於太甲，其理明矣。杜預春秋後序云：伊尹放太甲於桐宮，乃自立也。七年，太甲潛出自桐宮，殺伊尹，立其子陟。又左氏傳云：伊尹放太甲而相之，卒無怨色。然則太甲雖見放，還殺伊尹，猶以其子爲相，此與尚書序說太甲不同。不知伏生昏忘，將此古書乃當時雜記，未足審也。豈有殺父而復相其子者乎？且伊尹著書訓君，具在方冊，必無自立之意；杜預通博，不當憑汲冢雜說，特立疑義，使伊尹忠節疑於後人〔註82〕。

太宗能引左傳、杜預注之言以論伊尹太甲之放，可謂研精探深矣，而其崇信孔傳本，或稍失之，然未可以此論責之也。眞宗於尚書亦有功夫。大中祥符四年，眞宗親赴安陵，襄事者賜召撫問，有言歸洛汭之語。眞宗指近臣曰：

> 永安在洛水之南，言洛汭，非也。學士屬文用事，尤宜愜當，即無譏謙矣〔註83〕。

按尚書三言「洛汭」，孔傳云：「水北曰汭。」眞宗精熟尚書孔傳，故侍臣誤用事典；能加指正也。眞宗亦有看尚書詩三章之作，惜未傳也。仁宗嘗製洪範政鑒十二卷，并示輔臣。衛涇論對劄子曰：

> 昔仁祖謂休祥之臻，懼者不類，災異之見，儆畏厥繇，乃考箕疇之傳，稽漢儒之説，裒類五行六沴禍福之應，爲書十二卷，名曰洪範政鑒，以示天人感召之理〔註84〕。

范祖禹亦曰：「仁宗最深洪範之學，每有變異，恐懼修省，必求其端〔註85〕。」仁

〔註81〕見曹彥約著經幄管見卷三，頁15、16。亦見宋朝事實類苑卷一，頁11，林之奇全解卷二，頁29亦引此事以爲印證。
〔註82〕見前書卷二，頁7、8。
〔註83〕見前書卷一，頁18。
〔註84〕見後樂集卷十。
〔註85〕見經義考卷九五，頁5引。

宗不僅深於洪範，於他篇亦頗有得。皇祐五年夏四月，邇英閣講書冏命「私御僕從，罔匪正人」帝曰：「君臣之際，必誠意相通而後治道成。」楊安國對曰：「陛下聰明文思，從諫弗咈，如流水之趨下，視群臣若僚友，自古盛王，未之有也。」帝曰：「臣下能進忠言，朕何惜夏禹之拜〔註86〕。」此段仁宗既有感於冏命，而又能用皋陶謨「禹拜昌言」之典，益見仁宗之深於尚書也。

英宗臨朝，亦每以尚書論議。治平三年，英宗改「清居殿」曰「欽明殿」，命直龍圖閣王廣淵書洪範於屏。因訪廣淵先儒論洪範得失；廣淵對以張景所得最深；以景論七篇進。翌日，上復召對廷和殿，曰：

> 景所說過先儒遠矣，以三德爲馭臣之柄，尤爲善論。朕遇臣下，嘗務謙柔，聽納之間，則自以剛斷，此屏置之坐右，豈特無逸之戒也〔註87〕！

按英宗不特能比較先儒、張景二說優劣，且能施之於措政之間，知而能行，其視仁宗又有過之矣。神宗即位，任用王安石，而王安石修三經新義以侔「一道德」之旨；蓋神宗亦深於尚書者也。神宗猶爲太子時，一日孫思恭侍讀，講孟子至「多助之至，天下順之，寡助之至，親戚畔之」；思恭泛引古今助順之事，而不及親戚畔之者；神宗顧曰：

> 微子，紂之諸父也，抱祭器而入周，非親戚畔之耶！

又嘗讀商本紀仲虺作誥，因取尚書讀之，至「志自滿，九族乃離」，神宗曰：「微子去之是也〔註88〕。」可見神宗身在春宮之時，已深研尚書而有得矣。

哲宗以幼主登位，寶仁皇后垂簾，時命侍臣以尚書授哲宗。范祖禹謂哲宗曰：

> 尚書言帝王政事，人君之軌範也。論語雖已講畢……望陛下更加詳熟；尚書未講者，願陛下先熟其文，臣等以次講解及之，則陛下聖意先已有得矣〔註89〕。

元祐四年二月，邇英閣召講尚書，讀寶訓。司馬康講洪範，至「乂用三德」，哲宗問曰：「只此三德，別更有德？」〔註90〕其時哲宗年雖少，而能如斯發問，其漸染薰習於其中，亦可見也矣。

南宋諸帝，多以御書尚書篇賜諸臣，雖鮮論及，然亦足見其嫻熟於尚書也。若

〔註86〕見太平治迹統類卷六，頁20。
〔註87〕見宋朝事實類苑卷五，頁47。
〔註88〕參見宋朝事實類苑卷五，頁51、53。
〔註89〕見通鑑長編紀事本末卷九十二，頁6。
〔註90〕參見前書卷九二，頁7。又石林燕語卷三亦記此事。朱子語類卷一百二十七，總頁3047論哲宗朝事，亦及此事，並評曰：「這也問得無情理。然若有人會答時，就這裏推原，卻煞有好說話。」

宋孝宗於乾道七年正月，出敬天圖以示輔臣，且曰：

> 無逸一篇，享國長久，皆本於寅畏，朕近日取尚書所載敬天事編爲兩圖，朝夕觀覽以自儆省，名之曰敬天圖〔註91〕。

可見孝宗不獨研讀尚書，且可入著作之林矣。宋代君主於尚書，研精探微若此之深，則臣下其有不精益求精者乎！

3、科舉之刺激與鼓勵

宋初科舉考試，仍以詩賦，自范仲淹等提倡改革，試以經義；至王安石執政，廢詩賦，考經義，而尚書既爲治國之大道，君臣之宏謨，故取以爲經義題目者甚夥。若王安石策問曰：

> 問皋陶曰：在知人，在安民。大哉！古之君臣相戒如此。夫雖有知人之明，而無安民之惠心，未可與爲治也；有安民之惠心而無知人之明，則不能任人，雖欲安民，亦有所不能焉。然而天子之尊也，四海之富也，自公至于士凡幾位？自正至于旅凡幾職？所謂知人者，其必有術，可以二三子而不知乎〔註92〕！

此以皋陶謨爲題目，以論知人之術也。又若以洪範爲問則曰：

> 問聖人之爲道也，人情而已矣。考之以事而不合，隱之以義而不通，非道也。洪範之陳五事，合於事而通於義者也，如其休咎之效，則予疑焉。人君承天以從事，天不得其所當然，則戒吾所以承之之事可也，必如傳云：人君行然，天則順之以然；其固然邪？僭常暘若，狂常雨若，使狂且僭，則天如何其順之也？堯、湯水旱，奚尤以取之邪？意者微言深法，非淺者之所能造，敢以質於二三子。

王安石此題，直用其三經新義洪範之說，訓「若」爲「如」而不訓爲「順」，其論天人休咎之應不相牽附，以策試士，當時士子，研習新義，蔚爲風尚由此可見科舉影響矣學術之深。

4、理學之重要主題及理據

論語謂夫子之言性與天道，不可得而聞也。孟子言性善，荀子言性惡，已開論性之門。漢代儒家，以傳經爲儒，並摻以法家之術，陰陽五行之說，不可謂之直接孔孟之緒。逮宋儒始務以直接孔孟眞精神爲宗，並受禪宗明心見性之論所習染，心、性、理、道、氣等，遂成理學家探求之主題。牟宗三先生謂宋明理學之「理」，乃兼

〔註91〕見同註80。
〔註92〕見臨川集卷七十，頁9。下條見頁11。

攝「道理」與「義理」兩者而一之之學；「道理」是儒家所講之天道、天命之理，「義理」乃自覺所作道德實踐時所見之內在當然之理；欲自覺而爲道德實踐，心性不可不談。此「性理之學」，亦即「內聖之學」，亦即「成德之教」也〔註93〕。宋明理學家所弘揚者，不外於茲。

考乎古代典籍，以時論之，莫早於易、書、詩；易言天道，詩抒性情，而書則兼而有之；易傳爲伏犧所畫，時代久遠，緲不可測；書則斷自唐堯，前人多以爲信史；論學之士，每欲於古代典籍之中，尋其論說之根源，宋代理學者，亦猶是也。若胡瑗有洪範口義，以明人君治國，當順天理之思想；程頤嘗曰：「人心，人欲；道心，天理。」是據大禹謨以辨天人也；至於朱熹，則益據大禹謨十六字傳心訣爲說，以爲堯、舜、禹三聖相傳之大道，故其於中庸章句序中，大加發揮此說。以事功名之永嘉學派學者若葉適，於習學記言總述講學大旨，亦曰：「道始於堯，欽明文思安安，允恭克讓。命羲、和，曆象日月星辰，敬授人時。」亦據尚書立言也。至眞德秀西山讀書記則每引尚書之文曰「此言某之始」，若湯誥「惟皇上帝，降衷于下民，若有恆性」，乃言性之始也。以上述觀之，尚書一經，其爲理學家所屢言者，考夫有宋尚書之著作，亦多出於理學家之手，豈無因哉！

（二）宋代尚書學之流變

宋代承漢唐之學，大體遵奉正義之說，不敢稍逾樊籬；若李迪、賈邊試「當仁不讓於師」，取落韻之李迪，黜立異之賈邊，即可見矣。其時尚書學止於考訂文字而已。若郭忠恕刊定古文尚書并釋文。又宋太祖於開寶五年，詔李昉、陳鄂等校定尚書釋文。崇文總目謂：

> 皇朝太子中舍陳鄂奉詔刊之。始開寶中，詔以德明所釋乃古文尚書，
> 與唐明皇所定今文駁異，令鄂刪定其文，改從隸書，蓋今文自曉者多，故
> 音切彌省〔註94〕。

按此即以唐玄宗命衛包所改唐代文字之尚書，與釋文相配合也，蓋玄宗時止改經文，而釋文中文字，仍多爲隸古定，故有是詔以改之也。宋太宗端拱元年，孔維等奉詔校勘五經正義，命國子監鏤板行之。至仁宗皇祐初，楊安國猶本正義之學，修五經正義節解，皇祐四年尚書正義節解成三十卷；楊安國在經筵二十七年，所講皆本正義之說也〔註95〕。

〔註93〕參牟宗三先生著心體與性體第一冊第一部綜論，第一節「正名：宋明儒學之定位」，頁1～11。

〔註94〕同註80，總頁601引。

〔註95〕見玉海卷四二。

　　至仁宗慶曆時期，若胡瑗之洪範口義，歐陽修之泰誓論，劉敞之七經小傳、程頤之經說，已不守二孔注疏之說；提出異議，考論是非，疑經改經之論生焉；或據經自立一說，發揮義理；皆突破二孔之際限也。

　　及神宗即位，熙寧新法施行，則有王安石之尚書新義，以經說爲新法地，務塞異議者之口，並頒於學官，以之取士，其學獨行於世六十年，科舉之士熟于此乃合程度；其他老師宿儒之緒言餘論，名之曲學，輒皆擯斥；當時內外校官，非三經義不登几案；可見王氏尚書新義，籠蓋一世。其時能起而反駁之者，有范純仁之尚書解，蘇軾之東坡書傳；文彥博之尚書解及二典義，亦與王學相異。同時而可述者，尚有蘇洵、蘇轍之論洪範，指劉向、劉歆之失，亦爲尚書之新意。曾鞏之洪範五事論，力求與虞夏諸書篇相合，以明王道之本，後世多稱之，其論雖較近二孔之說，然異於當時之王學也。晁說之嘗作「書晁氏傳」，於經文多有疑改，而其解說多異先儒，與二孔、王氏之說俱不同，亦熙寧以後變古風氣之大將也。此一時期與王氏學同調者，唯有張綱之「尚書講義」，幾全祖述荊公之說。

　　自靖康之禍至南宋之初，王氏之學稍息，伊洛理學之士紛起，或懲國禍之痛，藉尚書著述之警戒激勵，若陳鵬飛書說、張九成尚書詳說、書傳統論是也；或反王氏之說，若楊龜山尚書辨疑、王居正之尚書辨學，皆爲反王氏學而作者也。

　　自楊時載道而南，理學益發揚光。大由呂本中而傳林之奇，再傳呂祖謙；由張九成而傳於史浩；亦一傳而有胡宏之說；一支又由延平李侗傳朱熹，再傳蔡沈；由朱熹傳黃榦，再傳何基而至王柏，再傳金履祥；另私淑朱熹之學者魏了翁、眞德秀，而殿以王應麟。

　　二程門人袁溉，傳薛季宣，爲永嘉事功學派，而鄭伯熊與之同調。范浚雖無師傳，而自得於程伊川遺書，亦伊川之一脈也。

　　自陸九淵倡六經注我，我注六經，開心學一路，於經典鮮有述作，然其徒楊簡、袁燮，楊簡之傳錢時，均有尚書之著述，而三山陳經，或亦象山後學也。象山之徒，其說尚書，每近蘇軾書傳及呂東萊書說，或異伊川之說也。故三山陳經之尚書學，當列於東萊一脈。

　　其他尚書之作者，若吳棫之近晁說之〔註96〕；項安世之近朱熹；趙善湘、史堯弼之紹蘇洵；程大昌之近王安石；傅寅之近東萊呂祖謙，胡士行亦私淑呂伯恭者；黃度接乎薛季宣；夏僎多取林之奇、張九成；章如愚則雜採於諸家，陳振孫則爲目

〔註96〕註九十六：宋元學案列吳棫於景迂學案。考晁説之、吳棫二氏皆長於考辨，並有疑
　　　　經之説，列於同案是也。

錄考辨之家，而張文伯、黃倫，則爲士子科舉研讀而集輯眾說成書者也〔註97〕。

　　總觀南宋尙書之學，除少數著作外，全爲理學系統之士所爲，亦可見學術至南宋，理學已籠牢一代，成一思想大流，其影響尙書說解者有二：一以義理說尙書。二以求義理之說而反疑尙書之眞僞也。

（三）宋代尚書學案總表及宋元學案及補遺人物關係對照表

宋 代 尚 書 學 案 總 表		
	學 案 首 領 及 人 物 關 係	學 案 名 稱
北　宋		
1	郭忠恕	恕先尙書學案
2	胡　瑗	安定尙書學案
3	歐陽修 ── 曾　鞏 劉　敞 廖　偁	廬陵尙書學案
4	王安石 ── 張　綱	荊公尙書學案
5	程　頤	伊川尙書學案
6	范純仁 文彥博	范、文尙書學案
7	蘇　洵 ┬ 蘇　軾 　　　└ 蘇　轍	三蘇尙書學案
8	晁說之┈┐ 　　　吳　棫	晁、吳尙書學案

〔註97〕註九十七：上述諸家尚書之源流，均可見本論文各家之尚書學中，有所辨論分析。

南　宋		
9	＊胡安國 ── 胡　宏	五峰尚書學案
10	└─ ＊薛徽言 ── 薛季宣……… 黃　度	艮齋尚書學案
11	＊楊　時 ── 張九成 ── 史　浩	橫浦尚書學案
12	└─ ＊呂本中 ── 林之奇…… 夏　僎	少穎尚書學案
13	└─ 呂祖謙 …傅　寅 …陳　經 …胡士行 …魏了翁	東萊尚書學案
14	程大昌	程氏尚書學案
15	范　浚 鄭伯熊	范、鄭尚書學案
16	＊陸九淵 ── 楊　簡 ── 錢　時 └─ 袁　燮	象山門人尚書學案
17	朱　熹 ── 蔡　沈……………陳大猷	晦翁尚書學案
18	└─ ＊詹體仁 ── 眞德秀 ─ ＊王　埜 ── 王應麟	西山尚書學案
19	└─ ＊黃　榦 ── ＊何　基　王　柏 ── 金履祥	魯之尚書學案
20	項安世	項氏尚書學案
21	趙善湘 史堯弼	趙、史尚書學案
22	張文伯 章如愚 陳振孫 黃　倫	張、章、陳、黃尚書學案

註　解：（1）有＊記號者，本論文無學案。
　　　　（2）本表就諸家尚書學之相關性歸類，參以時間先後，可與下列宋元學案人物關係表相對照。
　　　　（3）黑線相連者乃有學術師承關係；虛線者則無，乃學說相承用或學風相近似者也。

宋 元 學 案 及 補 遺 人 物 關 係 對 照

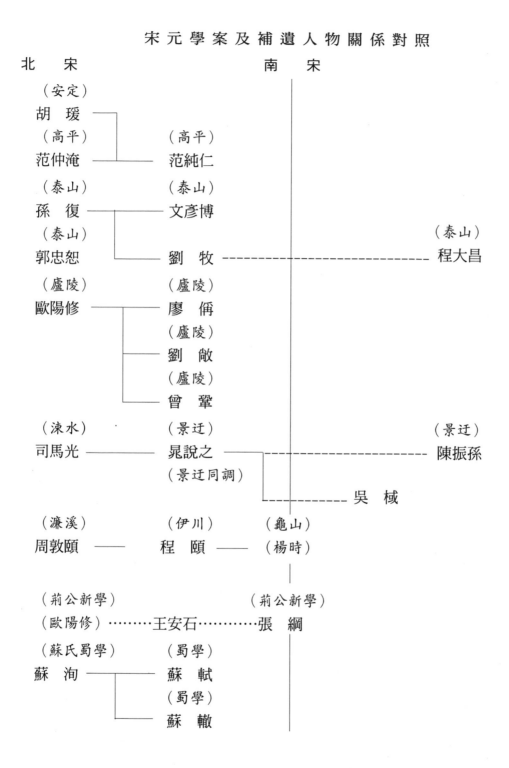

北　宋　　　　　　　　南　宋

（安定）
胡　瑗
（高平）　　　　（高平）
范仲淹　　　　范純仁
（泰山）　　　　（泰山）
孫　復　　　　文彥博
（泰山）　　　　　　　　　　　　　　　　　　（泰山）
郭忠恕　　　　劉　牧　------------------------ 程大昌
（盧陵）　　　　（盧陵）
歐陽修　　　　廖　偁
　　　　　　　（盧陵）
　　　　　　　劉　敞
　　　　　　　（盧陵）
　　　　　　　曾　鞏

（涑水）　　　　（景迂）　　　　　　　　　　（景迂）
司馬光　　　　晁說之　------------------ 陳振孫
　　　　　　　（景迂同調）
　　　　　　　　　　　　　　吳　棫

（濂溪）　　　（伊川）　　　（龜山）
周敦頤　──　程　頤　──　（楊時）

（荊公新學）　　　　　　（荊公新學）
（歐陽修）……王安石………張　綱
（蘇氏蜀學）　（蜀學）
蘇　洵　──　蘇　軾
　　　　　　　（蜀學）
　　　　　　　蘇　轍

南　宋

```
　　　　　　　　　　　　　　　　　　　　　　　（止齋學侶）
　　　　　　　　　袁　溉　─────　　　　黃　度　─────┐
（武夷）　　　（武夷）　　　　（艮齋）　　（止齋）　　　　　│
胡安國　──　薛徽言　────────　薛季宣　──　陳傅良　───┘

（龜山）　　　（五峰）　　　　　（南軒）　　（南軒）
楊　時　──　胡　宏　────　張　栻　──　史堯弼
　　　│　　（橫浦）　　　　　（橫浦）　　　　　　　　　　（橫浦）
　　　├──　張九成　────　史　浩　─────────　黃　倫
　　　│　（潘氏講友范許）
　　　├──　范　浚　───┐
　　　│　（龜山）　　　　│
　　　├──　潘良貴　───┘

　　　│　　　　　　　　　　　　　　　（紫微）
　　　│　　　　　　　　　　　　┌─　夏　撰
　　　│　（紫微）　　　　（紫微）│　（東萊）　　（迂齋）
　　　├──　呂本中　──　林之奇　┴──　呂祖謙　──　樓　鑰
　　　│　　　　　　　　　　　　　　　　　　　　　（龜山）
　　　├────────────────────────　胡士行
　　　│　（豫章）　　　　（豫章）
　　　└──　羅從彥　──　李　侗　──┐
┌────────────────────────┘
│
```

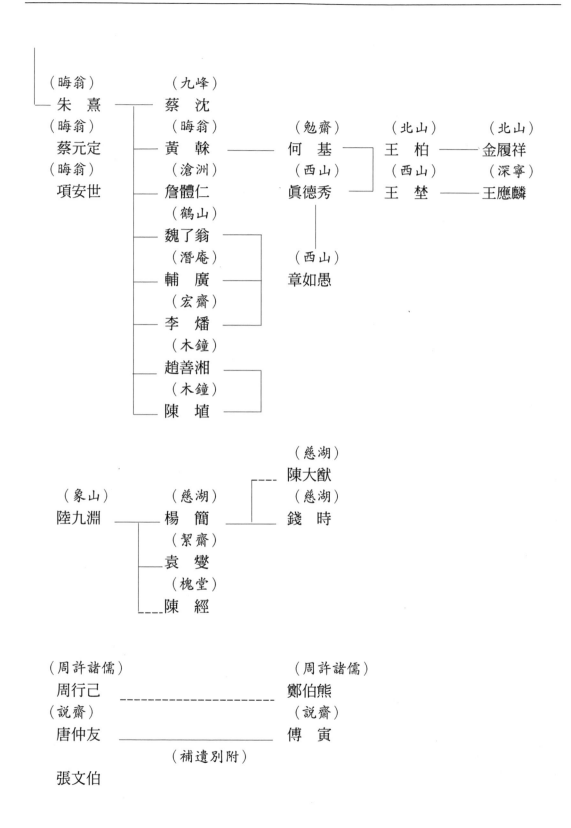

第二編　北宋尚書學案

第一章　恕先尚書學案

郭忠恕

一、生平事略

　　郭忠恕，字恕先，河南洛陽人。七歲能誦書屬文。舉童子及第。尤工篆籀。周太祖廣順中，召爲宗正丞兼國子書學博士，改周易博士。宋太祖建隆初，以嗜酒過度，坐貶乾州司戶參軍，乘醉毆從事范滌，又擅離貶所，削籍。後流落不復仕進，游於岐雍京洛間，縱酒如故。尤善畫，時人得之爭寶藏之。宋太宗即位，聞其名，召授國子監主簿，館於太學，令刊定歷代字書。復放縱敗度，上憐其才，每優容之，益使酒肆言，鬻官物，取其直，詔減死，決杖。流登州。太平興國二年，已行至齊，道中忽卒〔註1〕。郭氏之著作，多與文字有關，有佩觿，爲初學童子正字之作〔註2〕；汗簡，爲仿許叔重整理古文之作〔註3〕；古文孝經〔註4〕；古文尚書并釋文〔註5〕並行於當時。

二、尚書之著述與著錄

　　郭忠恕在後周時，雖官拜書學博士及周易博士，未嘗及尚書，然忠恕於尚書之研讀，乃自童稚時已習之矣。王禹偁先賢詩稱忠恕云：

　　　　汾陽飽經術，賦性甚坦率；在昔舉神童，廣場推傑出。尚書誦在口，

〔註1〕參見宋史卷四百四十二列傳第二百一，文苑傳本傳，並東都事略卷百一十三儒學傳郭忠恕條。
〔註2〕佩觿見商務印書館叢書集成簡編。其文曰：「佩觿者，童子之事，得立言於小學者也。」
〔註3〕四部叢刊讀編經部，汗簡前序引李建中題爲郭忠恕之作。
〔註4〕見薛季宣浪語集卷三十《敘古文老子》一文。
〔註5〕見東都事略卷百十三儒學傳郭忠恕條。

何論落自筆……古文識科斗，奧學辨萍實，字窮蒼頡本，篆證陽冰失……〔註6〕。

其詩中自註曰：「公應舉時，口念尚書，手寫論語。」則其於尚書之造詣深矣。

郭恕先尚書之作，其名有異說。宋史本傳云「所定古今尚書并釋文，並行於世」，經義考則引姓譜曰「宋太宗召爲國子監主簿，令刊定古今尚書」，然則其名當作「古今尚書」。而東都事略則云「忠恕所定古文尚書并釋文，並行於世」，王應麟困學紀聞「今有古文尚書」下注云：「郭忠恕定古文尚書并釋文〔註7〕。」玉海云：「後周顯德六年，郭忠恕定古文刻板〔註8〕。」則其書名當作「古文尚書」。按宋志無郭氏「古今尚書」之著錄，有「古文尚書二卷」，注云「孔安國隸」。考歷代藝文、經籍志，自漢至宋，均有「古文尚書」而無所謂「古今尚書」之名目〔註9〕；且忠恕精通小學篆籀古文，而古文之書又以尚書爲最著，則郭氏於尚書，當致力於古文；復以今文之字，士子皆識，何需釋文；而郭氏於尚書之所定，蓋定其字體正訛，釋文之當謬，非注解之事，則今文之本復何與焉。夫如是，則恕先所著者，當名爲「古文尚書」，宋史作「古今尚書」者，文訛所致也。

郭忠恕所定「古文尚書并釋文」，今已亡佚〔註10〕，然考之汗簡一書，則尚有一鱗半爪存其中。汗簡序云：

汗簡原闕撰人姓名，因請見東海徐騎省鉉云是郭忠恕製。復舊臼字部

未╳字註腳、趙字下俱有臣忠恕字，驗之明矣〔註11〕。

汗簡中，「趙」字下注云：

臣忠恕嘗覽滑州趙氏碑，是廣衢題額尚如此作。

可斷是書必忠恕所著無疑。其中有以窺郭氏古文尚書於一斑。而所作佩觿中，亦有若干資料可資探求者焉。

三、郭忠恕之尚書學

郭氏尚書之學，偏重古文字之定正，遂因釋文以論解，今就此二者以論析之。

〔註6〕見王禹偁小畜集卷四。

〔註7〕見困學紀聞卷二。

〔註8〕見玉海卷三七。

〔註9〕漢書藝文志有尚書古文經四十六卷。隋書經籍志有古文尚書十三卷，又有今字尚書十四卷。唐書藝文志有古文尚書孔安國傳十三卷，亦有今文尚書十三卷。

〔註10〕朱彝尊經義考云：「佚。」

〔註11〕汗簡序下云：「李公建中題此。」宋人逸事彙編郭忠恕下引玉壺清話云：「李留臺建中以書學名家，手寫忠恕汗簡集以進。」則此條當可信。

（一）汗簡中所存尚書古文

汗簡序云：

> 臣頃以小學菦官，校勘正經石字，縣是諮詢鴻碩，假借字書，時或採
> 掇，俄成卷軸，乃以尚書爲始，石經說文次之，後人綴緝者殿末焉。

書名「汗簡」者，蓋取古人析竹爲簡，烘烤出水如汗，殺青以寫經書之意，借以明書中「古文」之淵源。書中正編六卷，後有「略敘、目錄」一卷，共七卷。正編前有郭氏序言。正編收字每字一體，正文爲篆書古體，下有楷書釋文。全書共收字約三千個，徵引資料七十一種。汗簡輯成之後，昔時未受重視，僅以鈔本流傳。今四部叢書乃據清初馮舒（字巳蒼，又號癸巳老人）藏鈔本影印。

郭氏汗簡，仿許叔重說文體例，分別部居，每部之字，如有出於古文尚書者，則必列之首位，下並注明見於尚書，以是得見其尚書古文之一二焉。按汗簡中明註爲出於尚書之字者，共計四百零八字，中含重文之數，約佔今本尚書單字數四分之一〔註12〕，亦不鮮矣。

若以敦煌本尚書釋文「堯典」、「舜典」殘卷〔註13〕與之相較，其中相似者，及陸德明以爲古文而同者甚夥，今列其尤明彰者如下：

釋文殘本	汗簡尚書古文	今　文	釋文殘本	汗簡尚書古文	今　文
		睦			寅
		方			麓
		茅			愼
		禹			兜
		割			傲
		嗣			囂
		變			流

〔註12〕尚書單字之數，據尚書引得數之，約千七百六十餘字，則汗簡所有字數，約四分之一弱。

〔註13〕見敦煌叢刊初編。

		聞			鞭
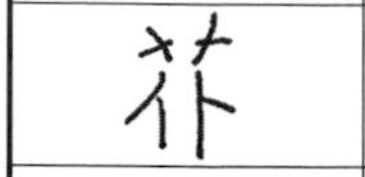	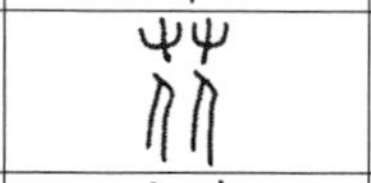	扑	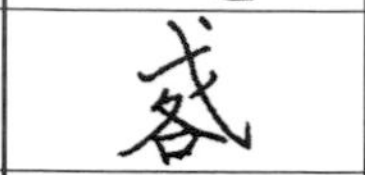	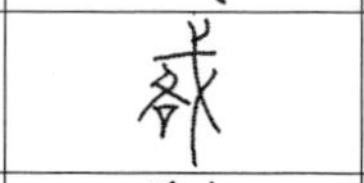	格
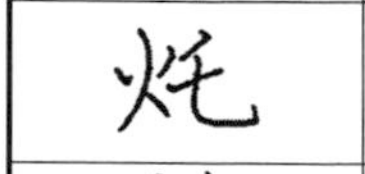	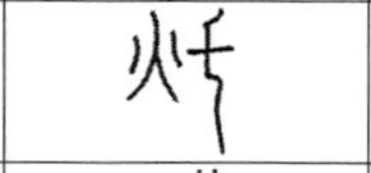	燠		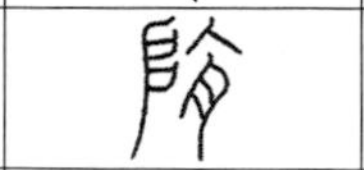	類
	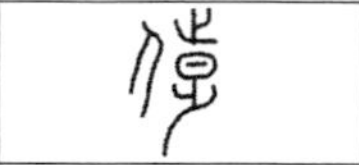	陟	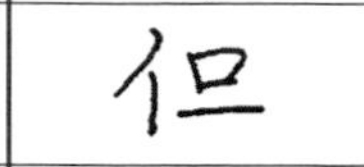		剛
		契		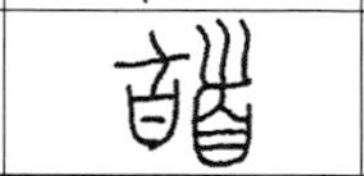	稽

郭忠恕尚書古文，雖未明言其所來自之本源，然就上列觀之，其必有所淵源。如上列聞字，釋文殘卷作「⿱米耳」，注云：「古聞字。說文古作𦖠，無此⿱米耳字。」而汗簡之字，亦從耳上米，爲一形聲字郭氏亦釋爲聞；殘卷於「⿰爪且祖」下注云：「古示邊多作爪，後仿此。」汗簡中尚書字，凡從示部者悉作「爪」，於此可見二者之淵源。

考之釋文序錄云：「尚書之字，本爲隸古，既是隸寫古文，則不全爲古字。今齊宋舊本，及徐、李等音，所有古字，蓋亦無幾，穿鑿之徒，務欲立異，依傍字部，改變經文。」然則所謂古文，本非全體，其與今字相同者，直書以今字則可矣，若連篇累牘，悉是奇字，則陸德明豈得或釋或不釋哉。晁公武曰：「古文尚書，孔安國以隸古定，自漢迄唐。行於學官。明皇改從今文，由是古文遂絕。陸德明獨存其一二於釋文。呂大防得本於宋次道、王仲至家，以校釋文，雖小有異同，而大體相類。」〔註 14〕其說當是，亦可證陸氏「古文無幾」之說。隋書經籍志云：「後漢扶風杜林傳古文尚書，同郡賈逵作訓，馬融作傳，鄭玄爲註，然其所傳，唯二十九篇。」漢書藝文志云：「古文尚書者，出孔子壁中。……孔安國者，孔子後也，悉得其書。以考二十九篇，得多十六篇。」然十六篇均亡佚，所得僅二十九篇，則其字數又去差半矣。夫如是，則汗簡雖僅有全書單字數四分之一弱，亦可能是郭氏古文尚書中古字之全部，若依經文重組，配以今字補其不足，或可還其全貌。又若以薛季宣書古文訓與汗簡尚書古文相比對，其相同者極多，然其中亦有用今字者；薛氏之古文，雖未明言其來自，當亦有取於郭氏本，若郭氏有古文之字，薛氏無由不採；且薛氏有與郭不同者，非出於說文中，即有掇於石經。如此則據薛季宣書古文訓，亦可略睹郭氏之規模矣。

〔註 14〕見晁公武郡齋讀書志。

（二）郭氏對尚書古文之見解

郭忠恕於尚書，雖偏重文字形體之研究，然因文以解義，往往亦有得焉。茲分述如下

1、汗簡「𥻆」字下云：

> 𥻆肆、説文以爲虞書肆類上帝之肆，今古文尚書無之。

按：郭氏所謂「無之」，不知其所指爲古文尚書中無此字，抑另有他字。今考之敦煌釋文殘本舜典，於肆字下云：「音四字。王云：次也；馬云：故也。」是陸德明所據本即作「肆腎于上帝」。然則郭氏所謂無者，即指無作𥻆，而字作肆，非無此一字也。薛季宣書古文訓作𥻆與説文同，乃薛氏有採掇於説文者也。郭忠恕於𥻆字，亦未列於部首，與其他出於古文尚書者不同。

2、佩觿卷上云：「尚書以悫作怒音。」下注云：「案字書悫古仁恕之恕字，今或本云古恚怒之怒，非也。」

考之汗簡無「悫」字，有「悠」字，而釋作恕；又有「奻」字釋作奴，則「悠」「奻」之釋文有矛盾。蓋「悠」字當釋作怒，作恕者，後人傳鈔之誤也。今又考薛季宣書古文訓，有「悫」字，亦有「悠」字。

> 爾忱不屬，惟胥㠯沈，不其或乣，自悫害瘝。（盤庚中）
>
> 　予六專心腹腎腸，麻告尔百姓于朕志，宧鼻尔眾、尔亡共悫，叶比
> 讒言予一人。（盤庚下）
>
> 帝乃震悠，不畀洪範九㽙。（洪範）
>
> 皇夭震悠。（恭誓上）
>
> 㐾啻㐾敢函悠。（亡逸）

薛季宣訓盤庚中「自悫害瘝」云：「自怒何益。」則艮齋亦以「悫」「悠」同作怒。僞孔本亦以上述五條俱解作怒。考之薛氏古文，雖未言其本所來自之根據，蓋與汗簡相對照，其同者特多，可見其亦本之郭氏古文。然則作「悫」「悠」之異，本亦郭氏之舊。今審乎盤庚兩作「悫」字之義，孔傳云：

> 汝忠誠不屬逮古，苟不欲徙，相與沈溺，不考之先王，禍至自怒，何
> 瘝差乎？（盤庚中）
>
> 　群臣前有此過，故禁其後。今我不罪汝，汝勿共怒我，合比凶人而妄
> 言。（盤庚下）

考盤庚中之義乃盤庚勸民遷徙，同心協力，無或以任何其他藉口搪塞之，故勸以稽考其中利害（不其或稽），毋自尋藉口以寬恕不協之行，蓋以藉口而不遷，於事無益。

孔氏必加「禍至」而以怒釋之，實有狗尾亀是之嫌，且此下文復云：「汝不謀長，以思乃災」，方是禍至之義，若前已言禍至，則其語義複沓繁蕪矣。而盤庚下之文，其上文既曰「罔罪爾眾」，乃一恩德，眾人當無因「罔罪」而共「怒」之理：故其義當為「爾眾勿以予之不爾罪，而咸自寬恕己罪，遂流於放縱為非」。總上而觀之，此二「㤅」字作「恕」解，於義較作「怒」為長。

3、佩觿卷上云：「洪範一篇，更頗為陂。」

按：此條全段文字云：「是故老子上卷，改載為哉；洪範一篇，更頗作陂。驗二篆亦部居有證，變八分則筆削難安。」則其意謂「更頗為陂」一事，實乃難安而不倫。考「更頗為陂」者，唐玄宗也〔註15〕。其詔曰：「每讀尚書洪範至無偏無頗，遵王之義，三復斯文，竝皆協韻，唯頗一字，實則不倫。又周易泰卦中無平不陂，釋文陂字亦有頗音。陂之與頗，訓詁無別；為陂則文亦會意，為頗則聲不成文；應由煨燼之餘，編簡墜缺，傳受之際，差舛相沿，原始要終，須有刊革。」由是詔改頗為陂。郭忠恕時，上距唐玄宗開元十四年下詔，已將二百五十載，其間尚書洪範之文，皆作「陂」字，而郭氏以為非，則其據古文尚書為說，亦就字形之不可相通立論，誠有識見。以今日視之，義從我聲，與頗同韻，豈可謂之不協韻哉。宋徽宗宣和六年，詔洪範復從舊文，以陂為頗者〔註16〕，或者郭氏有以倡導之乎！

四、郭忠恕尚書學之影響與評價

總而論之，尚書古文，雖因偽書屢亂，學者鮮研及之，而自漢以來，其書流行頗盛，漢志、隋志、唐志，均有著錄。至唐玄宗天寶三年改從今字，宋太祖開寶五年，別定釋文音義，古文遂不復見〔註17〕。而郭忠恕以精研篆籀古文功力，定古文尚書并釋文，傳於宋代，楊備、王應麟、薛季宣等皆及見之。今其書雖不傳，而遺文尚散見於汗簡之中，然則郭氏於古文尚書存古之功，不可等閒視之。

〔註15〕見唐書藝文志。開元十四年事。
〔註16〕見困學紀聞卷二論古文尚書條下注文。
〔註17〕太平清話宋景文云：「唐玄宗始以隸楷易尚書古文，儒者不識古文自唐開元始。」

第二章　安定尙書學案

胡　瑗

一、生平事略

胡瑗字翼之，泰州海陵人。生於淳化四年癸巳（993），卒於嘉祐四年己亥（159）。七歲善屬文，十三歲通五經，即以聖賢自期，人見異之，許爲偉器。貧不足給，往泰山與孫復、石守道同學。後以經術教授吳中。范文正公聘爲蘇州教授，諸子從學焉。景祐初，滕宗諒知湖州，聘爲教授；倡明正學，以身先之，嚴師弟子之禮。其教人之法，科條纖悉具備。立經義、治事二齋，經義則選其心性疏通有器局可任大事者，使之講明六經；治事則一人各治一事，又兼攝一事，如治民以安其生，講武以禦其寇，堰水以利田，算歷以明數者是也。凡教授二十餘年。慶曆四年，興太學，而有司請下蘇、湖州，取先生之法，著爲令。召爲諸王宮教授，辭疾不行，爲太子中舍，以殿中丞致仕。皇祐中，更鑄太常鐘磬，驛召之以議樂，授光祿寺丞，國子監直講；樂成，遷大理寺丞。嘉祐初，擢太子中允，天章閣侍講，仍專管句太學，四方之士歸之，至庠序不能容。嘉祐四年，以疾作，李覯權同管句太學。先生以太常博士致仕，還歸海陵。尋卒。年六十七。謚文昭。著有易、書、中庸義、景祐樂譜。今四庫書目錄有周易口義十二卷，洪範口義二卷，資聖集十五卷，餘皆佚失。學者稱爲安定先生。其弟子皆成材，禮部選士，胡氏弟子常居十之四、五。歐陽修嘗曰：「師道廢久矣，自景祐、明道以來，學者有師，惟先生暨泰山孫明復、石守道三人，而先生之徒最盛。」明嘉靖中，從祀孔廟〔註1〕。

〔註1〕參見《宋史》卷四三二，頁10本傳；《居士集》卷25；《宋元學案》卷一之〈安定學案〉；《歐陽文忠公集》卷二五〈胡先生墓表〉，《四庫總目提要》；《宋元理學家著述

二、尚書學之著述及著錄

胡瑗少即通經，並以經術教授於蘇州、湖州，進而至於太學，並立經義一齋，以經義授心性疏通有局器可任大事者，是胡安定專意經術，刻勉推助，務使學者知經之大旨。其高弟子劉彝嘗述其學術曰：

> 臣聞聖人之道，有體、有用、有文。君臣、父子、仁義、禮樂，歷世不可變者，其體也；詩書史傳子集，垂法後世者，其文也；舉而措之天下，能潤澤斯民，歸于皇極者，其用也。……今學者明夫聖人體用，以爲政教之本，皆臣師之功〔註2〕。

是胡氏說經，以聖人明體達用之道說經，開宋代理學之先河。其於尚書之著述，經義考著錄二種：一曰尚書全解，一曰洪範口義〔註3〕。

胡瑗尚書全解，宋志著錄二十八卷，經義攷云佚，並引朱子之言曰：

> 胡安定書解，未必是安定所注，蓋專破古說，不似胡平日意；又簡引東坡說；東坡不及見安定，必是僞書〔註4〕。

按東坡不及見安定，安定卒於嘉祐四年，東坡書傳約成於哲宗元符三年，相距達四十一年之久，安定尚書之說，無由得引東坡之說，朱子疑其爲僞書，理當然也。且就學術言之，胡氏長於易與中庸，易與尚書之洪範，甚爲相切，胡瑗有洪範口義，以思想論，理方合宜；若以爲尚書全書皆有說解，理或不然。又宋志置胡氏洪範口義於前，而以胡氏尚書全解置於蔡沈書傳之後，成申之四百家集解之前，是宋志已不以其必爲胡氏之作矣。

胡瑗洪範口義，宋志著錄一卷。通考作洪範解。經義考云未見。其書見錄於晁公武郡齋讀書志。其志曰：

> 胡翼之洪範解，皆其門人所錄，無詮次首尾〔註5〕。

今四庫全書著錄有胡瑗洪範口義二卷，乃輯自永樂大典而成者。口義之作，晁公武以爲其門人錄其師說而成，非胡瑗手著。考胡瑗有周易口義十二卷，乃其弟子倪天隱述其師之說而成。王得臣麈史曰：

生卒年表》等。
〔註2〕見《宋元學案》卷一安定學案，頁17。
〔註3〕《尚書全解》見《經義攷》卷七九，頁1。《洪範口義》見卷九五，頁。
〔註4〕見《經義攷》卷九五，頁。朱子之說見《語類》卷七八《尚書》一〈綱領〉頁1988。
　　　其言曰：「胡安定書解未必是安定所注：行實之類不載，但言行錄上有少許，不多，不見全部。專破古注，似不是胡平日意；又間引東坡說；東坡不及見安定，必是僞書。」
〔註5〕見《郡齋讀書志》卷一，頁23。

安定胡翼之，皇祐、至和間，國子直講，朝廷命主大學，時千餘士日
講易〔註6〕。

而宋元學案云：

升堂講易，音韻高明，旨意明白，眾皆大服。五經異論，弟子記之，
目爲胡氏口義〔註7〕。

經義攷於周易口義下云：

瑗講授之餘，欲著述而未逮，其門人倪天隱述之，以非其師手著，故
名曰口義〔註8〕。

以此推之洪範口義一卷，亦當爲胡氏講於太學，弟子別記而成，非胡瑗手所自著，
故稱之曰口義。胡氏長於易，而洪範素與易、五行陰陽相關切，洪範口義，或即安
定於太學講易之餘所旁及之者，門人記而別行，因有是篇也。然記者爲誰，則不可
考矣。四庫提要以爲周易口義，洪範口義皆同名曰口義，故以例推之，其爲胡瑗所
自著與否，固無顯證，言下之意，亦以爲多非胡瑗自著也〔註9〕。提要又曰：

晁公武讀書志謂此書亦瑗門人編錄，故無詮次首尾。……至其說之存
于經文各句下者，皆先後貫徹，條理整齊，非集雜記語錄之比，與公武所
說不符，豈原書本無次第，修永樂大典者爲散附經文之下，轉排比順序歟？
抑或公武所見，又別見一本也？

提要所言，今以不見原本，無以論之矣。然以理推之，洪範一篇，本自條目具備，
九疇各分別有綱目、有析論，雖隨口講述，本末必有序，而記者編整成篇，按條就
目，本非難事，讀書志以爲無詮次首尾，於理或有不然；除非其所見者乃記者未經
整理之筆記原本。

又考今輯本之洪範口義，於每段之下，時有以「故曰」作收，以明其言之所指。
如其於「次曰乂用三德」下云：

……故皇極則見聖人之道，三德則見聖人之權，故曰：次六曰乂用三
德〔註10〕。

以此觀之，胡氏口義講述之時，或未必有序，而考其所講，亦非隨意論述，乃有固
定所指，是記者編次整理，詮次首尾，本甚容易，是晁公武所謂「無詮次首尾」，未

〔註6〕見《四庫提要》《周易口義》下引。又見四庫全書子部雜家類、雜說之屬，麈史卷一，
「忠讜」條。

〔註7〕見〈安定學案〉頁19。

〔註8〕見《經義考》《周易口義》條下引李振裕之說。

〔註9〕參見洪範口義前附提要。

〔註10〕見洪範口義卷上，頁8。下簡稱口義。

知其所確指也。今本有二卷，乃四庫所輯編而定者也。

三、胡瑗之尚書學

胡安定素重經術，猶長於易，嘗升堂講易於太學，音韻高明，旨意明白，眾皆大服〔註11〕。邵伯溫聞見前錄記程子與謝湜書，言讀易當先觀王弼、胡瑗、王安石三家〔註12〕。而劉紹攽周易評說曰：

> 朱子謂程子之學，源于周子，然考之易傳，無一語及太極，於觀卦辭云：予聞之胡翼之先生，居上為天下之儀表；於大畜上九云：予聞之胡先生曰：天之衢亨，誤加何字〔註13〕。……是知胡氏本長於易也，而於尚書之學，本無聞焉〔註14〕；

而尚書洪範一篇，自漢許商、劉向以來，每多以陰陽、五行、災異為說，而洪範九疇，又有稽疑、庶徵，五福六極之目，與易占筮、象數，吉凶多相類，故易與洪範，歷世學者多類從而共言之。林之奇書言易與洪範之關係曰：

> 易之與洪範，皆是聖人所以發明道學之祕論，為治之道，所以贊天地之化育，以與天地參者，要其指歸，未嘗有異。……易之為書，本於八卦，自八卦而衍之為六十四，循流相錯，變動不居，故名之曰易。……洪範之為書，本於五行，而推其用，至於五福六極，其彝倫之敘，先後始終，各有定體，故名曰洪範。……易之體圓，圓故不可常，……洪範之體方，方故不可易。……而諸儒之論洪範，大抵多以易之體求之，往往以九疇之敘，附會配合，以類相從，亦欲如重卦之統于八卦也〔註15〕。

是學者每以易與洪範，連類並言，故言易者每每論及洪範者。安定洪範口義，蓋亦說易之所旁及者也，是以口義之中，亦每引易以為說。雖然，其洪範之說，以義理為宗，一掃前代五行災異之論，一歸於聖王為治體用之大法，開尚書義理一系之先河，其功匪淺；且能擺脫孔傳，自出機杼，別立新義，其以己意說經，亦為慶曆學風之先聲，較之劉敞七經小傳，亦未遑多讓也〔註16〕。茲析論其洪範之學如后：

（一）洪範口義與易學

胡瑗長於易，而洪範之與易，其關係密切，一如前述，故口義解說，往往引易

〔註11〕同註7。

〔註12〕同註6引。亦可參考安定學案，頁20引陳振孫之言，內容大致相同。

〔註13〕同註6引。

〔註14〕參見註4所引朱子語類之言。

〔註15〕見尚書全解卷二四，頁11、12。

〔註16〕參見困學紀聞卷八經說，頁38～40之言。

以爲說也。其釋「明用稽疑」，則曰：

> 故聖人凡舉一事，發一政，若有疑於心者，必用卜筮以決之，故卜筮
> 得爲決疑之物。然則聖人果有疑乎？曰：無也。既無其疑，何用其卜哉？
> 夫聖人至聰明也，至周盡也，故易曰：聖人與天地合其德，與日月合其明，
> 與四時合其序，與鬼神合其吉凶〔註17〕。

胡氏以易傳之義，以說洪範稽疑，實非以卜筮決疑，蓋聖人本聰明無疑故也。然洪範猶有此目者，以見聖王之治，上下與天地同流，而參天地之化育，上與天地鬼神合，下以與天下庶民同意，而不專任其斷也。又於釋三德「沈潛剛克，高明柔克」曰：

> 夫聖人既有柔順之德，不可深潛蘊蓄，必顯明於外而行之，發於面，
> 盎於背，形於動靜，著於四體，俱常恭敬，則天下之人敬之；俱常謙和，
> 則天下之人懷之……故深藏剛德於內，則天下之人無不畏也；大明柔德於
> 外，則天下無不愛之。在泰之象曰：內陽而外陰，內健而外順，斯君子之
> 道也。若夫高明其剛，沈潛其柔，若此則內陰而外陽，內柔而外剛，則是
> 小人之道也〔註18〕。

按孔傳曰：「高明言天，天爲剛德，亦有柔克，不干四時；喻臣當執剛以正君，君亦當執柔以納臣。」考孔傳之意，蓋出於中庸及左傳也。中庸曰：「博厚則高明；博厚配地，高明配天。」而左傳文公五年記甯嬴從晉陽處父聘于衛及溫，還，其妻問之，嬴曰：「以剛。商書曰：沈潛剛克，高明柔克。夫子壹之，其不沒乎？：…天爲剛德，猶不干時。」此孔傳文之所來自也。然左傳「天爲剛德，猶不干時」一句，實甯嬴敷衍其義之言，非以釋洪範者也，孔傳引之以釋經，本即文義鑿枘，故胡安定轉引易之泰卦象辭以爲釋義之據，遂說沈潛其剛德於內，以爲健內，高明其柔克於外，以爲順外，則君子之道長矣，小人之道消矣，是以易傳之義理以解洪範之文義也。

（二）宗尚義理，掃除災異

胡瑗說易，以義理爲宗。朱子語類云：「安定只據他所知，說得義理平正明白，無一些子玄妙〔註19〕。」陳振孫亦云：「王晦叔問南軒曰：伊川令學者先看王輔嗣、胡翼之、王介甫三家易，何也？南軒曰：三家不論互體故耳。要之三家于象數，掃除略盡，非特如所云互體也〔註20〕。」是胡安定說易，本於義理之學，不以象數說

〔註17〕見口義卷上，頁9。
〔註18〕見口義卷下，頁13、14。
〔註19〕見群儒考略卷五胡瑗條下，頁2引。
〔註20〕見宋元學案卷一安定學案，頁20引陳振孫之言。

之，其說洪範，亦不用五行災異之論，而一本乎義理。若其解「明用稽疑」，則以為卜筮非以問鬼神以決斷，乃上合天心，下合民意，此孔子不占之義也；其釋「高明柔克」，不以孔傳天地而言，而以泰卦象辭「君子道長，小人道消」之義說之，是皆捨玄妙而就人心義理也〔註21〕。其釋「帝乃震怒，不畀洪範九疇……天乃錫禹洪九疇」一段，則曰：

> 帝謂堯也，堯見鯀堙洪水，亂陳五行之道，於是震動而忿怒，乃不與大法九章。……天、帝稱之者，尊貴之也。夫禹既興起，則反乎父業之所為，乃導江浚川，水患大息，堯善禹治水之故，乃與禹大法九章，此常道之所以敘〔註22〕。

按孔傳釋之，則曰：「天動怒鯀。」又曰：「天與禹洛出書，神龜負文而出，列於背，有數至于九，禹遂因而第之以成九類。」孔傳用神龜負文，天帝怒賜之說，事涉荒誕神怪，迷信不經，此漢儒說範之傳統也。胡安定一改前習，以堯說天、帝，以為乃尊貴之稱，又不用神龜負文之說，掃除神怪不經之言，而歸於人治也。

自漢以來，說洪範五行者，若許商、董仲舒、劉向等，多以陽陰災異論之，如謂「田獵不宿，飲食不享，出入不節，奪民農時，及有姦謀，則木不曲直，厥咎狂，厥罰常雨，厥極惡；順之其福攸好德」又曰「貌之不恭，是謂不肅，厥咎狂，厥罰常雨，厥極惡，時則有服妖，時則有龜孽，時則有雞禍，時則有下體生于上之痾，時則有青眚青祥，維金沴木」之類〔註23〕，皆是也。胡氏口義之說五行、五事、庶徵，雖亦以相配相對說之，然皆一歸於人事。其論曰：

> 貌之既恭，是謂之肅；肅者，民勸威儀而莫不整肅也。於是則有時雨順之。時雨順之，百穀草木，皆被其膏澤之德。……必知貌肅而雨應之者，雨則木之氣應之，故有雨順之事〔註24〕。

其論休徵皆類此，而曰「皆是王者謹五事，則有美徵之道〔註25〕」其論咎徵，則結之曰「此在上者不謹五事之所致也。夫五事不謹，政令不明，教化不行，民多窮困者，道有嗟怒者，愁恨之聲，塞於天地之間，則咎徵之事至〔註26〕」，皆是以人事論五行，又不言災異如五行傳者，故其結論則曰：

> 夫王者體五行以立德，謹五事以修身，厚八政以分職，協五紀以正時，

〔註21〕見前論洪範口義與易學一節。
〔註22〕見口義卷上，頁3、4。
〔註23〕見陳壽祺輯尚書大傳卷二，頁3、6。
〔註24〕見口義卷下，頁22。
〔註25〕見口義卷下，頁24。
〔註26〕見口義卷下，頁26。

建皇極以臨民，乂三德以通變，明稽疑以有爲，念庶徵以調氣，彝倫攸敍，
是謂至治，至治之世，五福被于民；彝倫攸斁，是爲至亂，至亂之世，六
極傷於民〔註27〕。

是其所論，一如朱子語錄所說，皆義理平正明白，無些子玄妙也。

胡氏說洪範，其義理結構實本自中庸而來，故口義之文，亦每引中庸以說之。
夫洪範九疇之敍，初一曰五行，次二曰敬用五事，以至次九曰饗用五福，威用六極；
五行不言用，其他八疇皆言用者，胡安定以爲：

蓋以五行二儀之氣，天所生成萬物者也，豈聖人所用治國之物乎〔註28〕？

又曰：

夫九疇之類，惟五行不言用，蓋爲天所任，非人君所用爲教也，餘八
者皆言用，蓋人君所用爲教也，故王者用五福則民勸而歸至焉，用六極則
民畏而避亂焉〔註29〕。

是五行者，在中庸而言，乃「天命之謂性」，非人所能用之，故不言用，而其餘八疇，
皆王者施政以教化之方，在中庸則屬「率性之謂道，修道之謂教」，故當言用也。而
「饗用五福、威用六極」一疇，孔傳以爲乃天以五福六極饗勸，威沮於民。胡氏以
爲不然，蓋五行之外，八疇皆言用，五福六極，亦當屬率性教化之類，而孔傳所云，
則是各民之命，非人力所使然，於理當不如是。是以胡氏言曰：

然則五福六極，果天使然耶？君使然耶？曰：君使然者存乎教。故中
庸曰：率性之謂道，修道之謂教是也。天使然者存乎命，故易曰：乾道變
化，各正性命是也。言乎命，一人之私也，言乎教，天下之公也；洪範九
疇，何嘗以私言哉？……人各以稟受而得之者，命也，非教也；命有定分，
教隨變化，故聖人言教不言命也〔註30〕。

可見胡氏口義，其解洪範一本中庸之義理，分性命與道教，而胡氏主言道與教，不
標揭乎性命，蓋有因於孔子所罕言，而明禮達用之見識顯然存乎其文字之間矣。

（三）自抒新義，明批孔傳

胡氏說洪範，既捨災異而言人事，主教化而罕言命，是故先儒傳注有與之相悖
者，皆所不取，而自以新義出焉，且明批孔傳之失。其說「五福六極」曰：

注以謂天以五福六極饗勸威沮於人，則不然矣。按下文建用皇極，曰

〔註27〕見口義卷下，頁32。
〔註28〕見口義卷下，頁6。
〔註29〕見口義卷上，頁13。
〔註30〕同前註。

斂時五福，用敷錫厥民，彼注云：斂是五福之道以爲教，用布與眾民以慕之。以嚮威而言，則曰天，以皇極而言，則曰教，何義之異也！……前言乎天，不繫乎教，後言乎教，不繫乎天，是依文而解之，非達其所以爲教也。……故聖人言教不言命也。安國之傳何失之遠哉〔註31〕！

此言孔傳於五福六極以天言，於皇極敷錫則以教言，相互矛盾，而聖人之治皆以教言，故孔傳以天言者失之遠矣。又於五福「一曰壽」下云：

民得永年者爲壽。……注謂百二十年者，未可限也〔註32〕。

於「二曰富」下云：

民樂業而勤農桑，仰足以事父母，俯足以畜妻子，樂歲終身飽，凶年免於死亡，富之道也。注謂財豐備，亦未必然〔註33〕。

而於六極之「凶短折」下，則曰：

凶短折者，不以善而終，既不得其壽，又不得其考終命，是謂凶短折之人也。或因征戰之所死，或被桎梏之所殄，皆不遂天命也。注謂短未六十，折未三十，皆不然也〔註34〕。

凡此數條，皆直批孔傳之失，以爲不當以天命之私言，而應以教化之公言，故捨孔傳而自出新義也。雖然，洪範口義之說，亦多有用孔傳孔疏之說，要之，能批孔傳之失者，自晉以來，其能之者又幾何哉！陸務觀曰：

唐及國初，學者不敢議孔安國、鄭康成，況聖人乎！自慶曆後，諸儒發明經旨，非前人所及。然排繫辭，毀周禮，疑孟子，譏書之胤征、顧命，黜詩之序，不難於議經，況傳注乎〔註35〕！

胡氏口義，批孔傳之失，議孔傳之誤，正開慶曆議經之先聲，影響所及，豈云小哉！

（四）洪範新說

胡氏洪範解，既以義理爲宗，而於先儒孔傳之說，亦非亦步亦趨，故多自出新說以敷陳其義理也。今舉其新說及其影響論如后：

1、九疇非天與龜負，乃堯所與

孔傳解「天乃錫禹洪範九疇」，以爲洛出書，神龜負文而出，歷來學者多從其說，至有以爲龜背有文，即洪範五行至福極一段者，或者以爲六十五字，或以爲三十八

〔註31〕同前註。
〔註32〕見口義卷下，頁29。
〔註33〕同前註。
〔註34〕同前註。
〔註35〕見困學紀聞卷八經說，頁40引。

字，或以爲二十字，說雖有不同，然皆以爲龜背所負文字〔註36〕。胡瑗說此，則以爲「天」「帝」，皆指堯〔註37〕。所謂「天錫禹洪範九疇」者，即「堯善禹治水之故，乃與禹大法九章〔註38〕」也。是大法九章，非天所與之，乃堯所與之；既無龜負之事，況其文乎！

　　胡氏此說，先是者王欽若，杜鎬，於眞宗景德三年，先後對眞宗問河出圖、洛出書，以爲不過聖人以神道設教耳，已啓異議〔註39〕，而未之成說而著爲文字也。其首發其義著而於文字者，胡瑗是也。胡氏之後，有歐陽修者，於嘉祐六年四月，作「廖氏文集序」，以爲河圖、洛書之說，皆怪妄之甚者，所以然者，蓋秦焚書而六經中絕，散亂磨滅，失其傳授，然後諸儒因得措其異說於其間也〔註40〕。而廖偁有洪範論一篇，以爲洪範因前賢之所啓，豈得在禹方受之於天哉，且若洪範果出於神龜負文，則非人之所能察也，故廖氏以爲洪範出於前聖之心，非天之所與也〔註41〕。其義與胡瑗以天、帝指堯相類似，而其時亦相近也。至林之奇尚書全解，以爲古人之所以有神龜天與之說，蓋古人語其重者，必推極而至於天，所謂帝乃震怒，天乃錫之，猶天奪其魄，天誘其衷也，而洪範爲書，發明彝倫之敘，本非因數而起，故河圖、洛書之說，實附會迂怪不足信，亦不必深究〔註42〕。其後夏僎之詳解〔註43〕，陳經之詳解亦同此論〔註44〕。薛季宣雖不信神龜負文之說，然其以地理之書解圖、書〔註45〕，見解尤特異，然亦無明據。至於信從孔傳圖、書之說者，則不勝枚舉矣。廖偁、歐陽永叔，與胡安定同時，互爲響應，蔚成風潮；林之奇學承伊洛以義理爲宗，而程子亦嘗受業於安定，或以此而其說亦相承也。

2、九疇乃箕子所敘

　　孔傳云：「禹遂因而第之，以成九類。」而於「威用六極」之下，孔傳復云：「此以上，禹所第敘。」則九疇自初一五行至次九五福六極之順序，乃禹所敘列之也。而胡翼之則曰：

〔註36〕參見孔穎達尚書正義卷十二，頁5。
〔註37〕同註22。
〔註38〕同前註。
〔註39〕見司馬光涑水紀聞卷六，總頁62。
〔註40〕見歐陽文忠公文集卷四三，頁32。
〔註41〕見宋文鑑卷九四廖偁洪範論。
〔註42〕見尚書全解卷二四，頁10。
〔註43〕參見其尚書詳解卷十七，頁23～25。
〔註44〕參見陳經詳解卷二四，頁7、8。
〔註45〕參見書古文訓卷八及浪語集卷二七。

自此以下至於威用六極，箕子總陳九疇之名，以說九章次敘之事也〔註46〕。是其說以爲九疇之敘，自箕子爲之。其說林之奇用之，以爲箕子爲武王諄諄而陳之，自初一曰五行以上，推本其所以敘九疇之由，自威用六極以下，則詳陳九疇之名物，而大要皆不出於此數〔註47〕。朱子語類曰：「箕子爲武王陳洪範，首言五行，次便及五事，蓋在天則是五行，在人則是五事〔註48〕。」是朱熹亦主此說；而蔡傳則仍孔傳之說。夏僎詳解，亦宗少穎之說，言九疇之敘，乃箕子所列之目，猶後人上封事，或說有數事，則必先列其目而後一二言之也〔註49〕。

3、八政之師，乃指「師保」而言

孔傳於八政中「八曰帥」下曰：「簡師，所任必良，士卒必練。」是師者，軍旅之眾也。而胡瑗之解「師」，則以爲「師保」之師。其言曰：

> 師者，師保之師也。夫能探天下之術，論聖人之道，王者北面而尊師，則有不召之師。師之猶言法也，禮義所從出也，道德以爲法也。故王者有疑，則就而問焉，謀而有成，言而可行，率能備王者之疑，輔人主以道。……故師者，天下之根本也。……夫然，行七者之事，未有不決於師；明其義，達其禮教而行之，所以終於八也〔註50〕。

胡氏以師保解八政之師，或有二因焉。蓋胡翼之以聖人言教不言命，而王者之師乃教學、政令之根本，胡氏重教化，故作此說，此其一也。而八政之中，司寇所掌，有與師旅之義相重複；孔傳以司寇掌「主姦盜使無縱」，而孔穎達正義則以「姦盜」屬司寇，以「寇賊」屬師，是以陰詐而小者，由司寇所掌，強梁而大者，由師所禦；而安定說司寇，則曰：

> 然其間有姦猾，則奈何？故大則四夷之不賓，小則諸侯之不臣，凶夫肆逆，頑臣姦驕，若是則如何制裁！故司寇者，所以爲禦寇之官也。周禮曰：司寇詰邦國，刑百官。又周官曰：司寇掌邦禁，詰姦慝，刑暴亂。乃掌嚴邦法，修度天威，小大之刑，無有不正〔註51〕。

其並引周禮司寇及周官司寇之文以說之。是胡氏以司寇所掌，實包姦盜寇賊，內而頑夫，外而不庭，無非司寇之責也。司寇所掌既如是，則師必非師旅之義也。考舜典舜命皐陶曰：「蠻夷猾夏，寇賊姦宄，汝作士。」是古者姦賊之事，無大小內外，

〔註46〕見口義卷上4。
〔註47〕見尚書全解卷二四，頁18。
〔註48〕見朱子語類卷七九尚書二，頁2042。
〔註49〕見夏僎尚書詳解卷十七，頁23。
〔註50〕見口義卷上，頁27。
〔註51〕見口義卷上，頁25。

皆一人所掌，至周則有司馬之官；如此言之，胡瑗之說，於理亦有所據，此其二也。

　　胡氏此新義，考諸有宋以來諸家之說，皆無有繼之者，可謂只此一家，別無分
殿也。

4、五紀之日，乃指一旬

　　孔傳於五紀「三曰日」下曰：「紀一日。」孔疏則曰：「十二時，紀一日也。」
而胡氏則曰：

　　　　自甲至癸，凡有十日，此之謂也〔註52〕。

此說與先儒大相違背。或者胡氏以爲歲月皆有週期，而日則無之，似爲不倫，故以
十干說之，亦合於歷數之義也。胡氏此論，未見其他同調者。

5、稽疑從逆，其吉有等

　　洪範於稽疑一疇，詳列從逆之狀，有五從者，謂之大同，有三從二逆者，其況
有三：即龜、筮皆從，而汝心、卿士、庶民三者各一從二逆也。孔傳謂「汝則從」
一項爲「三從二逆，中吉，亦可舉事」，於「卿士從」一項則曰「君臣不同，決之卜
筮，亦中吉」，於「庶民從」一項而曰「民與上異心，亦卜筮以決之」。孔疏則云：「汝
與卿士、庶民分三者，各爲一從二逆，嫌其貴賤有異，從逆或殊，故三者各以有一
從爲主，見其爲吉同也。方論得吉，以從者爲主，故次言卿士從，下言庶民從也〔註
53〕。」是二孔皆以三從二逆之況，其吉相同，孔疏特明言嫌其貴賤有異，故詳加論
說，以明其吉同也。而胡瑗口義，則以爲其吉雖同，而至有等差；其言曰：

　　　　君心既從，龜亦同，筮亦同，卿士違，眾違；龜筮從則是天地之情已
　　和，卿士與庶民違者，則是人心有所不順，雖不能全進，然王者戴天履地
　　而治也，順天地而行，亦可以獲吉矣。

而於「卿士從」一項，則曰：

　　　　君臣之情雖不同，天地之心亦應，故得爲中吉。

而於「庶民從」下，胡氏云：

　　　　民雖與上異心，然天地之心尚應，亦可爲次吉〔註54〕。

察夫胡瑗之言，知其以三況同吉而有等差。蓋洪範者乃聖王爲治之大法，以建皇極，
其事以君爲主，故君心既從，而與天地合德，其吉上也；卿士佐君爲治，輔君之不
逮，正君心之非，故其吉次於前者而爲中吉；至於庶民，雖爲天聰明之所主，然眾
人蚩蚩，孔子猶有不可使知之嘆，是以其吉又次之。其說亦未見有同調者焉。

〔註52〕見口義卷上，頁28。
〔註53〕見尚書正義卷十二，頁19。
〔註54〕以上皆見口義卷下，頁19。

6、五福六極，配對不同

洪範九疇之中，五行、五事、庶徵、福極諸疇，自漢以來，說者多相配相對而言。然極數有六，其數不與前者盡同，故說者紛紛焉。孔傳之意，富對貧，康寧對疾，壽對凶短折，餘者則無明據可尋，以意推之，好德者則不惡，弱則不能考終命，而憂獨無所配對者。孔疏引鄭玄據書傳之說，以爲壽對凶短折，富對貧，康寧對疾，攸好德對憂，考終命對惡，以皇極對弱；其說於五福之外，另加皇極一目，以與六極湊對〔註55〕。劉向五行傳，則以壽對疾，富對貧，康寧對憂，攸好德對惡，考終命對凶短折，而以皇極之不建對弱〔註56〕；其配對與孔、鄭不同，而外加皇極不建一項，則與鄭玄孔疏同也。及宋，有張景晊之者，於眞宗景德年間，有洪範論七篇，英宗嘗譽爲過先儒遠矣〔註57〕。其言曰：

> 其義相反，不必義數之相敵。五福曰壽，曰考終命，六極曰凶短折，此一極而反二福也；五福曰富，六極曰貧，此一極而反一福也；五福曰康寧，六極曰疾曰憂；五福曰攸好德，六極曰惡曰弱，此二極而反一福也。蓋亦各盡其意而已矣〔註58〕。

胡瑗於五福六極相配，全取張景說〔註59〕，不加皇極一項，以五福六極，離析複合，成配對之意。然胡瑗進而以爲：

> 六極與五福，通貫而言之則可，若離而解之，則殊失聖人之意。夫五福者，天下之至美者也，六極者，天下之至惡也，聖人不能獨爲之教，是必兼講九疇而用之，然後可以驗於民也〔註60〕。

其意以爲五福六極，雖可以義相配，然亦不必一一配對分合也，王者必兼講九疇而次序之，則可獲五福之應，若王者不能謹九疇爲治本，則有六極之道生焉〔註61〕，此說又有異於張景者。自胡瑗之後，王安石、張綱、項安世、王柏等，均有分合相配之說〔註62〕。朱熹則以爲洪範一篇，文字本不整齊不必強加布置，五福六極有可配對者，亦有不可配對者〔註63〕；此論則與胡瑗之說相近。

〔註55〕見尚書正義卷十二，頁25、26。
〔註56〕參見楊甲六經圖尚書，頁25。
〔註57〕參見續通鑑長編卷二百八，頁8及宋朝事實類苑卷五，頁47。
〔註58〕見林之奇尚書全解卷二五，頁31引。
〔註59〕參見口義卷下，頁31。
〔註60〕見同前註。
〔註61〕參見口義卷下，頁33、34。
〔註62〕王安石說見文集卷四十洪範傳；張綱說見尚書精義卷三十，頁17引；項安世說見項氏家說卷三，頁33、34；王說見書疑卷五。
〔註63〕見朱子語類卷七九尚書二，頁2049。

（五）胡氏口義學說之淵源

　　夫事物之生成，必有因革損益之程；學說之興起，亦有源委取捨之意。胡瑗洪範口義，其思想之根源，蓋汲自易與中庸，以解洪範，遂捨災異之說，宗義理之論；至其思想所寄，文字訓詁之間，亦非捉風可成也，必有所挹注，方備規模。

1、源於孔注孔疏

　　孔安國書傳早立學官於前代，其義相緣，學者固習，乃勢之必然。胡瑗說洪範，其取於二孔注疏者極多，甚有類於訓詁章句者，若其解「王乃言曰：嗚呼！箕子。惟天陰騭下民，相協厥居」云：

> 　　騭，定也。王乃問而言曰：嗚呼！箕子。欲問箕子而先嘆者，所以重之也。言天不言而默定下民之命，又且相助合協其居，而使有常生之資。定下民之命者或貧或富，或貴或賤，或壽或夭，莫非天定之使然也，然則既有長短之命，又定其貴賤之材，而且助合其居，使有恆產，則如懋稼穡以足食，勤蠶桑以有衣，使樂歲上可以供給父母，下可以富妻子，凶年免於死亡，莫非天之佑而使然也。故曰：王乃言曰嗚呼箕子，惟天陰騭下民，相協厥居〔註64〕。

此一段所言，其訓其義，與孔傳孔疏無異，其末「故曰」一辭，更有類於注疏。尤有甚者，胡氏不獨解經文，至有解孔傳者。如皇極「汝弗能使有好于而家，時人斯其辜」，孔傳云：「不能使正直之人，有好於國家，則是人斯其詐取罪而去。」胡瑗解此，則曰：

> 　　夫臣之在位，既優之以高爵，又接之以善道；如此則感恩戴德，進謀樹勳，有好善於國家者眾矣。若其人之在位，推誠不甚專，待之不甚厚，禮遇疏薄，恩義衰微，言未必行，計未必用，如此則皆將奮衣而去，安能久處於朝廷哉！故曰：汝不能使正直之人，好善于國家，其人被罪而去。殊不知待之無素也〔註65〕。

此段之義，皆取孔疏之言，以訓釋孔傳，而非直訓經文而已也。薛季宣與朱晦翁書曰：

> 　　教以安定之傳。蓋不出于章句誦說；校之近世高明自得之學，其效遠不相逮；要終而論，真確實語也。……嘗謂翼之先生所以教人，得于古之灑掃應對進退，知其說者，徐仲車耳〔註66〕。

〔註64〕見口義卷上，頁1、2。
〔註65〕見口義卷下，頁6。
〔註66〕見宋元學案卷一安定學案，頁20。

其意謂胡瑗之學，似甚平常，有類章句之學，然根基沈實，雖宗義理而不失訓詁，無空疏之弊；嫌於破碎，而實有深義存焉。以此知胡安定雖取二孔之說，而非墨守章句，取其可取，棄其當棄，不失其義者，較之標榜高明自得者，不可同日而語矣。

2、源於張景洪範解

二孔傳疏之外，胡翼之洪範解說，亦每多取於張景之洪範解也。張景字晦之，江陵公安人。郡齋讀書志謂其「著論七篇」，其時在眞宗景德三年也，早於胡瑗甚多，其洪範論七篇，英宗嘗稱之〔註67〕。胡氏洪範口義，取資於景論頗多，至有文辭幾全同者焉。洪範五福六極之離合配對，胡瑗之說，全出於張景〔註68〕。張景論「六極」曰：

> 民死於征戰而陷於刑戮，所以凶短折；陰陽不調，所以疾；多失其所而憂；食貨人之重，斂繁所以貧；禮義廢，政教失，所以惡而弱也〔註69〕。

其論與孔傳大異其趣。而胡瑗解「六極」，其於「凶短折」則曰：

> 或因征戰之所死，或被桎梏之所殄，皆不遂天命也〔註70〕。

於「疾」則曰：

> 陰陽乖則風雨暴，和氣隔塞，天災流行，民則疾癘矣〔註71〕。

於「憂」則云：

> 上未有以奉父圖，俯又闕于畜妻子，無安堵之業，而勞征伐之行役，日虞流轉于溝壑，即民憂之甚也〔註72〕。

於「貧」則曰：

> 繇役頻，租斂煩，男不耕，女不織，田畝荒，機杼空，民貧之道也〔註73〕。

於「惡」「弱」則云：

> 然則人君教化不行，禮義不著，民不知有盛德之事，所以致如此應也〔註74〕。

張景解「惡」「弱」，以爲「人情惡則凶無所不至，弱則懦而無立」〔註75〕，而胡瑗

〔註67〕同註57。
〔註68〕見前論胡瑗口義新說論「五福六極、配對不同」一段，並參見註59。
〔註69〕見林之奇尚書全解卷二五，頁32引。
〔註70〕見口義卷下，頁30。
〔註71〕見口義卷下，頁31。
〔註72〕同前註。
〔註73〕同前註。
〔註74〕同前註。
〔註75〕見林之奇尚書全解卷二五，頁31。

則曰「惡者囂而無所不至，弱者懦怯而終無所立〔註76〕」，凡此者相較以觀之，則知胡安定之說，皆據張景之說而推廣之也。又張景之總論「五福」曰：

> 民舒泰則各盡其壽，樂業則各得其富，無疾憂所以康寧，知禮遜所以攸好德，不死於征戰，不陷於刑戮，所以考終命〔註77〕。

而胡瑗則曰：

> 舒泰則各盡其壽，壽不必百二十歲爲限；民樂康則各得其富；富不必以財豐爲備；無疾憂所以康寧；知禮讓所以好德；不經于征戰，不被於刑戮，爲考終命之道〔註78〕。

此一段文義；除外加批評孔傳失當之辭外，其他文字與張景之言無甚出入，幾於抄襲之嫌，可見胡瑗洪範口義，其說資取於張景洪範論之深也。今張景之書已佚，不能窺其全豹矣，或者胡瑗諸新說異義，有汲助於張景者，亦未可知。

四、胡瑗尚書學之影響與評價

胡瑗精於易學，故於尚書獨鍾洪範；其洪範口義世無傳本，四庫本乃輯自永樂大典者也。四庫提要論其書曰：

> 洪範以五事配庶徵，本經文所有；伏生大傳以下，逮京房、劉向諸人，遂以陰陽災異附合其文，劉知幾排之詳矣；宋儒又流爲象數之學，圖書同異之是辨，經義愈不能明。瑗生於北宋盛時，學問最爲篤實，故其說惟發明天人合一之旨，不務新奇。……俱駁正注疏，自抒心得。……以經注經，特爲精確〔註79〕。

提要之評，頗爲中綮。胡氏以爲九疇非天與龜負，乃堯所與；持此說者，先是者王欽若、杜鎬，於真宗景德三年，先後對真宗問河出圖、洛出書，以爲不過聖人以神道設教耳，已啓異議，而未著爲文字。而古瑗首發此義，復著於文字也。胡氏之後，有歐陽修於嘉祐六年四月作〈廖氏文集序〉，以失傳授，然後諸儒因得措其異說於其間也。而廖偁〈洪範論〉以爲〈洪範〉因前賢之所啓，豈得在禹方受之於天哉。且若〈洪範〉果出於神龜負文，則非人之所能察也，故廖氏以爲〈洪範〉出於聖之心，非天之所與也。其義與胡瑗以天、帝指堯相類似，而其時亦相近也。至林之奇《尚書全解》，以爲古人之所以有龜負天與之說，蓋古人語其重必推極至於天，所謂帝乃

〔註76〕見同註71。
〔註77〕見同註75。
〔註78〕見口義卷下，頁33。
〔註79〕見洪範口義前附提要。

震怒，天乃錫之，猶天奪其魄，天誘其衷也，而〈洪範〉爲書，發明彝倫之敘，本非因數而起，故河圖、洛書之說，實附會迂怪不足信，亦不必深究。其後夏僎之《詳解》，陳經之《詳解》亦同此論。至於信從《孔傳》圖、書之說者，則不勝枚舉矣。廖偁、歐陽永叔，與胡安定同時，互爲響應，蔚成風潮；林之奇學承伊洛以義理爲宗，而程子亦嘗受業於安定，或以此而說亦相承也。

　　總之，胡瑗洪範口義，其掃災異之弊，開義理之宗，議孔傳之失，發新異之論，淵源有自，不流空疏，不入玄妙，說理平正，皆胡氏洪範學之大佳處。

第三章　廬陵尚書學案

第一節　歐陽修

一、生平事略

　　歐陽修，字永叔，吉州廬陵人。四歲而孤，母鄭氏守節，親誨之學；家貧，以荻畫學書。亦學於其叔歐陽曄。幼敏悟過人。及冠，巍然有聲。嘗得昌黎遺稿，苦心探賾，至忘寢食，必欲并轡絕馳而追與之並。後舉進士，兩試國子監，一試禮部，皆第一，擢甲科。後范文正仲淹以言事貶，在廷多論救，獨司諫高若訥以爲當黜，先生貽書責之，坐貶夷陵。慶曆三年，知諫院，時仁宗更用大臣，增諫官員，先生首在選中。及朋黨之論起，作朋黨論以進。論事切直。小人視之如讎，帝獨獎其敢言，面賜五品服。以其孤甥張氏獄案，敷致以罪，左遷知制誥，知滁州，徙揚州、潁州。復學士。嘉祐二年，知貢舉，時士子尚爲險怪奇澀之文，號太學體。先生痛斥排之，凡如是者輒黜，遂使場屋之習爲之大變。在翰林八年，知無不言，累遷至參知政事。嘗論濮議，而後爲蔣之奇所誣謗。神宗即位之初，欲深護之，而王安石掌政，行新法，先生請止散青苗錢，爲王氏所詆，故求歸隱。熙寧三年，以太子少師致仕；五年卒〔註1〕。文忠公爲文治學，態度嚴謹，見解卓絕。天下翕然師尊之；獎掖後進，如恐不及；曾鞏、王安石、三蘇父子，皆爲薦譽揚聲，凡所賞識者，率皆有聞於世。好古敏學，家藏三代以來金石文字千卷，多方掇拾，稽研異同，謂之集古錄，實開考古之先河。奉詔修唐書紀志表，又自撰新五代史，法嚴詞約，多本春秋遺旨。其於經學之作，有毛詩本義十六卷，左傳節文十五卷，易童子同三卷、泰誓論。

〔註1〕參見宋史本傳及宋元學案之廬陵學案。

二、尚書之著述與著錄

歐陽修泰誓論，朱彝尊經義考云：「兩篇存。」今考夫歐陽文忠公全集，僅見一篇，未知所云第二篇如何。且檢乎後世言尚書學者，如蔡沈書集傳泰誓篇、章如愚山堂考索等，凡所引用歐陽公泰誓論之文，均見於今歐陽全集篇中，未有逸出者，逮乎清閻若璩尚書古文疏證所引亦同，是歐公尚書著述之重點，全在此篇之中。

歐公論議文章之涉及尚書者，除泰誓論之外，其論洪範之篇，說見於〈廖偁文集序〉〔註2〕；更有進者，歐公著集古錄，開金石考據之濫觴，其中伯冏敦銘文，有引尚書冏命之事，以相較比〔註3〕，雖其說或有附會之嫌，然後世學者如王國維、羅振玉、于省吾等每能以金石實物參研尚書，以明上古經史之眞貌，歐陽永叔實有倡始之功。此外，歐公有〈日本刀歌〉一詩，言尚書全經在日本而不獻諸中國〔註4〕；詩人之言，亦可備一說。

三、歐陽修之尚書學

王應麟困學紀聞卷八、經說條云：

> 唐及國初，學者不敢議孔安國、鄭康成，況聖人乎！自慶曆後，諸儒發明經旨，非前人所及。然排繫辭，毀周禮，疑孟子，譏書之胤征、顧命，黜詩之序；不難於議經，況傳注乎！

此所謂排繫辭者，指歐陽修〈易童子問〉論定繫辭非孔子作；所謂毀周禮者，指歐公〈問進士策〉，而蘇軾、蘇轍亦有同調之論；而黜詩之序者，蓋指歐陽氏之詩本義，以詩序之說爲非，後有晁說之〈詩序論〉四篇。以是觀之，經學之變古，起於慶曆，慶曆學風之起，厥以歐陽修爲首。屈萬里先生云：「議經疑經，這時（宋慶曆年間）已蔚爲風氣了，而冒了大不韙首先發難者，則是歐陽文忠公。」〔註5〕歐陽永叔雖以議經疑經名著，然其所議所疑者，實止乎先儒之傳注箋疏，至於六經本文，歐公篤信堅深不移，嘗言曰：

> 聖經之所不著者，不足信也〔註6〕。

> 經之所書，予所信也。經所不言，予不知也〔註7〕。

蓋歐陽修以爲，六經者乃聖人之金科玉律，無可疑議，而諸儒每以己見特立一家之

〔註2〕見歐陽文忠公文集卷四三。
〔註3〕見歐陽文忠公全集卷一百三十四。
〔註4〕見文集卷五四。
〔註5〕見屈萬里書傭論學集：宋人疑經的風氣一文。
〔註6〕見歐集帝王世次圖後序。
〔註7〕見歐集春秋論上。

學，以汩亂之，是於經外又自爲之說，如患沙渾水而投土以益之，其渾愈甚。歐陽修嘗自辯之云：

> 不見先儒中間之說，而欲特立一家之學，果有能者，吾未之信也。然則先儒之論，苟非詳其終始而牴牾，質於聖人而悖理害經之甚，有不得已而改易者，何必徒爲異論以相訾也……夫盡其說而有所不通，然後得以論正，予豈好爲異論者哉〔註8〕？

又曰：

> 經不待傳而通者十七八，因傳而惑者十五六…聖人之意，皎然乎經〔註9〕。

是故其所排黜議疑者，皆止於傳注。先儒傳注既不可深據，然則何以知經之義，何以明聖人之言耶？曰在乎推其理而已。其言曰：

> 大儒君子之於學也，理達而已矣〔註10〕。
>
> 夫世無師矣，學者當師經，師經必先求其義〔註11〕。

夫欲求經之義，達經之理，必本乎人情，蓋「聖人之言，在人情不遠〔註12〕。」而「堯舜三王之治，必本於人情〔註13〕。」人情之正，在乎自然之誠，其舉止措於外則簡而直。其言曰：

> 聖言簡而直，愼勿迂其求，經通道自明，下筆如戈矛〔註14〕。

歐陽永叔特爲文〈六經簡要說〉以明此理，以爲經文不難明曉，本之人情之自然即可，傳疏之文，反易生誤解。其文曰：

> 經簡而直，傳新而奇；簡直無悅耳之言，新奇多可喜之論。是以學者樂聞而易惑〔註15〕。

明乎歐公治經之法，則可以論其尙書之學矣。茲分述如下：

（一）論泰誓

考永叔之於尙書，其專著者唯泰誓論而已。經義考云「二篇、存。」今審歐陽全集，泰誓論止一篇，未知其何以言二篇之故。歷來學者，於永叔之經學，鮮有及尙書者，蓋爲其易、詩、周禮之特論所淹故也。

〔註 8〕見歐集詩譜補亡後序。
〔註 9〕見歐集春秋或問。
〔註10〕見歐集易或問三首。
〔註11〕見歐集答祖擇之書。
〔註12〕見歐集答宋咸書。
〔註13〕見歐集縱囚論。
〔註14〕見歐集送黎生下第還蜀。
〔註15〕見歐集春秋論上。

歐公泰誓論，其所辨者有二：一以明文王不稱王，二以明十有一年之說，乃指武王即位之十有一年，非自文王受命之年數起。二者有因果之相關性。

歐陽永叔以爲西伯受命稱王十年者爲妄說，其所據之理有四：

1、本之商臣之反應。其言曰：

> 書稱商始咎周以乘黎，乘黎者西伯也。西伯以征伐諸侯爲職事，其伐黎而勝，商人已疑其難制而患之；使西伯赫然見其不臣之狀，與商並立而稱王，如此十年，商人反晏然不以爲怪，其父師老臣如祖伊、微子之徒，亦默然相與熟視而無一言，此豈近於人情邪？

2、本之商紂之猜忌性格。其言曰：

> 以紂王之雄猜暴虐，嘗醢九侯而脯鄂侯矣。西伯聞之竊歎，遂執而困之，幾不免死。至其叛已不臣而自王，乃反優容而不問者十年，此豈近於人情邪？

3、本之伯夷叔齊之去就。其言曰：

> 伯夷、叔齊，古之知義之士也。方其讓國而去，顧天下皆莫可歸，聞西伯之賢，共往歸之。當是時紂雖無道，天子也。天子在上，諸侯不稱臣而稱王，是僭叛之國也。然二子不以爲非，依之久而不去。至武王伐紂，始以爲非而棄去。彼二子者，始顧天下莫可歸，卒依僭叛之國而不去，不非其父而非其子，此豈近於人情邪？

以上三者，皆就人情之理以爲言，與前述治經求經義之法無異。至於第四證，則證諸聖人之言。

4、證諸聖人之言。其言曰：

> 孔子曰：三分天下有其二，以服事商。使西伯不稱臣而稱王，安能服事於商乎？且謂西伯稱王者起於何說，而孔子之言，萬世之信也〔註16〕。

此引證孔子之言以推論之，篤信孔子之言，亦爲歐陽氏治經之大本。

至於泰誓序云十一年，孔傳云：「周自虞芮質厥成，諸侯並附，以爲受命之年，至九年而文王卒，武王三年喪畢，觀兵孟津，以卜諸侯伐紂之心。」歐陽修以爲孔傳乃妄說也。其泰誓論云：

> 古者人君即位，必稱元年，常事爾，不以爲重也。後世曲學之士，說春秋以改元爲重事。然則果常事歟？固不足道也；果重事歟？西伯即位已改元矣，中閒不宜改元而又改元。至武王即位宜改元而反不改元，乃上冒

〔註16〕以上四證之內容，均爲泰誓論本文。

先君之元年，并其居喪稱十一年；及其滅商而得天下，其事大於聽訟遠矣，
又不改元。由是言之，謂西伯以受命之年爲元年者，妄說也。

歐公以事理爲言，以爲改元重事，乃後世之說，不應以之說解周初之事。況且以理推之，周初若果眞有改元之事，亦不當如前儒之說，且上冒先君之元年，是改元之說舛亂矛盾矣。其思考之精密詳審，誠卓然成家者也。其結論則曰：

後之學者，知西伯生不稱王，而中間不再改元，則詩書所載文武之事，
粲然明白而不誣。……則泰誓者，武王之事也；十有一年者，武王即位之
十有一年爾，復何疑哉〔註17〕！

不獨此也，歐陽永叔復究乎所以有「武王畢喪伐紂」之說，乃出於史記周本紀及毛傳。史記周本紀云：

詩人道西伯蓋受命之年稱王，而斷虞、芮之訟，後十年而崩，謚爲文
王，改法度，制正朔矣。

又尚書正義泰誓疏云：

詩云：虞、芮質厥成。毛傳稱天下聞虞、芮之訟息，歸周者四十餘國，
故知周自虞、芮質厥成，諸侯並附以爲受命之年，至九年而文王卒，至此
十一年。

而史記、毛傳之說，歐陽修以爲「畢喪伐紂，出於諸家小說，而泰誓六經之明文也。」〔註18〕此則本其「聖經之所不著者，不足信也」之觀念而立言。復以史記周本紀與伯夷列傳之說，自相矛盾，皆不足取信〔註19〕。此外，歐陽修深信書序乃孔子所作，又不考逸周書亦有明言武王伐紂六年而崩。故未疑十一年之數與經文十三年之異，而以「武王即位之十一年」作結論。泰誓論之：

昔者孔子當衰周之際，患眾說紛紛以惑亂當世，於是退而修六經以爲
後世法。

歐陽修泰誓論所云，朱熹嘗言之曰：

且如歐公作泰誓論，言文王不稱王，歷破史遷之說……蓋泰誓（當爲
武成）有惟九年大統未集之說，若以文王在位五十年之說推之，不知九年當
從何數起。又有曾孫周王發之說，到這裏便是難理會，不若只兩存之〔註20〕。

朱熹舉武成「九年大統末集」之說以質疑歐說，然武成本亦自有相阻處，故朱子止兩

〔註17〕見歐集泰誓論。
〔註18〕同註17。
〔註19〕同註17。
〔註20〕見朱子語類卷七八尚書一綱領。

存之〔註21〕。及蔡沈承師命作集傳，於泰誓中即直取歐說以詆孔傳，以爲歐陽氏之辨極爲明著，但其曰十一年者惑于書序十一年之誤。蔡氏於書序以爲十一年乃十三年之誤，序乃本依經文，無所發明，而偶以三誤爲一耳〔註22〕。陳善於捫蝨新語云：

> 泰誓序惟十有一年，武王伐商，公（歐陽修）獨以爲是武王即位之十一年。武王八十三即位，九十三而終，安得十一年始伐紂，而經復云十三年乎！

陳善之說，孔穎達正義已先言之矣〔註23〕，亦別無新意。孔穎達正義據大戴及禮記文王世子篇以爲計算武王年齡之依據，然以歐陽氏言之，此亦「諸家小說之言」也〔註24〕。

清閻若璩尚書古文疏證卷二第二十六條「晚出武成泰誓仍存改元觀兵之說」云：

> 詩大雅文王受命，有此武功。其所爲受命之說，如是而已，無稱王改元事也。自周書以文王受命九年春在鄗，而改元說興，由漢迄唐，容有辯其不稱王，未有辯其不改元者，歐陽永叔泰誓論出，而文王之冤始白。

然則歐陽永叔以爲「文王未嘗稱王」及以改元之觀念以爲論證，實能燭照百代，開清代考據之權輿；而其敢於議論經傳，倡發異議，而論議有理而縝密，皆有不可磨滅之貢獻。後世之論歐陽公，每彰其詩、周禮、易傳之新說，而獨遺其論尚書泰誓之明見，亦足怪哉。

（二）論洪範

歐陽修除專論泰誓之外，其於尚書尚有論洪範之說。其〈廖氏文集序〉云：

> 夫學者知守經以篤信，而不知僞說之亂經也。……（廖偁）其論洪範，以爲九疇聖人之法爾，非有龜書出洛之事也。余乃知不待千歲而有與余同於今世者。

此廖偁有洪範論〔註25〕，以爲洪範九疇乃聖聖相傳之道，不待神龜負出洛以授禹，一反孔傳「天與禹，洛出書，神龜負文而出」之說，而以天道誠在人，順於天乃天

〔註21〕朱子語類泰誓云：「舊有人引洪範十有三祀訪于箕子，則十一年之誤可知矣。」則又有進於兩存之說。考引洪範爲證之說，見董鼎書集傳輯錄纂註泰誓篇下引程頤之言也。今考河南程氏遺書卷十九云：「只是大誓篇前序云十有一年，後面正經便說「惟十有三年」，先儒誤妄，遂轉爲觀兵之說。先王無觀兵之事，不是前序「一」字錯卻，便是後面正經「三」字錯卻。」亦可參看。然觀兵之事，先秦記載實有之。

〔註22〕見蔡沈書集傳泰誓上篇題下。

〔註23〕見尚書正義泰誓篇孔疏。

〔註24〕見歐集泰誓論。

〔註25〕廖偁洪範論，見宋文鑑卷九四。

道之與也，全就人事以言洪範。歐陽修同其說，摒棄神怪之說，一歸於人情。故歐陽修嘗有「論刪去九經正義中讖緯箚子」。彼云：「愚以爲士之所本，在乎六經，而自暴秦焚書，聖道中絕；漢興，收拾亡逸，所存無幾，或殘編斷簡，出於屋壁，而餘齡昏眊，得其口傳，去聖既遠，莫可考證，偏學異說，因自名家，然而授受相傳，尚有師法。暨晉、宋而下，師道漸亡，章句之篇，家藏私畜，其後各爲箋傳，附著經文，其說存亡以時好惡……然其（正義）所載既博，所擇不精，多引讖緯之書以相雜亂，怪奇詭僻，所謂非聖之聖。」

此箚子所論，所謂屋壁昏眊，即指尚書，而尚書之中，其易羼入讖緯者，以洪範爲最；以是知之，歐陽修之於洪範，亦儘量棄去讖緯之說，而一本乎人事，與廖侗同也。

（三）雜論有關尚書之問題

有宋一代，亦爲金石學之權輿，其始者即劉敞（原父）及歐陽修。歐陽修有集古錄一書，開以器物考古之一途。雖其考證尚原始，而識見精卓，實一代所難能。其中有以器物與尚書連類而言者。集古錄云：

> 右伯同敦銘曰：伯同父作周姜寶敦，用夙夕享用蘄萬壽。尚書同命序
> 曰：穆王命伯同爲周大僕正。則此敦周穆王時器也。

歐陽氏此一引證，雖有附會之嫌〔註26〕，然亦有以啓夫後世也。

歐陽永叔尚有日本刀歌一首，論及尚書之事，而有分辨之必要者。其日本刀歌云：

> ……其先徐福詐秦民，採藥淹留丱童老……徐福行時書未焚，逸書百
> 篇今尚存，令嚴不許傳中國，舉世無人識古文；先王大典藏夷貊，蒼波浩
> 蕩無通津。……

此歌之言，似永叔以爲日本有尚書全本。然此當爲詩人寄興之詞，不可信以爲眞。顧炎武日知錄卷二豐熙尚書條云：

> 蓋昔時已有是說，而葉少蘊固已疑之。夫詩人寄興之詞，豈必眞有其
> 事哉！日本之職貢于唐久矣。自唐及宋，歷代求書之詔不能得，而二千載
> 之後，慶乃得之（自注：宋咸平中，日本僧奝然以鄭康成註孝經來獻，不
> 言有尚書。）

顧炎武之辨論，誠有理據。若以詩人寄興之詞爲眞，則唐皇甫冉有詩〈澧水送鄭豐

〔註26〕見陳振孫直齋書錄解題卷八論趙誠明金石錄文。其論雖非專指歐陽修，然歐公有若是者。

之鄆縣讀書〉云：「上古全經皆在口，秦人如見濟南生﹝註27﹞。」則是鄭豐其人獨傳伏生之學而有尚書全經乎？

四、歐陽氏尚書學之評價

黃宗羲宋元學案爲歐陽永叔立廬陵學案，僅次高平學案之後，則是視歐陽氏爲一理學家矣。宋代理學諸儒，其據尚書而言心性者多矣；若大禹謨之十六字心傳者，眞理學之大關鍵。然而歐陽修之於尚書，則不言性。其答李翊第二書云：

「書五十九篇，不言性，其言者，堯舜三代之治亂也。」

歐陽於洪範主人事人情爲說，摒棄讖緯之論；其不以書言性，而主言治亂之道，其意義同也。

要之，歐陽修之尚書學，蓋篤信經文，視傳注箋疏，漢儒史記爲亂道，以推理人情解經，遂啓後世破棄傳注，議論經典，自成新說之風氣；而泰誓之論，思維縝密精確，誠有功於尚書也。

第二節　劉　敞

一、生平事略

劉敞，字原父，號公是，臨江新喻人。生於宋眞宗天禧三年，卒於神宗熙寧元年，年五十。舉慶曆六年進士，廷試第一，編排官王堯臣，其內兄也，以親嫌自列爲第二。歷通判，右正言，知制誥。嘗奉使契丹，素知其山川道徑及異獸形狀，契丹人歎服。改集賢院學士，判御史臺。有蜀人龍昌期著書傳經，以詭僻惑眾，敞與歐陽修俱以爲違古畔道，學非而博，可有王制之誅。及侍英宗講讀，每指事據經，因以諷諫。嘗進讀史記，至堯授舜以天下，拱而言曰：「舜至側微也，堯禪之以位，天地享之，百姓戴之，非有他道，孝友之德，光于上下耳。」帝竦體改容，知其以義理諷也。

敞學問淵博，自佛老、卜筮、天文、方藥、山經、地志，皆究知大略。嘗得先秦彝鼎數十，銘識奇奧，皆按而讀之，因以考知三代制度，並集爲先秦古器記一冊﹝註28﹞。爲文敏贍，掌外制時，將下直，會追封王主九人，立馬卻坐，頃之九制成。歐陽修每於書有疑，折簡來問，對其使揮筆答之不停手，修服其博。長於春秋，著書四十卷，行于時﹝註29﹞。除春秋外，有公是集六十卷，七經小傳五卷，公是弟子

﹝註27﹞見佩文齋詠物詩選讀書類，頁1。廣文書局印行第九冊。
﹝註28﹞見歐陽修文忠全集卷一百三十四韓城鼎銘跋尾及張仲器銘跋尾。
﹝註29﹞參見宋史卷三百一十九本傳。

·記五卷〔註30〕。

二、尚書之著述與著錄

　　劉氏之於尚書，並無專著，其著七經小傳〔註31〕。尚書列之於首。今其書見存於
通志堂經解中。所論七經，尤以尚書之部爲重。宋晁公武郡齋讀書志云：「後王安石
修經義，蓋本於敞。公武觀原甫說伊尹相湯伐桀，升自陑之類，經義多勦取之〔註32〕。」
晁氏特舉尚書之說爲例，其出亦有因也。非特如此，洪邁容齋續筆云：「武成一篇，
王荊公始正之〔註33〕。」然始正武成者，實劉敞也。可見劉敞之論尚書，影響深遠。
劉公是雖長於春秋，而實以春秋與尚書相互發明。公是弟子記云：「叔贛問曰：尚書
記人之功，忘人之過；春秋收毫毛之善，貶纖芥之惡：二者無異乎？曰：無異。何謂
無異也？曰：忘其過不忘其惡，貶其惡無貶其過。」以此知劉氏尚書學之重要矣。

三、劉敞之尚書學

　　王應麟困學紀聞云：「自漢儒至於慶曆間，談經者守故訓而不鑿，七經小傳出，
而稍尚新奇矣〔註34〕。」晁公武亦云：「元祐史官謂慶曆前學者尚文辭，多守章句
注疏之學，至敞始異諸儒之說〔註35〕。」歷來學者談公是之學，均以「不專章句解
訓」，故「好尚新奇」爲論；是以陳振孫謂「以己意言經，著書行世，自敞倡之〔註
36〕」。而所謂「不守章句」「以己意言經」之評，劉敞嘗自道其經解之立場云：

　　　　凡說經者，宜以逆順深淺爲義。得其義，是得聖人之意。得聖人之意
　　者，雖有餘說，勿聽可也；不得其意，則牽於眾說，牽於眾說，而逆順深
　　淺，失義之中，是有功於眾說，而非求合於聖人也。故吾求合於聖人，而
　　不敢曲隨於眾說。聖人之意可求也，求在義而已矣〔註37〕。

劉氏研究經學之終極目標，在於求聖人之意；聖人之意，何求而得？在乎得其義。
義者，逆順深淺之謂也。逆者即孟子「以意逆志」之逆，順者，順乎人情常理，
而深淺者謂就經文而探求，不過不及，深淺合于道也。至於傳疏章句之學，乃所

〔註30〕參見宋人傳記資料索引。
〔註31〕見晁公武郡齋讀書志卷四，頁6。七經者，毛詩、尚書、公羊傳、周禮、儀禮、禮記、
　　　　論語也。
〔註32〕見同註31。
〔註33〕見容齋續筆卷十五〈經書脱誤〉條。
〔註34〕見翁注困學紀聞卷八經說。
〔註35〕見同註31。
〔註36〕見經義考卷二百四十二七經小傳條下引陳振孫之說。
〔註37〕見劉敞著春秋權衡卷二。

謂「餘說」、「眾說」，其有合於聖人之意者，當從之，否則可以勿聽；此劉氏之經學基本觀念。自其外而觀之，謂之「不守章句」者，蓋章句不合聖人之意也；謂之「以己意言經」，蓋以意逆求其合於義也。明夫劉敞言經之旨，斯可以論其尚書之學矣。

　　劉氏尚書之學，括而言之，條析為五，分述如下：

（一）不守章句注疏

　　自漢以至慶曆之前，學者多謹守傳注以研經。陸務觀云：「唐及國初，學者不敢議孔安國、鄭康成，況聖人乎；自慶曆後，諸儒發明經旨，非前人所及〔註38〕。」研尚書者之尊崇孔傳，由此可見；而劉敞說尚書，每非議孔傳，以為不合聖人之意。其論泰誓曰：

> 泰誓曰：惟十有一年，武王伐殷。孔氏曰：觀兵孟津，以卜諸侯伐紂之心，諸侯僉同，乃退以示弱。非也。詩云：匪棘其欲，聿追來孝。聖人豈有私天下之心哉！觀兵者，所以憚紂也。欲其畏威悔過，反善自修也。如紂能改者，武王亦北面事之而已矣。然則進非示強，退非示弱也。進所以警其可畏，退可以待其可改，及其終不畏，終不改，然後取之。此篇稱紂罔有悛心，乃夷居弗事上帝神祇，足以知武王之退非示弱而襲之明也〔註39〕。

按孔傳「示弱」之說，確有武王玩弄權術詐謀之意，劉氏以為此非聖人之本意。故倡為「憚紂悔過」之說，以明武王之無私心於天下。蘇軾以為「紂若改過，不過存其社稷宗廟，而封諸商，使為二王後也」，東坡又曰：「以為武王退而示弱，固陋矣，而曰復北面事之者，亦過也〔註40〕。」推東坡之意，雖以北面復事為過論，然其本諸劉氏「憚紂悔過」之說，至為明顯。張無垢亦持劉說〔註41〕。

　　劉敞以為孔傳不僅時失聖人之意，於制度典章，名物訓詁，亦每有所失。如益稷篇「州十有二師，外薄四海，咸建五長，各迪有功」，孔傳以為所謂「師」乃二千五百人為一師之謂也；故孔傳云：「一州用三萬人功，九州二十七萬庸。」而劉敞則以為非。其論之曰：

> 師猶長爾。一州十二師，以商周之制推之，則連率卒正之類也。以五長稽之，則五國有長，而十長有師乎！長所以長也，師所以師也；十長之

〔註38〕見同註35引陸游之説。
〔註39〕見七經小傳上，頁7。
〔註40〕見東坡書傳卷九，頁2。
〔註41〕見黃倫尚書精義卷二四，頁13。

師凡五十國，一州十二師，則六百國也。州六百國，計十二州則七千二百
國也。十二州之外，薄于四海，又有五長，是以禹會諸侯於塗山，執玉帛
者萬國也〔註42〕。

按劉敞於此極力牽合萬國之數，以爲師者非如孔傳之揭人功役數也。然其云「五國
有長，十長有師」，其說蓋用鄭康成之義而已。較之孔傳，猶有不如，蓋此段前云「荒
度土功」，後曰「各迪有功」，是其言治水之功也，故以人役數之爲近理，與禹會諸
侯於塗山事不相涉。至於物名訓詁之例：如禹貢揚州之篚曰：「厥篚織貝。」孔傳云：
「貝、水物。」而劉敞則以爲：

織讀如士不衣織之織，染貝爲織，島夷所服，蓋如厚繒貝者，木名耳
〔註43〕。

按劉氏以貝非水物，乃爲染絲之材料。其說蓋本諸鄭康成。鄭云曰：「貝，錦名。詩
云：萋兮斐兮，成是貝錦。凡爲織者先染其絲乃織之，則文成矣。禮記曰：士不衣
織〔註44〕。」是劉說棄孔傳而湜從義也。考之禹貢九州之篚，冀州以帝都所在，無
貢無篚，梁州、雍州無篚而有織皮，其餘州之篚，兗之「織文」，徐之「玄纖縞」，
荊之「玄纁、璣組」，青州之「檿絲」，豫州之「纖纊」，均以絲帛之物爲篚，別無他
物，則此貝如爲水物，實甚不倫；復就文辭言之，兗州之「織文」，與之文式正同，
孔傳云：「錦綺之屬」，而於「織貝」則解爲二物，義亦不倫；且貝若爲水物，亦不
宜以篚盛之也。以此可見鄭玄、劉敞之說，於義較孔傳爲勝。

　　劉敞不守孔傳章注，開疑古風氣之先，影響宗儒至鉅。

（二）以己意言經

　　劉敞解經，既本孟子「以意逆志」之法，故常以己意以逆求經義。其論大禹謨曰：

大禹謨：蓋曰：都！帝德廣運，乃聖乃神，乃武乃文，皇天眷命，奄
有四海，爲天下君。禹曰：惠迪吉，從逆凶，惟影響。此言帝賞罰之審且
速也。故能爲天下君〔註45〕。

按劉氏以「審且速」解「吉凶影響」之義；而孔傳則以爲「順道吉，從逆凶，吉凶
之報若影之隨形，響之應聲；言不虛。」較諸二者，劉說於孔傳之外，加「速」義
也。又其解皋陶謨九德之「愿而恭」曰：

愿而恭，恭與愿一物爾，愿者益恭，非德性相濟者也。恭當作荼字誤

〔註42〕見七經小傳上，頁4。
〔註43〕見前書，頁5。
〔註44〕見尚書正義禹貢孔疏引鄭玄之說。
〔註45〕見七經小傳上，頁3。

也。茶者舒也，愿愨過者患在不茶，故以茶濟愿也〔註46〕。

按劉氏本九德相濟之義，因疑恭乃茶字之形誤，彼其縱己意以解經，至於改經字也。至於禹貢「五百里要服」、「五百里荒服」，劉氏亦有己見說云；其言曰：

> 凡唐虞九州，州方千里，適三千里矣。要、荒則在九州之外。三百里夷者，稍以夷禮通之，若春秋杞、鄫、葛、莒也；三百里蠻者，亦言雜以蠻俗，待之若春秋楚、越也。二百里蔡者，蔡讀如蔡蔡叔之蔡；二百里流者，流讀如流共工之流。輕罪則蔡於要服，重罪則流于荒服，所謂投之四裔，屏之遠方者也。則此五宅三居之二矣。然則其一在綏服。〔註47〕

按孔傳釋「夷」曰：「守平常之教。」訓「蠻」曰：「以文德蠻來之。」解「蔡」則曰「法也，法三百里而差簡」，解「流」則曰「移也，言政教隨其俗」；劉氏之義，與孔傳大異，並與舜典「五宅三居」連類而為之說，推言三居一在荒服，一在要服，餘一必在綏服，皆以己意說經也。

（三）疑經與改經

宋初學者，不敢議孔安國、鄭康成，而自劉敞始，非獨不守章句傳疏，更有進者，至疑經文之非完璧，或有錯誤於其間，非如王應麟之謂「稍尚新奇」而已〔註48〕。

劉氏疑改尚書，其所疑則有脫字、衍簡、誤字三類，其所改則以改武成為大宗。

1、疑經文

（1）疑脫字

堯典申命羲和四宅，以正四時；其命羲叔，則曰「宅南交」而止，與分命羲仲「宅嵎夷，曰暘谷」，分命和仲「宅西，曰昧谷」，申命和叔「宅朔方，曰幽都」三者皆嫌不齊。且孔傳云：「春與夏交。」以氣為言，與其他三者以地言異，故劉敞致疑其間，以為有脫字。其論曰：

> 本蓋言宅南曰交趾，後人傳寫脫兩字故，爾非真也。春云宅嵎夷，秋云宅西，推秋之西而知嵎夷為東也，夏云宅南，冬云宅朔方，推夏之南而知朔方為北也；此蓋堯舜時四境所至，四岳所統也，故舉以言爾〔註49〕。

按劉敞疑「宅南交」一句有脫字，以為當作「宅南曰交趾」，以其下文論說，并東西南北比而觀之，知劉氏之所以如此疑訂者，蓋有取於「宅西曰昧谷」之句式也。夫四方之宅，東方之嵎夷、北方之朔方，均未明言方位，惟西方有一西字，且以西方

〔註46〕見同註44。
〔註47〕見七經小傳上，頁5。
〔註48〕見同註34。
〔註49〕見七經小傳上，頁1。

之句式比之其他三方，又唯有此作一字而非二字；既然「宅南交」明言方位，與「宅西曰昧谷」爲近，故劉敞疑「宅南交」有脫字，而補之曰「宅南曰交趾」，其句式乃仿效「宅西曰昧谷」而來。其實疑此有脫字者，非始於劉敞，東漢鄭玄早已有說，然其說不同，若比二說而觀之，於劉氏之說，更能彰明。孔疏引鄭玄云：「夏不言明都，三字磨滅也。」鄭氏以爲脫三字，與劉氏脫二字之說不同，蓋鄭康成以南、朔相對起論，北方既言「宅朔方、曰幽都」，則南方相對之句式，當爲「宅南交，曰明都」也。鄭氏之說，殊乏明據，彼之所以云脫「曰明都」三字，除本諸句式之外，以漢陰陽五行之說極盛，鄭氏有取之，朔方既曰「幽都」，乃因北方屬水，其色玄幽之故，是以南交之地，當相對而作「明都」，南方屬火，其色赤明故也。然考夫古籍，二說以劉氏爲近，何則？鄭康成之說無所據，而劉敞之說則有所徵。大戴禮記少間篇有「朔方幽都，南撫交址」之句，墨子節用中亦云：「古者堯治天下，南撫交阯，北降幽都。」是自戰國以來，典籍固已知交阯之地，而以之與幽都相對，史記五帝本紀亦云：「黃帝之地，北至於幽陵，南至於交趾。」前引諸書所據，蓋即本之堯典，是自始即有南方交趾之說矣。以此觀之，劉氏之說有據，其視鄭玄五行鑿空之言，其勝遠矣。清王念孫經義述聞據尚書大傳，以爲「宅南」句，交上當有「曰大」二字，且謂「大交」蓋山名，其說或亦受劉敞之影響也〔註50〕。

（2）疑衍文

劉敞論舜典，謂有夔曰：「於！予擊石拊石，百獸率舞。」一句，而益稷之末，又有之，以爲舜典一句，乃衍一簡。其論曰：

　　　然則舜典之末衍一簡。何以知之邪！方舜之命二十二人，莫不讓者，惟夔、龍爲否，則亦已矣，又自贊其能，夔必不爲也；且夔於爾時始見命典樂，不應遽已有百獸率舞之事，是今日適越而昔至也〔註51〕。

按舜典與益稷有相同之文句，劉敞以爲舜典衍一簡而不謂益稷衍一簡者，以義推之，眾人皆讓而夔獨自贊其能，於讓德有缺；以時察之，則夔新命典樂，前此夔無百獸率舞之效也；其說似亦有理。然亦未必如是，若反言之，益稷之文，其列於「戛擊鳴球，博拊琴瑟以詠」至「簫韶九成、鳳凰來儀」之下，二者文義有重複之嫌；而夔新命典樂，乃以夔有此樂效而命之，若夔之於樂，初無其神化之功，則帝舜何由而命之哉！舜非能預見夔之樂技，必將臻於化境而先命之典樂也。且就讓德而言，

〔註50〕據清陳壽祺輯校尚書大傳曰：「中祀大交霍山。」註云：「五月南巡守，仲祭大交氣於霍山，南交稱大交。書曰：宅南交是也。」經義述聞之說，蓋本於此。其云「宅南曰大交」，句式與劉敞正同，唯字與位置少異耳。

〔註51〕見七經小傳上，頁2。

益稷之文有曰：「虞賓在位，群后德讓」，而夔之言「擊石拊石，百獸率舞，庶尹允諧」於益稷，亦是不讓之事也；以是觀之，劉氏之論，亦片面之辭，無實據以證之。此舜典夔曰之文，史記引用，已然有之，熹平石經舜典殘石有「曰於」之文；揆其前行爲「女秩宗」後行爲「卅徵」，則此語必爲「夔曰：於，予擊石拊石……。」句〔註52〕其後魏石經（品字式）殘石中，亦有「夔……予擊」之文，其左旁有「允帝」「登庸」之句，則亦可見證此爲舜典之文〔註53〕。而敦煌所出歷代文物，有經典釋文、舜典部份殘卷，其中「於予」「石」「拊石」「衒罕」之釋文，可見唐初隸古定本尚書經文，舜典亦有此句。〔註54〕自史記之後，迄乎劉敞以前，皆無人致疑於如此相似之文句，而劉氏首發其端。其后蘇東坡、林之奇、蔡沈、金履祥、吳澄等，皆用其說；至今屈萬里先生亦以爲近是也〔註55〕。

考此說之關鍵，在夔之「讓，不讓」與「新命、舊命」之互動關係上。孔傳云：「禹、垂、益、伯夷、夔、龍六人，新命有職。」是以學者據之以爲夔既新命，而其言不讓，於禮不合，故有是疑。王安石嘗論此事於夔論篇中，其言曰：

> 孔氏曰「禹、垂、益、伯夷、夔、龍六人，皆新命」者，蓋失之矣。聖人之聰明雖大過於人，然未嘗自用聰明也。故舜之命此九人者，未嘗不咨而後命焉，則何獨于夔而然乎？使夔爲新命者，則何稱其樂之和美也？使夔之受命之日已稱其樂之和美，則賢人舉措，亦少輕矣。孔氏之說，蓋惑于「命汝典樂」之語爾；夫「汝作司徒」、「汝作士」之文，實異于「命汝典樂」之語乎？且所以知其非新命者，蓋舜不疇而命之，而無所讓也。舜之命夔也，亦無所疇；夔之受命也，亦無所讓；則何以知其爲新命乎？〔註56〕

檢尋先秦兩漢有關夔之記載，有以爲堯時即已任官，有以爲舜時。荀子成相篇：

> 舉舜甽畝任之天下身休息。得后稷，五穀殖，夔爲樂正，鳥獸服。

呂氏春秋愼行論：

> 孔子曰：「舜曰：『夫樂天地之精也，得失之節也，故唯聖人爲能和，樂之本也，夔能和之，以平天下。若夔者一而是矣。』」

〔註52〕見尚書文字合編冊1，舜典頁67，漢石經集存。顧頡剛，顧廷龍輯，上海古籍出版社，1996年第一版，上海。

〔註53〕見尚書文字合編頁69，參見前註。

〔註54〕見尚書文字合編76頁，敦煌本伯三三一五。參前註52。

〔註55〕見屈萬里先生尚書集釋堯典篇注一百四十三，頁29。

〔註56〕見王安石，王文公集卷廿六上冊，頁297，唐氏標校，上海人民出版社，1974年出版，上海。

禮記樂記：

　　　昔者舜作五絃之琴以歌南風，夔始制樂以賞諸侯。

論衡須頌：

　　　虞氏天下太平，夔歌舜德。

蓋夔在虞舜之朝任典樂之官，明見載于尚書，故後世說者多據之。然夔任樂官，在唐堯之朝，古書亦有載之，如大戴禮記五帝德：

　　　宰我曰：「請問帝堯。」孔子曰：「高辛之子也，曰放勳。……伯夷主
　　　禮，龍、夔教舞，舉舜、彭祖而任之，四時先民治之。」宰我曰：「請問
　　　帝舜。」孔子曰：「蟜牛之孫，瞽叟之子也。……伯九主禮，以節天下；
　　　夔作樂，以歌斋舞，和以鐘鼓。」

可見大戴記以夔初任於陶唐，續任於虞舜，非新任也。史記五帝本紀則云：

　　　攝政八年而堯崩。三年喪畢，讓丹朱；天下歸舜。而禹、皋陶、契、
　　　后稷、伯夷、夔、龍、倕、益、彭祖，自堯時而皆舉用，未有分職。

孔子家語・五帝德篇，亦以為夔在堯已任官典樂，其說與大戴記同。藝文類聚，帝王部，帝堯陶唐氏下曰：

　　　夔於山川谿谷之音，作樂大章，天下大和，百姓無事。〔註57〕

可見孔傳言夔典樂為新命有職，其說未可據論。夔既非新命，則「不讓」之言，亦無可厚非矣。故夏僎就夔不應誇功而論之曰：

　　　舜命九官，其不讓者，考之孟子，皆是前此用之已久，至此特因其相
　　　遜，重述其所掌以申誓之，故自稷、契以下，皆不讓。不讓者既為舊有職
　　　任，則夔之典樂蓋已久，舞獸之效正不可疑，其非一朝一夕所能致。

然則劉敞此說，蓋據孔傳之誤說，而針對立論，今孔傳之誤既明，其說亦可以不論矣。

2、改經文

　　尚書經文，其始也疑之，進而改之。其最著者，莫如武成一篇。蓋武成一篇，自孟子即以為盡信書不如無書者，於武成止取二三策耳。至唐孔穎達正義，以為此篇敘事多而王言少，惟辭又首尾不結，體裁異於他篇，故孔疏於經文則以為「簡偏斷絕、經失其本，所以辭不次」，並嘗考武成一篇內容之時間順序云：「史敘其事，見其功成之次也。」而於「既戊午、師逾盧津」之下則曰：「自此以下，皆史辭也。其上闕絕，失其本經，故文無次第，必是王言既終，史乃更敘戰事。於文次當承自

〔註57〕見唐歐陽詢等編撰，台北文光出版社，西南書局經銷，1974年，頁214。

周于征伐商之下，此句次之，故云既戊午也。」孔穎達既以疏不破注，故極力彌縫，然彼亦以爲「文無次第」爲事實。雖然，孔疏猶未敢明改經文也。及劉敞發議，明指經文失次，並爲之訂定。其論曰：

> 言史官具記武王克商，所施行之政，以爲此書也。然此書簡策錯亂，兼有亡逸，粗次定之于下曰：惟一月壬辰旁死魄，越翼日癸巳，王朝步自周，于征伐商，此下當次以底商之罪，告于皇天后土，所過明山大川云云，下至大賚于四海而萬姓悦服，皆在紂都所行之事也。然後次以厥四月，哉生明，王來自商，至於豐，然後又次以丁未祀于周廟云云，下至予小子其承厥志，此下武王之誥未終，當有百工受命之語，計脱五、六簡矣。然後次以乃偃武修文云云，然後又次以列爵惟五云云〔註58〕。

按劉敞改編武成，與孔疏之說，有同有異，其同者即以武成有脱簡，然孔疏以爲脱簡在「無作神羞」以下，而劉以爲當在「其承厥志」之下；至於改編之次序，劉氏較孔疏繁複，蓋其既審事實發生之順序、地點，亦慮乎經文所載日月時間之相配，復酌於記言之文氣，故有如此之改訂，此實較孔疏爲優。自是厥後，明改武成者繼踵而有之；洪邁以爲改武成者始於王安石，實則以劉敞爲先，晁公武、吳曾、楊時、王應麟等均以爲王安石三經新義本諸劉敞〔註59〕，可見王安石之改武成，當受劉氏之直接影響；王氏之後，程頤、林之奇、朱熹、蔡沈、胡洵直、王柏、金履祥、黃仲元、熊朋來等宋元學者，皆有一說〔註60〕，風潮洶洶，蔚成奇觀者，劉敞實爲權輿也。

（四）據經以發義理

宋史本傳曰：「敞侍英宗講讀，每指事據經，因以諷諫。……敞進讀史記，至堯授舜以天下，拱而言曰：舜至側微也，堯禪之以位，天地享之，百姓戴之，非有他道，惟孝友之德，先於上下耳。帝竦體改容，知其以義理諷也。」以所謂義理，即劉敞所謂聖人之意也；劉氏特長於春秋，夫春秋者，聖人之言意所在也；春秋之外，劉氏特引論語立言，蓋亦同其因由。劉敞言尚書，每引論語爲說，以發揮聖人義理。其論皋陶之言九德曰：

> 皋陶謨曰：都！亦行有九德，亦言其人有德。此說性善也。行有九德

〔註58〕見七經小傳上，頁8。

〔註59〕晁公武之說，見郡齋讀書志卷四，頁6；吳曾之說，見經義考卷二百四十二，頁5引；楊時說見於錢遵王讀書敏求記案引松筆記云云，謂據楊龜山說。

〔註60〕見各家之敍述部份，葉國良之宋人疑經改經考，程元敏先生之三經新義輯考彙評（一）尚書武成部份，均有所述，可互參。熊朋來之論，見其所著經說，爲程、葉二氏所未言及者。

者，言人之性固有九德也。寬、柔、愿、亂、擾、直、剛、彊是也。亦言
其人有德者，言性雖有德，猶待其人之有德，乃成德也；栗、立、恭、敬、
毅、溫、廉、塞、義是也〔註61〕。

此豈異孟子論性之言乎？此下更引論語孔子之徒，以明「恆德」、「三德」、「六德」、
「九德」之差殺曰：

> 顏淵問爲邦。子曰：行夏之時、乘殷之輅、服周之服；此王天下之任，
> 聖人之德也。又曰：雍也可使南面；先有司，赦小過，舉賢材。此君一國
> 之任，君子之德也。又曰：由也，千乘之國，可使治其賦也，升堂未入於
> 室：此卿大夫之任，善人之德也。又曰：不得中行而與之，必也狂狷手；
> 狂者進取，狷者有所不爲：此吉士之任也，有恆之德也〔註62〕。

其下劉氏更據臯陶之稱舜曰「臨下以簡，御眾以寬」之言，延伸其義，爲說九德於
治國安民之理曰：

> 「極此言之意，故當曰：事親以柔，行己以愿，臨事以亂，任賢以擾，秉德以
> 直，斷謀以剛，敷政以彊：此所謂大備之人也〔註63〕。」

此可謂善發揮聖人之義理矣。公是弟子記中，有王回問四岳薦鯀，而堯以爲方
命圯族，然猶試之九年，以爲聖人之不愛民。劉氏則以爲「堯將以盡民心」。因論聖
人之政曰：

> 聖人之政也。務盡於民心，而不獨智知，不使己負疑於天下，爲天
> 下而非己也，故賞而天下莫不從，罰而天下莫不服；愛民之至，孰大於
> 是〔註64〕。

此亦據尚書以言爲政之理也。

（五）傳尚書之法

劉氏淹通百家典籍，開不守章句注疏之風，啓疑經改經之門，其治經之法，自
有可述者焉。

1、逆求義理

劉氏所謂義理，乃聖人之意，苟得聖人之意，餘說可以否之。其治春秋曰：「春
秋云甲，傳云乙，傳雖可信，勿信也〔註65〕。」故其治尚書，亦多非孔傳，以爲非

〔註61〕見七經小傳上，頁3。
〔註62〕同前書，頁3、4。
〔註63〕註同57。
〔註64〕見公是弟子記頁7。
〔註65〕見劉敞春秋權衡卷一。

聖人之意。而求聖人義理，端在「逆」，猶孟子之「以意逆志」是也。其論湯誓云：

　　湯誓曰：伊尹相湯伐桀，升自陑。陑者，桀恃險；升之者，言其易也。

　著此者言桀雖據險，亦不能拒湯，所謂地利不如人和。孔氏注乃曰出其不

　意，孫吳之師，非湯與伊尹之義也〔註66〕。

劉敞以爲湯之伐桀，乃以仁義之師，伐曷喪之君，乃順天應人，明誓往戰，必不以詐謀行軍，一如兵法家所言爾，而孔傳謂「出其不意」，是以孫吳之謀度聖王之心，湯與伊尹必不如此：湯之伐也，蓋得人心，人心既和，則地之險夷何干哉，如此方是天吏之伐有罪，拯民於塗炭之中，其易可知。此即以意「逆」志，以求合於聖人義理也。

2、順乎文辭

　　劉氏以爲孔傳解經，往往扭曲文義字訓，爲之強說，遂使歧義橫生。故其解經文唯求文從字順而已。如其曰舜典「修五禮，五玉、三帛、二生、一死贄，如五器，卒乃復」，以爲「卒乃復」爲「巡守事畢，王乃還都也」，復解作「還都」，非如孔傳謂「禮終則還之，三帛、二生、一死則否」；何則？夫「卒乃復」三字，既在「五禮」至「一死贄」之下，若解作「還歸」，則當連「三帛、二生、一死贄」而言；若如孔傳之意，則「卒乃復」三字當在「五玉」之下方可。今「三帛」以下之物，於禮已如孔傳所言，則經文不必贅言，然經文既述事如此，而又置乎全句之末，其義必不如孔傳之累贅，是故改作「還都」解之，則於文於義，實較孔傳爲順達。又微子之篇「父師若曰：我舊云刻子，王子弗出，我乃顚濟」。孔傳云：「刻，病也：我久知子賢，言於帝乙，欲立子，帝乙不肯，病子不得立。」孔傳解「舊云刻子」四字，共用五句，其加字解經，不可謂不多矣；故劉敞於此，僅順文辭而爲之解曰：「言我舊常云紂欲害子。」而已。且就意義而言，孔傳所謂「病」者，乃指帝乙不立微子，夫若如此，則與微子之出奔無關；若如劉敞之說，則微子不出奔，必遭殺身之禍，證諸孔子之言「微子去之，箕子爲之奴，比干諫之死」，若微子不出，其以地逼見疑欲害，後果必如比干也。是微子之「發出狂」，不因帝乙之不立，乃爲見疑於紂，有強諫招禍之患也。此二說觀之，劉敞之義爲長。

3、考於古文

　　劉敞淹通經子史傳百家，學問淵博，而於金石學之研究，尤有創發之功，其所著之先秦古器記，與歐陽修之集古錄同爲我國金石學之濫觴。宋史本傳云：「嘗得先秦彝鼎數十，銘識奇奧，皆案而讀之，因以考知三代制度。」而歐陽修集古錄跋尾云：「原父博學好古，多藏古奇器，能讀古文銘識，考知其人事蹟。而長安秦漢故都，

〔註66〕見七經小傳上，頁6。

時時發掘，所得原父悉購而藏之。」可見劉敞之於金石古文之研究，用力極深。劉原父嘗爲歐陽永叔釋韓城鼎銘，又商雒鼎銘跋尾記原父謂「古丁寧通用」，而於古敦銘跋尾則記劉原父爲之考按其其曰：「史記武王克商，尙父牽牲，毛叔鄭奉明水；此銘謂鄭者，毛叔鄭也；銘稱伯者爵也，史稱叔者字也，敦乃武王時器也〔註67〕。」由此知之，劉敞研究金石文字款式，嘗用於古史典籍之間也。而尙書一經，有古今文之異，有秦火之災，於六經之中，最爲難通，韓愈謂「周誥、殷盤、詰屈聱牙」，實非誣也，蓋無古文字之研究基礎故也。劉氏精於斯學，實爲研究尙書之最佳利器。雖然，今見於七經小傳尙書部份者，唯有一條。其論曰：

> 九共九篇，共當作丘，古文丘作亚，與共相近，故誤傳以爲共耳。九丘者，即所謂八索九丘。……孔安國爲隸古定書，不知丘字，誤爲共，遂肆臆説〔註68〕。

按孔安國隸古定古文，亦止就伏生所傳二十八篇相校而讀之，方能起其家，其中文字有錯釋者，亦大有可能〔註69〕。劉氏以其古文字之研究，推言「九共」乃「九丘」之誤，雖其說或有牽強，未必成立，然其開以金石銘識以求上古典籍之端緒，裨後學研探之康莊，功績匪淺。近代王國維氏之研究成就，即其明證〔註70〕。

四、劉敞尙書學之評價及影響

劉敞雖不以理學名家，宋元學案則歸之於盧陵學案中，蓋劉敞與歐陽修於學問上多所往還講習故也。四庫提要云：「敞之談經，雖好與先儒立異，而淹通典籍，具有心得，非南宋諸家遊談無根者比，故其文湛深經術，具有本源。」其評良是。

劉原父雖亦非以尙書名家，然其解尙書，不守傳注，時用鄭、馬之說，更或出於己意，以冀逆求聖人之意，凡此者，皆打破傳統，開風氣之先聲；而其所發新意，雖未必盡合經旨，然較之孔傳，勝者爲多，非鑿空虛構者所能致，斯亦學有根柢者也。至於其「逆順深淺」之法，於宋明理學，亦有推波助瀾之力；而以金石古文字研經，大有篳路藍縷之功；其尙書諸論，多爲宋代後學所採，足見其影響之深也。

〔註67〕上述數點均見歐陽文忠公文集卷一百三十四。

〔註68〕見七經小傳上，頁2。

〔註69〕漢書卷八十八孔安國傳云：「孔安國以今文字讀之，因以起其家。」又藝文志云：「劉向以中古文校歐陽、大小夏侯三家經文……文字異者七百有餘。」其所異者，未必今文皆誤也。

〔註70〕參見王國維觀堂集林卷一，如生霸死霸考，即其明顯之例證。

第三節　廖　偁

一、生平事略

　　廖偁，湖南衡山人。天禧中舉進士。如古能文章，其德行聞於鄉里，一時賢者皆與之交；不達早死，故不顯於世。所著文章其弟廖倚集百餘篇，號朱陵編，歐陽修爲之序〔註71〕。

二、尙書學之著述與著錄

　　廖偁尙書之說，有洪範論一篇，本在朱陵編中，今朱陵編不存，而洪範論則存於宋文鑑卷九十四中。

　　歐陽修爲廖氏文集序，特稱其洪範論。朱熹以歐陽修之故，亦嘗論及廖氏洪範論〔註72〕。朱彝尊經義考亦著錄是篇，曰存。湖南通志藝文志經部亦著錄之〔註73〕。

三、廖偁之尙書學

　　廖偁朱陵編已佚，今僅見洪範論於宋文鑑，傳於世，蓋因歐陽修亟稱之，朱熹亦論之之故也。

　　廖氏論洪範，不取孔傳、劉歆、班固天授龜負之說，以爲洪範乃前古之達道，出於聖人。其言曰：

　　　　偁觀安國之意，誠謂洪範之書，出於天者也；禹之所得，乃天與之也，故云洛出書，神龜負文而出。洎班固撰五行志，又引劉歆之言，亦云禹得洛書神龜之文，而後知洪範。偁案洪範皆人事之常而前古之達道也。前古之達道，皆出於聖人者也；伏犧以前，偁不可得而知，伏犧而下，至於堯舜，觀其事未有不法天行道，以理天下，使皇王之德，被於兆人，而足以儀法千古，則洪範者，固前賢之所啓也，豈得在禹方受之於天哉！若洪範之書出於洛，而神龜負之以授於禹，則是洪範者果非人之所能察也。……今驗五行、五事、八政、五紀、皇極、稽疑、庶徵、福極之義，自伏犧以下未有不由之者，則洛出龜負以授於禹，得爲可乎〔註74〕！

按言洪範者，自漢劉向、歆父子、班固五行志以來，皆以五行災異類應言之，蓋以

〔註71〕參見歐陽文忠公文集卷四三，總頁32、321。經義考卷九五，頁7。宋人傳記資料索引冊四，總頁33。
〔註72〕參見朱子語類卷六七易三綱領下，總頁1675。
〔註73〕參見湖南通志卷二百四十五，頁19。
〔註74〕見宋文鑑卷九四，總頁1255。

洪範之文，有「帝乃震怒」、「天乃錫禹」之言也。迨宋有王欽若、杜鎬先後對眞宗問以河圖洛書，答謂河出圖，洛出書，不過聖人以神道設教耳〔註75〕；此已啓疑竇矣。而歐陽修、廖俅不謀而同倡洪範非天所授，乃聖人之心得，斯論遂大行。

廖俅以爲孔傳、劉氏、班志之所以以爲洪範乃天授龜負，蓋亦有因，因論所謂「天道」之義，其論曰：

> 安國、劉歆、班固所以云者，誠惑於箕子所謂天錫故也。是亦不知天道之說也。夫凡所謂天道，誠亦在於人耳，順於天，乃天道之與也，不順於天，乃天道之不與也。書云：天之歷數在爾躬；順道之謂也。又云：商罪貫盈，天命誅之；不順道之謂也。其洪範者，天下之達道也，聖人之所履，而凶人之所不及也；鯀有凶德於天下，而達道誠不可得也，故箕子云：天乃震怒，不畀洪範九疇；禹有聖德，於天下之達道固行之也，故箕子云：天乃錫禹洪範九疇。諸儒不達於此，以皇天震怒，不畀洪範九疇，即謂天祕之而不與；天乃錫禹洪範九疇，即謂天果授而與之，斯實不明箕子之意也〔註76〕。

廖氏既辨孔傳、劉氏、班志之所以非，在不明天道之義，天道在人，順則得之，不順則不得，非天眞有所授賜也。故廖氏謂「洪範者，出於前聖之心也，而後之爲君者，苟能務蹈聖德，未有不受洪範於天者也」。廖氏既不信天授龜負之說，於是亦以爲洪範九疇，乃禹次而類之之說亦不可信，而洪範之錄而書，乃箕子以前世大法錄而成文，猶周禮、儀禮，皆古之達禮，周公錄之以成書耳。而前儒所云洛書本文凡六十五字之說，廖氏亦一概不信也〔註77〕。

四、廖俅尚書學之評價及影響

廖氏洪範之說，蓋因歐陽修之譽而見稱於世。歐陽修不信災異讖緯，嘗爲刪九經中讖緯箚子，又不信河圖洛書之怪妄，以爲自孔子以來二千歲而有一歐陽修爲是說，而二千年無一人與之同也，故其序廖氏文集曰：

> 衡山廖倚與余遊三十年，已而出其兄俅之遺文百餘篇，號朱陵編者，其論洪範以爲九疇聖人之法爾，非有龜書出洛之事也，余乃知不待千歲而與余同於今世者。始余之待于後世也，冀有因余言而同者爾，若俅者未嘗聞余言，蓋其意有所合焉；然則擧今之世，固有不相求而同者矣，亦何待

〔註75〕參見讀資治通鑑長編眞宗景德三年事，又見司馬光涑水紀聞卷六，總頁 62。
〔註76〕見同註 69 頁 1255、1256。
〔註77〕參前註。

於數千歲乎〔註78〕！

其欣於廖氏與之同調，喜歡之意溢於言表。然朱子以為不然，其評歐陽氏，遂及廖
侔曰：

> 廖氏論洪範篇，大段關河圖洛書之事，以此見知於歐陽公；蓋歐公有
> 無祥瑞之論。歐公只見五代有僞作祥瑞，故併與古而不信。如河圖洛書之
> 事，論語自有此說，而歐公不信祥瑞，併不信此，而云繫辭亦不足信，且
> 如今世間有石頭上出日月者，人取為石屏；又有一等石上，分明有如枯樹，
> 亦不足怪也。河圖洛書亦何足怪〔註79〕。

朱子評歐公，實亦評廖氏也。自杜鎬、王欽若以河圖洛書為聖人神道設教；胡瑗亦
不信天錫龜負，以帝為堯〔註80〕；歐陽修、廖侔進而非天錫龜負之說，於是如蘇洵
以下，言洪範者，多不復用劉、班五行之說，災異讖緯祥瑞之說寖熄矣。

第四節　曾　鞏

一、生平事略

曾鞏，字子固，南豐人。生而警敏，讀書數百言而輒能誦之。甫冠，名聞四方，
歐陽修見而奇之。嘉祐二年登進士第。調太平州司法參軍，召編校史館書籍，為實
錄檢討官，外徙，歷諸州。鞏久負才名而久外徙，世頗謂偃蹇，一時後生輩蜂出，
視之泊如也。過闕，神宗召見，留判三班院。會官制行，拜中書舍人。時三省百執
事選授一新，除書日至十數人，人舉其職，于訓辭典約而盡；特屬之為延安郡王牋
奏。甫數月，丁母艱去，又數月而卒，年六十五。

性孝友，撫四弟九妹于委廢單弱中，一出其力，平生嗜書，家藏至二萬餘卷，
手自讎對，白首不倦。又集古今篆刻為金石錄五百餘卷。所著文集曰元豐類稿〔註81〕。

二、尚書學之著述與著錄

曾鞏有洪範論一卷。經義考著錄曰存，並引朱子之言曰：「洪範曾子固說得勝如
他人〔註82〕。」林之奇尚書全解亦屢引用之。今其文見於元豐類稿卷十。

〔註78〕見歐陽文忠公文集卷四三，總頁32、321。
〔註79〕見同註67。
〔註80〕參見胡瑗洪範口義卷上，頁3，並其書前附四庫提要之言，亦參本論文胡瑗一章。
〔註81〕參見宋史卷三百一十九，頁16、17、18。宋元學案卷四廬陵學案，總頁119、12。
〔註82〕見其書卷九五，頁8。

三、曾鞏之尚書學

　　葉水心習學記言曰：「曾某不附王安石，流落外補，汲汲自納于人主，其辭皆諂而哀；要之，其文與識皆未達于大道〔註83〕。」黃宗羲宋元學案列之入廬陵學案中，其學得歐陽修之文辭；歐陽修有集古錄，曾氏亦有金石錄。然歐陽修於經，有易童子問以疑十翼，有毛詩本義疑詩序，於書有泰誓論非觀兵改元之說，而曾鞏於經則未有如此者。又曾鞏不依附王安石，王安石嘗作洪範傳論，以破庶徵相應之說，而曾鞏則作洪範傳，一守孔傳之舊。若「陰騭」訓「默定」，「農用」訓「農」、為「厚」，又言河圖洛書之可信，皆一本孔傳之說。茲析論其洪範傳如后：

（一）洪範九疇之目，序皆有義

　　夫洪範九疇，五行居首，皇極居五，五福六極居末，歷來學者據其序數立說，敷發洪範大義者多矣。而一疇之中各目，或以相生相克言，或以相條配言，或以輕重言，紛紛擾攘。曾鞏說洪範各條目，以為序皆有義；其論九疇之序曰：

> 五行，五者行乎三才萬物之間也，故初一曰五行；其在人為五事，故次二曰敬用五事；五事敬則身修矣，身修然後可以出政，故次三曰農用八政；政必協天時，故次四曰協用五紀；修身出政，協天時，不可以不有常也，常者大中而已矣，故次五曰建用皇極；立中以為常而未能適變，則猶之執一也，故次六曰乂用三德；三德所以適變，而人治極矣，極人治而不敢絕天下之疑，故次七曰明用稽疑；稽疑者，盡之於人神也。人治而通於神明者盡，然猶未敢以自信也，必考己之得失於天，故次八曰念用庶徵，徵有休咎，則得失之應於天者可知矣。猶以為未盡也，故次九曰嚮用五福，威用六極，福極之在民者，皆吾所以致之，故又以此考己之得失於民也〔註84〕。

是九疇之序有義可說，乃以大學修身、齊家、治國，參天地鬼神，此其義也即為政之序也。又其言「五事」曰：

> 蓋自外而言之，則貌外於言，自內而言之，則聽內於視，自貌言視聽而言之，則思所以為主於內；故曰貌曰言視曰聽曰思，彌遠者彌外，彌近者彌內，此其所以為次序也。

其論八政曰：

> 人道莫急於養生，莫大於事死，莫重於安土，故曰食曰貨曰祀曰司空，

〔註83〕見宋元學案卷四，總頁 12 引。
〔註84〕見元豐類稿卷十，總頁 19、11。下述論五事、八政則見頁 111、113、114、115。

孟子以使民養生送死無憾爲王道之始，此四者所以不得不先也。使民足於
養生送死之具，然後教之，教之不率，然後刑之，故曰司徒、曰司寇，此
彝倫之序也。……先王之治，使百姓足於衣食，遷善而遠罪矣，人之所以
相交接者，不可以廢，故曰賓；賓者，非獨施於來諸侯，通四夷也；人之
所以相保聚者不可以廢，故曰師；師者，非獨施於征不庭，伐不恪也。八
政之所先後如此，所謂彝倫之敘也。

其言各疇之序義若是，多以爲政之論言之也。

（二）以尚書虞夏書與洪範相印證

洪範曰：「我聞在昔，鯀陻洪水，汩陳其五行，帝乃震怒，不畀洪範九疇，彝倫
攸斁，鯀則殛死，禹乃嗣興；天乃錫禹洪範九疇，彝倫攸敘。」是洪範所傳由夏禹
也，而夏禹之治，當亦與洪範之法相行不悖，故以虞夏書中之文義與洪範相印證，
蓋得大禹洪範之眞義也。故曾鞏傳洪範，每引虞夏書參證。其論「五行」，則曰：

凡爲味五，或言其性，或言其化，或言其味，皆養人之所最大者也，
非養人之所最大者則不言，此所以爲要言也，虞書禹告舜曰：政在養民；
而陳養民之事則曰：水火金木土穀，惟修；與此意同也〔註85〕。

其說「五事」曰：

堯之德曰聰明文思，蓋堯之所以與人同者，法也，則性之者亦未嘗不
思也。……昔舜治天下，以諸侯百官而總之以四岳，舜於視聽，欲無蔽於
諸侯百官，則詢于四岳，欲無蔽于四岳，則闢四門，欲無蔽於四門，則明
四目，達四聰。……言爲可從也，則其施於用治道之所由出也。古之君人
者知其如此，故其戒曰：慎乃出令，令出惟行弗惟反。又曰：其惟不言，
言乃雍。而舜以命龍，亦曰：夙夜出納朕命，惟先。言之不可以違如此也。

其解「五紀」曰：

正時然後萬事得其敘，所謂曆象日月星辰，期三百有六旬有六日，以
閏月定四時成歲也。

如此之類，九疇之目皆有之，可見曾鞏之意也。

四、曾鞏尚書學之評價及影響

呂申公嘗謂神宗以曾鞏之爲人，行義不如政事，政事不如文章。葉水心亦以爲

〔註85〕見前書卷十，頁111，下條「五事」則見頁112，「五紀」則於頁115。

曾氏之文與識，皆未達于大道〔註86〕。考乎曾鞏洪範傳，其訓義皆本諸孔傳，無甚發明；其說重在申說諸疇諸目之順序關係，並多引尚書虞夏書之文，與之相印證，是以文章之法解洪範也。至其多以政教人事說洪範，而不以條配、災異、類應立論，或即有繼乎歐陽修刪棄讖緯，不信災異之精神也。

　　曾鞏之說，林之奇甚取之。若林氏論九疇之序曰：「箕子所陳之序，既已如此，後世安可以私意而異之哉！善乎曾子固舍人之論也〔註87〕。」遂引曾氏之言爲說。又論「五行」曰：「水土金木皆言曰，至於土獨言爰者，曾子固曰：潤下者水也，故水曰潤下；炎上者火也，故火曰炎上；木、金皆然，惟稼穡則非土也，故曰土爰稼穡而已，其說不得不然也。此說是也。」又解皇極「不協於極，不罹於咎」曰：「不協於極，言其所行，猶未合於大中之道，雖不合於大中之道，而亦不至罹於過咎。曾子固曰：若狂也肆，矜也廉，愚也直之類。此說是也。」其解皇極「遵王之道」、「遵王之路」曰：「韓愈曰：行而宜之之謂義，由是而之焉之謂道，由是義然後可以至於道也，路亦道也。曾子固曰：道路云者，異辭也。此說爲善。」朱熹於曾鞏之說，亦頗稱許，嘗曰：「五福六極，曾子固說得極好。洪範，大概曾子固說得勝如諸人〔註88〕。」又嘗引用曾鞏之言「皇極」曰：

　　　　若有前四者，則方可以建極：一五行，二五事，三八政，四五紀是也。

　　後四者卻自皇極中出。三德是皇極之權，人君所嚮用五福，所威用六極。

　　此曾南豐所說；諸儒所說，惟此說好。

以此觀之，曾鞏雖非長於經學，而以文章之法解洪範，亦頗有得於訓義，而爲後人所採納也。

〔註86〕參同註78。

〔註87〕見林之奇全解卷二四，頁14；下論「五行」條見同卷，頁22；論「皇極」二條分見同卷38、42。

〔註88〕此條及下所引，均見朱子語類卷七九尚書二，總頁251、241。

第四章　荊公尚書學案

第一節　王安石

一、生平事略

　　王安石，字介甫，撫州臨川人。少好讀書，一過目終身不忘；文思敏捷，屬文如飛，初若不經意，既成則眾皆服其妙。友曾鞏攜其文示歐陽修，修為之延譽。擢進士第四名〔註1〕，簽書淮南通判，秩滿，時相文彥博薦乞不次進用，辭以奉祖母。嘉祐三年，上萬言書以為今天下之財力，日以窮困，風俗日以衰壞，患在不知法度，不法先王之政故也。後安石當國，其措置大抵皆祖此書。安石本楚士，未知名於朝，以韓、呂為巨室大族，欲借以取重，故深與韓絳、韓維及呂公著友，三人更為揚名，其名由是而始盛。神宗在藩邸，韓維為記室，每講說見稱，必道安石之說，神宗由是想見其人。及即位，數月，召為翰林學士兼侍講。熙寧元年，對帝所問治道，謂當法堯舜。二年二月，拜參知政事；時人多謂安石但知經術而不通世務，安石則以為經術正所以經世務，但後世所謂儒者，大抵皆庸人，故世俗皆以為經術不可施於世務爾。於是設置三司條例，勾令判知樞密院事，而農田、水利、青苗、均輸、保甲、免役、市易、保馬、方田諸役，相繼並興，號為新法。由是賦斂日重，天下騷然，朝廷重臣如韓琦、歐陽修、司馬光、程顥、楊繪、范純仁、孫覺及其友呂公著，皆以請罷新法或論其不便，相繼放去，排斥不遺餘力。七年春，天下久旱，飢民流離，帝欲罷新法之不善者，安石猶力辯水旱常數，堯舜所不免。及慈聖、宣仁二太后出言安石亂天下，帝始疑之，遂罷相職為觀文殿大學士，知江陵府。呂惠卿欲傾

〔註 1〕見宋人軼事彙編卷十引默記慶曆三年御試進士，楊寘第一，王珪第二，韓絳第三，
　　　王安石第四。

安石以自建勢力，爲韓絳所覺，請召安石；八年二月，復拜相。三經義成，加尚書左僕射兼門下侍郎。時民間久苦新法，聲聞於上，帝問之曰：「民間殊苦新法。」安石曰：「祁寒暑雨，民猶怨咨，此無庸恤。」帝曰：「豈若并祁寒暑雨之怨亦無耶？」安石不悅，退稱疾不出，帝爲勉之出而悉從其策。後王安石與呂惠卿時相傾軋，上頗厭安石所爲，及安石子雱死，屢請解幾務，由是罷爲鎮南節度使同平章事，又改封舒國公，元豐三年，封荆國公；哲宗立，加司空；元祐元年卒。年六十六。

　　初熙寧八年，安石訓釋詩、書、周禮既成，頒之學官，天下號曰新義；晚居金陵，又作字說，多所穿鑿傅會，然一時學者，無敢不傳習，主司純用取士，士莫得自名一說，而先儒傳注，一切廢不用；黜春秋之書，不使列於學官，至戲目爲斷爛朝報。安石與人議，好引經爲言說。性強忮，遇事無可否，執意不回，至議新法而在廷交執不可。安石傳經義出己意，辯論輒數百言，眾不能詘，甚者謂「天變不足畏，祖宗不足法，人言不足恤」，罷黜中外老成人幾盡，由是其新法終無成，徒擾擾紛紛耳〔註2〕。

　　荆公著述甚豐，有臨川集一百卷，後集八十卷，易義二十卷，洪範傳一卷，左傳解一卷，禮記要義二卷，孝經義一卷，論語解十卷，孟子解十四卷，老子注二卷，并三經新義及字說〔註3〕。

二、尚書著述及著錄

　　介甫尚書學之著述，當推三經新義中之尚書新義。考三經新義之所以作，蓋因科舉而爲之也。宋初選裁士子，以詩賦爲題，范仲淹倡議重策論，抑詩賦，主經義〔註4〕，宋祁、歐陽修、蘇東坡、程顥等，皆相繼提論〔註5〕。仁宗時王安石上萬言書，嘗痛陳當時科舉之弊，以爲不足以盡人才之選〔註6〕；神宗熙寧二年，議更貢舉法，四年上「乞改科條箚子〔註7〕」，二月，詔定貢舉新法，重取經義，務通義理，不須盡用注疏〔註8〕。古注疏既不必於科舉，故思有新義之作以爲學之應試依據。神宗嘗謂安石曰：

〔註2〕參宋史卷三百二十七本傳，并程元敏先生《三經新義輯考彙評（一）尚書》，宋元學案卷九八「荆公新學略」。
〔註3〕參宋元學案卷九八「荆公新學略」中馮雲濠案語。
〔註4〕參宋史卷三百一十四范氏本傳。
〔註5〕參宋史選舉志一並各人本傳。
〔註6〕見臨川集卷三九，頁6、1、11。
〔註7〕見臨川集卷四二，頁4。
〔註8〕參宋史選舉志一。

經術今人人乖異，何以一道德？卿有所著，可以頒行，令學者定於
一〔註9〕。

故於熙寧六年三月，命知制誥呂惠卿兼修撰國子監經義，設「經義局」，王安石爲提
舉〔註10〕。經義之成，皆送安石詳定，一字一義未安，必加點竄，再令修改如安石
意，然後繕寫上進〔註11〕。熙寧八年，三經義成。是三經新義，總而言之，成於眾
人之手；分而言之，則周官義爲王安石所親筆撰論，而詩義則王雱主訓詩辭義，呂
升卿解詩序，呂惠卿定詩義，王安石詳定〔註12〕；至於尚書，據續資治通鑑長編熙
寧八年六月丁未云：

同修經義呂升卿言周禮、詩義已奏，尚書有王雱所進，議乞不更刪改。
從之〔註13〕。

又據王安石尚書義序云：

熙寧二年，臣安石以尚書入侍，遂與政；而子雱實嗣講事，有旨爲之
說，以獻。八年下其說太學頒焉〔註14〕。

可知尚書新義之成書，乃以王雱經筵講義爲基礎。考宋史王安石傳附王雱傳云：

召見，除太子中允崇政殿說書。神宗數留與語，受詔註詩書義，擢天
章閣侍制兼侍講。書成，遷龍圖閣直學士，以病辭，不拜〔註15〕。

而續通鑑表編於熙寧七年四月己丑云：

太子中允崇政殿說書兼國子監同修撰經義王雱爲右正言天章閣待制
兼侍講。雱以疾不能朝，又詔特給俸，免朝謝，許從安石之江寧，仍修撰
經義〔註16〕。

可知尚書新義書成而上進，實於七年四月之前畢功，於三經之中爲最早，蓋其書早
有成稿故也。

　　總上言之，尚書新義之作者，當爲王雱，而非王安石也。故晁公武直以爲「王
雱元澤撰」，不列安石之名。而陳振孫則以爲「雱述其父之學」，經義考則並列王氏
父子之名，至於朱熹之評論尚書新義，皆直指荊公，未嘗一語及雱；而王應麟承朱

〔註 9〕見續通鑑長編卷二百二十九，頁 5。
〔註 10〕見續長編卷二百四十三，頁 6。
〔註 11〕見前書卷二百六十八，頁 6、7。
〔註 12〕參見程元敏先生「三經新義修撰人考」。見所著《三經新義輯考輯評（一）尚書》中。
〔註 13〕見續長編卷二百六十五，頁 4。
〔註 14〕見臨川集卷八四，頁 3。
〔註 15〕見宋史卷三百二十七，頁 12。
〔註 16〕見續長編卷二百五十二，頁 23。

文公之說，亦以爲王安石〔註17〕。然則此書歸屬誰人，當有以析之者。

考王安石尚書新義序云：「而臣父子以區區所聞，承乏與榮焉〔註18〕。」則其意乃父子二人合作之功也。進而察之，王雱卒時纔三十三歲，宋史本傳雖云雱「性敏甚，未弱冠，已著書數萬言」，又云作「老子訓傳」、「佛書義解」亦數萬言，又注有道德經〔註19〕，是神宗召見之前，王元澤本無儒學之著作，況尚書一經，號爲三代淵懿之理，詰屈聲牙之辭哉。而介甫深研經學，號爲經術治世，凡所議論，皆好引經言爲之，考諸宋史本傳，所引安石之高議長論，無不關於尚書者，若初侍神宗即鼓以效堯舜之法，至言堯舜之必有皐陶、夔、稷，高宗之必有傅說，繼而論誅四凶之方爲堯舜；及旱災至，安石又以堯有洪水滔天，湯有桑林之禱，以言水旱常數；而慧星出東方，則云「周公、召公，豈欺成王哉！其言中宗享國日久，則曰嚴恭寅畏，天命自度，治民不敢荒寧」，而於民苦於新法而咨怨則舉君牙之篇曰「祁寒暑雨，民猶怨咨」爲說，是王安石之於尚書，實有極精深之探研，與元澤相校，實不可同日而語矣。

尚書新義之思想內涵，歷來學者，多以爲乃作新法之理論基礎，而新法之推行，本諸安石，然則新法之與尚書義，其相應者十之六七，則其思想之本諸介甫，實無可疑。復考諸三經之相關，周官新義確爲王安石親筆自撰，其中思想乃出諸安石。今以周官義與尚書義相較同觀，其訓釋、思想相同之處甚多。周官新義大胥云：

　　書曰：詩言志，歌永言，聲依永、律和聲；樂之聲以言爲本〔註20〕。

而尚書新義於舜典則曰：

　　　　古之歌者，皆先有詞，後有聲，故曰：詩言志，歌永言，聲依永，律

　　和聲。如今先撰腔子，後填詞，卻是永依聲也〔註21〕。

所謂先有詞，後有聲，即是以言爲主導，非先有音樂也，其評當時填詞，樂先言後爲「永依聲」，則是「聲依永」之反說，二經義確爲同調。周官新義大司寇下云：

　　　　刑新國用輕典，則教化未明，習俗未成，以柔義之也；刑平國用中典，

　　則教化已明，習俗已成，以正直義之也；刑亂國用重典，則頑昏暴悖，不

　　可教化，以剛義之也。故書云：惟敬五刑，以成三德〔註22〕。

〔註17〕參朱彝尊經義考卷七九，頁5、6、7，「王氏安石子雱新經尚書義」。

〔註18〕見臨川集卷八四，頁3。

〔註19〕見宋史三百二十七王安石傳後附王雱傳。

〔註20〕見周官新義卷十，頁7。

〔註21〕見程元敏先生，《三經新義輯考彙評（一）尚書》，頁26。程先生之書，於所輯之文，均註明其出處甚詳，本文亦多就此書而加研究。後文中所引王安石尚書新義之說，除有可議者必需提出原文者外，一概根據程先生本書。簡稱程本尚書新義，並標頁號。

〔註22〕見周官新義卷十四，頁5。

尚書新義呂刑篇「惟敬五刑，以成三德」下云：

> 當輕而輕，所以成柔德；當重而重，所以成剛德；處輕重之中，所以
> 成正直之德〔註23〕。

尚書新義以「輕」「重」「輕重之中」爲論，與周官新義之「輕典」「中典」「重典」，實無不同，二者如出一轍甚明。又周官「歲終則令百官府各正其治：」下新義云：

> 歲終，平在朔易之時，亦欲以知所當調制，以待正月之吉布施之也〔註24〕。

而尚書新義則於堯典下「平在朔易」云：

> 冬者休息之時也；當豫察來歲改易之政耳。事之改易，於此時在察之；
> 事豫則立，國家閒暇，乃豫圖改易之時也〔註25〕。

按周官新義所謂「調制」，即尚書新義之「改易」，可見二者思想之一貫。今周官新義與尚書新義皆非完帙，尚可見較如斯，則其原本可知。既知周官新義與尚書新義之一貫，而周官新義確乎爲王介甫之作，則尚書新義若非王雱述其父之學，即安石授意以囑王雱，二者必居其一。以余考之，後者尤屬可能，蓋王雱本傳云：

> 時安石執政，所用多少年，雱亦欲預選，乃與父謀曰：執政子雖不可
> 預事，而經筵可處。安石欲上知而自用，乃以雱所作策及注道德經鏤板，
> 鬻於市，遂傳達於上〔註26〕。

介甫爲其子之參政，著實費盡苦心爲之經營，然前此未見雱有詩書之言，何以神宗初召即除爲崇政殿說書，並詔注詩書？蓋神宗欲留介甫而愛屋及烏也；安石既爲其子仕途大費周章，今既得任，自必極力維護，授以己說以爲講書之資，此亦人情之常。參以上所論，尚書新義雖名出於王雱所進，然其思想內容，無非荊公之學；元澤之功，在訓釋其辭則或可，至於訓義，非荊公不可也。由是言之，尚書新義之作者，與其屬諸王雱，無甯屬之於荊公爲長。然則陳振孫之言，較諸他說，實近是也。

今尚書新義已佚，蓋王氏之後，學者多排抵之，寖至於絕世，經義考引晁公武之言曰：

> 由是獨行於世六十年，而天下學者喜攻其短，自開黨禁，世人罕稱焉〔註27〕。

是以朱彝尊時已云佚矣。然宋元學人，因好攻王氏之失，故每多引其文以作論議，故尚見其大概，亦非少數。今程元敏先生傾多年之功，從史籍、文集、筆記，自宋

〔註23〕見程本尚書新義頁二百26。
〔註24〕見周官新義頁卷一，頁31。
〔註25〕見程本尚書新義，頁1。
〔註26〕見宋史卷三百二十七本傳。
〔註27〕見經義考卷七九，頁6。

至近人之著作，搜羅刮剔，得所引凡一○二二條次，佚文五五八條，評論二八二條，諸家評語凡三七五條次，成「三經新義輯考彙評（一）——尚書」一書，使王氏尚書之作，於沈晦六百年而復顯於世〔註28〕，其嘉惠後學，功匪淺矣。本章之作，亦賴是書而收事半功倍之效。雖然，就予所見，亦有數條，尚可補程先生宏著於萬一者，願獻曝於方家焉。

自宋以來，諸書所引王氏尚書新義，多明指其為王氏之言，或稱「王介甫」、或曰「荊公」、或逕稱「安石」、或指為「新義」、或曰「王氏諸儒」、「王氏之徒」，皆明確可考，雖間有王子雍、王博士、王炎，似足混淆，然經考辨，亦能涇渭分明，惟獨蘇東坡作書傳，方當貶謫儋耳之時，朝中權力政柄，尚操諸新法之流，故或未敢明指其為王安石之說而一一加以辨駁；今考諸東坡書傳，絕未稱舉安石姓名字號，惟其譏評者，常及時人，每謂「近時學者」、「或曰」，而所譏評每以為「好異」、「喜鑿」、「猛政」、「用刑」、「新法」，皆為王安石之特徵；且考諸林氏全解，黃倫精義等，證知的為尚書新義而發，可見蘇氏書傳，多指評王氏之說也〔註29〕。蘇氏既未明指為王氏之說，而尚書新義又失傳，未能一一對比以考之，是故據東坡書傳以考輯尚書新義甚難，易失諸交臂而未察焉。今予所補佚文三條，皆在東坡書傳中得之。

東坡書傳卷八「高宗肜日」篇末，東坡曰：

> 或者乃謂先王遇災異，非可以象類求，天意獨正其事而已；高宗無所失德，惟以豐昵，無過……今乃曰：天災不可以象類求，我自視無過則已。……

此引「或者」之言，其實即王氏之說也。考王安石洪範傳論庶徵之言曰：

> 今或以為天有是變，必由我有是皋以致之。或以為災異自天事耳，何豫於我？我知修人事而已。蓋由前之說，則蔽而葸；由後之說，則固而怠；不蔽不葸，不固不怠者，亦以天變為己懼，不曰天之有某變，必以我為某事而至也。亦以天下之正理，考吾之失而已矣〔註30〕。

介甫以為天有某變，是可警懼，而不可以象類而必求之，云為某事而來，此與東坡所評之對象，思想吻合，而王安石以前，主不信五行災異讖諱者，唯歐陽永叔，亦即王氏所云「知修人事而已」者，而其思想與王氏亦不同，可見東坡所引所評，蓋指介甫。宋史本傳及退賓錄引四朝國史王安石傳史臣曰，皆云王安石嘗云「天變不足畏」，宋元諸家多有評定，更足見東坡所引，當為新義之文。

〔註28〕見程先生輯尚書新義自序，頁2。
〔註29〕參見本論文蘇東坡尚書學一節。
〔註30〕見臨川集卷六五，頁1～16。

又東坡書傳卷九「武成」篇，於「分土惟三」句下云：

公侯百里，伯七十里，子男五十里，自孟子、王制皆云爾，此周制也。
鄭子產言列國一同，今大國數圻，若無侵小，何以至焉，而周禮乃云：公
之地五百里，侯四百里，伯三百里，子二百里，男百里，凡五等。禮曰：
封周公于曲阜，地方七百里，皆妄也。……而近歲學者，必欲實周禮之言，
則為之說曰：公之地百里而已，五百里者，并附庸言之。夫以五百里之地，
公居其一，而附庸居其四，豈有此理哉，予專以書、孟子、王制及鄭子產
之言考之，知周禮非聖人之全書明矣。

此以諸侯封地大小，并附庸而數之，其說多未見，惟黃倫尚書精義引胡氏曰有相同
之論，然考之呂氏家塾讀詩記，於魯頌閟宮一詩中，「錫之山川，土田附庸」句下引
王氏曰：

孟子曰：周公之封於魯，為方百里也。地非不足也，而儉于百里。而
周官以為諸侯之地，方四百里，蓋特言其國也，則儉于百里，併附庸言之，
則為方四百里也〔註31〕。

由是知之，諸侯封地并附庸言之之說，以合周禮之數者，實王安石也，且王安石特
重周官，親書撰新義，而蘇東坡則特譏周官一書為殘缺之言，亦專針對王氏以發；
可見此所引「近歲學者」之言為尚書新義之文。

而東坡書傳卷二十，於費誓篇中「有無餘刑，非殺」句下曰：

近時學者，乃謂無餘刑，挐戮其妻子，非止殺其身而已。夫至于殺而
猶不止，誰忍言之；伯禽，周公子也，而至于是哉！

按孔疏引王肅、鄭玄之說，皆以挐奴妻子為說，然皆云不殺之，而入於罪隸舂槀。
此云「非止殺其身而已」，是有異乎先儒。考諸四庫全書中所輯周官新義卷十五「若
邦凶荒札喪寇戎之故」下云：

仇讎之罪，已書于士而得，則士之所殺也；已書于士而不得，則罪不
嫌于不明，故許之專殺也……若荒政除盜賊，費誓：無餘刑、非殺。則以
災寇之故，有加急焉。

其意謂士官既得其罪，殺之，書之而未得其罪，亦許之殺而士官無罪，況於荒政寇
盜兵戎災變之時，士官之訊罪定刑，更有進於殺者，以加急故也。有進於殺，則不
可能不殺其身，既殺其身，復挐戮其妻子，方始為有進於殺其身也；而此特引費誓
「無餘刑，非殺」，即以證其義，是王氏之解此句，其義為「非止殺其身」也。復考

〔註31〕見大陸中華書局出版邱漢生輯校王安石詩經新義，名曰「詩義鉤沈」，頁3～31引之。

周官司刑下新義云：

> 墨劓宮刖殺，棄人之刑也，以殺爲不足，則又有奴人父母妻子者；奴
> 其父母妻子，非刑之正也，故不列於此〔註32〕。

是王氏以爲五刑之中，殺爲最嚴，有進於殺者，當爲「孥戮」之刑，合而觀之，則東坡所引「無餘刑，孥戮其妻子，非止殺其身而已」，乃尙書新義之文。

除佚文有未收者外，程先生書中所引王氏佚文，疑係誤引者亦有數條。如「仲虺之誥」中「用人惟己，改過不吝」句下引王氏佚文，注云見於黃倫尙書精義及林之奇尙書全解，而佚文所引，則據黃氏精義之文，於評論則引用林氏之說〔註33〕。然審夫黃氏精義與林氏全解，文字幾乎全同，惟獨林氏曰「王氏心術之異，大抵如此」一句，黃氏則云「王者心術之眞，大抵如此」。考林氏之意，在評王氏之果於自任而不從天下之所好惡，故其下云：「遂至以私害公，不能執其所有，以與天下共其利；剛愎自用，遂其非而莫之改，如此則所施者無非虐政，是水之益深，火之益熱也〔註34〕。」此皆林之奇評王氏之言。考宋史王安石傳，可見王安石剛愎自用，不恤人言之事實；察夫盤庚篇「無或敢伏小人之攸箴」，新義則云：

> 小人之箴雖不可伏，然亦不可受人之妄言……故古之人聖讒說，放淫
> 辭，使邪說者不得作，而所不伏者嘉言而已〔註35〕。

林之奇評曰：「當時王介甫變更祖宗之制度，立青苗、免役等法，而當朝公卿，下而小民，皆以爲不便，而介甫決意行之，其事與盤庚遷都相類，故介甫以此藉口，謂臣民之言皆不足恤。」是林氏以爲王氏每咈百姓以從己，違眾而自是，藉解經以自寬解也；然則此一大段文字，乃林氏評王氏之言也。復以文中所舉漢高、項羽之例，屢見用於林氏全解之中，其中云「約法三章，悉除去秦法」之語，又與王安石新法屢下之事實不合，王安石斷無自攻之理，以此可知此一大段文字，非王氏之言，王氏之言，僅止於「用人惟己，己知可用而後用之」而已。

然則精義何以列爲王氏之言哉？蓋在夫「王氏心術之異」，與「王者心術之眞」二句，乃爲關鍵。要在於「王氏」訛作「王者」，「異」訛爲「眞」形近故也，遂使移花接木，張冠李戴。黃倫精義一書，本亦已佚，四庫自永樂大典輯成，其書薈萃諸說，依經臚載，不加論斷，編體稍涉汜濫，無所指歸，似爲科舉士子閱讀而鈔撮成書者，

〔註32〕見周官新義卷十五，頁9。
〔註33〕見程本尚書新義，頁75。
〔註34〕見林之奇尚書全解卷十四，頁2。
〔註35〕見程本尚書新義，頁87。

故陳振孫疑其「或書坊所託〔註36〕」。其書既若是，則其鈔撮之間，容或有誤。

又微子篇「我不顧行遯」下，所引佚文一段，引自元王天與尚書纂傳。然考之林之奇尚書全解，亦有此段〔註37〕，文義相同，文句亦大都相近，然明標爲林少穎案語，且其文前引「說者論我不顧行遯」云：「往往謂其能遯而歸周，以存其宗祀爲孝，此殊非微子所以自靖也。」，而文後又曰：「若如或者之論，以抱祭器而歸周爲微子之遯，則是其在紂之時，不忍其國之亡，而竊其祭器之他人之國，豈微子之所忍爲哉！故論微子之行遯者，未可以抱祭器而爲言也。」故林氏云：「則是微子之歸周，蓋武王克商之後。」審夫林氏全解於武成篇「既獲仁人」句下云：

> 王氏以爲微子之徒。武王以微子之來歸，而知紂之可伐，則是微子之
> 亡其國，略無不忍之？烏得以爲仁哉〔註38〕！

由是可知，王安石之解，以微子歸周，在武王伐紂之前，而非克殷之後也。又林氏於泰誓中「雖有周親，不如仁人」下云：

> 而王氏則謂指微子而言；謂微子之徒，以紂爲無道而周有道，故去紂
> 而歸我；此所以紂雖有至親，而不如我之獲仁人也。審如是，則是周未興
> 師而微子已歸周矣。武王既得微子，以爲獲仁人，然後興師往伐紂；如此
> 則是微子預亡其國，爲名教之罪人，安得爲仁人乎？微子之歸周，蓋在周
> 既伐商之後。某於微子之篇已論之詳矣〔註39〕。

此引王氏之論與上引同，皆以微子歸周，在克商之前，夫如是，就義言之，王天與尚書纂傳所引王氏，或非王安石，或誤引他人之言爲王氏之言，皆未可知，要之此非王介甫之論也。林之奇云「於微子之篇已論之詳」，則其於微子之篇雖未明標王氏，而止稱「說者」，當爲王氏之意，甚或可視作「佚文」。而纂傳所引既與林氏如斯雷同，或即是誤林氏評王之言以作王氏之說，一如黃倫尚書精義也。

其他關於尚書新義之評，有東坡書傳評舜典「六宗」；林之奇全解評禹貢「冀州」之賦田差異；東坡書傳評君奭「召公不悅」；又評周官篇「建官惟百」等，皆可補足。

其他相關之資料，有可見於輯周官新義，詩經新義。如輯周官新義卷九司服下，有論書益稷十二章義者，實較他尚書專著所引爲詳備。其言曰：

> 以書考之，古人之象，凡十二章。蓋一陰一陽之爲道，道之在天，日
> 月以運之，星辰以紀之；其施於人也，仁莫尚焉；無爲而仁者山也；仁而

〔註36〕見經義考卷八三，頁1引陳氏之言。
〔註37〕見林氏全解卷二一，頁19、20。
〔註38〕見前書卷二三，頁23。
〔註39〕見前書卷二二，頁24。

不可知者龍也，仁藏於不可知而顯於可知者，禮也；禮者文而已，其文可
知者，華蟲也；凡此皆德之上，故繪而在上。宗彝則虎蜼之彝，虎、義也，
蜼、智也，象之於宗彝，則又以能常奉宗廟爲孝焉。柔順清潔，可以薦羞
者藻；昭明齊速，可以烹飪者火；藻也，火也，則所以致其孝；米養人也，
粉之然後利，散而均焉。養人而已，而無斷以制之，非所謂知柔剛；黼則
所以爲斷也；用斷不可以無辨，黻則所以爲辨也：凡此皆德之下，故絺繡
而在下。然辨物者，德之所成終始也。

其他見於荊公文集中者，有「答聖問賡歌事」、「夔說」、「鯀說」，以及洪範傳，策問
數則亦有及尙書事者，皆爲研究荊公尙書學之相關文獻資料。

三、王安石之尙書學

王荊公畢生究心經籍，孜孜矻矻，手不釋卷，不忘於燕席之間，可謂勤矣。生
平遍註群經，幾無遺漏，故欲得其尙書學之觀點，必先抽緒於其經學之旨，方有可
觀焉。

（一）王安石之經學思想

1、貴自得

經者，不易之理，古聖先賢之道，俱在夫是矣；欲明其道，則捨經莫由；然千
古以下，世殊事異，經書之文言，或有難明之處。王安石嘗曰：

> 臣聞百王之道雖殊，其要不過於稽古；六籍之文蓋缺，所傳猶足以範
> 民〔註40〕。

六籍或缺，故必有以疏通發揮，始足以範乎黎民，故王氏遍註群經，以敷讚聖旨。
然註經明道，必得其法方可，王安石之法，則在貴自得。其答曾鞏書中云：

> 某自百家諸子之書，至於難經、素問、本草諸小說，無所不讀，農夫
> 女工無所不問，然後於經爲能知其大體而無礙。蓋後世學者，與先王之時
> 異矣，不如是，不足以盡聖人故也。……惟其不能亂，故能有所去取者，
> 所以明吾道而已。……〔註41〕

夫博學積於胸臆，蘊蘊然相激相盪，而有所去取，自然有得，故其貴在內得於己，
有以待物也。其答李資深書中云：

> 雖然，天下之變故多矣，而古之君子辭受取捨之方不一，彼皆內得於

〔註40〕見臨川文集卷八詔集所著文字謝表。
〔註41〕見前書卷二九答曾子固書。

己，有以待物，而非有待乎物者也。非有待乎物，故其跡時若可疑；有以
待物，故其心未嘗有悔也。若是者，豈以夫世之毀譽者概其心哉。若某者
不足以望此，然私有志焉〔註42〕。

綜上述而觀之，正可識王氏之學術在於爲己之學也。蘇東坡謂介甫曰「網羅六經之
遺文，斷以己意；糠粃百家之陳迹，作新斯人」〔註43〕，亦斯之謂也。

2、尚致用

先聖之道既存於經，學者體經而得其道矣，然道非虛著於文字之間而已，其貴
在能施之於人。介甫云：

先王之道可以傳諸言，效諸行者，皆其法度刑政，而非神明之用也〔註44〕。

是故王安石深研經籍，各爲新義，欲發揮聖王之道，以施之於時政。荊公於進洪範
表云：

而聖人必考古成己，然後以所嘗學措之事業，爲天下利，苟非其時，
道不虛行。……意者殆當考箕子之所述，以深發獨智，趣時應物故也。
臣嘗以蕪廢腐餘之學，得備論思勸講之官，擢與大政，又彌寒暑，勳績
不效，俛仰甚慙。謹取舊所著洪範傳，刪潤繕寫，輒以草芥之微，求裕
天地〔註45〕。

可見王氏之論洪範，爲之作傳，即欲措之事業，以見道不虛行也。故荊公註尙書，
其義說後學多以爲爲新法設地，其來亦有自矣。

3、廢舊註

王荊公研經既力求自得於心，則先儒之註疏說義，有先得我心者，當亦同之，
否則棄之廢之，又何惜焉。況道貴乎致用，而時異境遷，先儒之註疏，未必能切適
於今日；且舊註往往不明聖人之經，無以傳聖人之義理，其言每反使學者誤入歧途，
蔽於文字之間，故必棄去陳言，務立新義，跨步前人，遠接聖心，作新註以明聖人
之理，以趨今日之功也。其書洪範傳後一文，即明舉此義。其曰：

孔子沒，道日以衰熄，浸淫至於漢，而傳注之家作，爲師則有講而無
應，爲弟子則有讀而無問，非不欲問也，以經之意爲盡于此矣，吾可無問
而得也；豈特無問，又將無思，非不欲思也，以經之意爲盡于此矣，吾可
以無思而得也。夫如此，使其傳注者皆善矣，固足以善學者之口耳，而不

〔註42〕見前書卷二九答李資深書。
〔註43〕見東坡全集外制集卷上王安石贈太傅。
〔註44〕見臨川集卷六六禮樂論。
〔註45〕見臨川集卷五六，頁7。

足善其心，況有不善者乎！宜其歷年以千數，而聖人之經卒于不明，而學者莫能資其言以施于世也。……學者不知古之所以教，而蔽于傳注之學也久矣。……夫予豈樂反古之所以教，而重爲此說譊哉，其亦不得已焉者也〔註46〕。

其謂漢儒傳注，於經則不問不思，則無以知聖人之心，其言不獨無益聖功，反有害於義理，故不辭譊譊，重作經說，冀能施諸世也。

夫不用傳注，自得於心，然後施于政教，有裨益於當時，此三者環環相扣而不可分，以成荊公經學之堂構也。

（二）王安石尚書學之特色

荊公尚書之學，本諸其經學之原則，於解義則不守孔傳，每發新意；於致用則多因注經而爲新法立本；今抽繹其緒，述其尚書學之特色如後：

1、不守孔傳，自發新義

荊公尚書說義，以今所輯佚文觀，絕多不與孔傳同，於義於辭皆然；然其書義之中，未見引用孔傳而加指評者，蓋或其注新義，在立科場之標準，故不宜有辯論之辭；今舉數例以見其解義之異於孔傳者：如舜典「禋于六宗」，孔傳以爲「四時也，寒暑也，日也、月也、星也、水旱年也」，王安石則曰：

三昭三穆爲六宗，從張髦之說也〔註47〕。

又曰：

天子事七廟，於地不言大示，於人不言太祖，於天不言日月星辰。以地示、人鬼之及六宗山川，則天、地之及日月星辰可知也〔註48〕。

王安石用晉張髦之說，以六宗爲三昭三穆，蓋其意或以爲受終於文祖，既有事於文祖，其勢必及餘廟。然此說亦有可議者，豈有獨祭文祖于齊七政之前，而別祭餘廟于類上帝之後者乎？夫以此推之，則齊七政之後，所祭當皆天神，而非人鬼。孔傳之說雖未必然，然其有祭法爲據，又以爲神類，王氏之新說，未能勝舊說也。又皋陶謨「天秩有禮，自我五禮有庸哉！」孔傳云：

庸，常；自，用也。天次秩有禮，當用我公侯伯子男五等之禮以接之，使有常。

王氏則以爲：

〔註46〕見臨川集卷七一，頁 11、12。
〔註47〕見程本尚書新義頁 18。
〔註48〕同註47。

　　　　吉凶軍賓嘉之禮，亦天所秩也，天子當自其禮庸之；庸者，常用之謂

　　也〔註49〕。

林之奇以爲二說世遠難折中而兩存之。按二說以孔傳爲長。孔傳以五等諸侯解五禮，
蓋此文前有「無教逸欲有邦」，後有「敬哉有土」，則其或指諸侯而言爲近；且所謂
「天秩」，秩有次第順序之意，五等諸侯有高卑大小之等，而吉凶賓軍嘉五禮，則無
次秩可言；以是觀之，二說既於古無說，就文言文，孔傳舊說實有其佳處。又禹貢
「禹錫玄圭，告厥成功」，孔傳云：

　　　　堯賜玄圭以彰顯之，言天功成。

而王介甫則曰：

　　　　　禹錫玄圭于堯，以告成功也。玄，天道也；歸功於堯，故錫玄圭。錫

　　　　與師錫帝，九江納錫大龜同義〔註50〕。

考孔傳以爲堯錫禹，於文句言之，實在不倫；王氏之說於文爲順，而「錫」字解作
下錫上，亦有證據，其說出孔傳遠矣。至於字義，王亦多異於孔，蓋王氏究心字學，
晚年著字說，解字多用會意〔註51〕，即見一斑。如舜典「璿璣」，孔傳以爲「美玉」，
王氏則以爲「美珠謂之璿〔註52〕」。又康王之誥「新陟王」，孔傳曰：「惟周家新升
王位。」王氏以爲「古以升遐爲陟〔註53〕」，此解王說實爲近是；又洛誥「王肇稱
殷禮」，孔傳以爲「殷家祭祀」，王氏則曰：「殷、盛也。」，林之奇雖多評王說，然
此則以爲當從王氏之說〔註54〕。

　　王安石雖多不遵舊注，然亦偶有同於舊注，且更益加發揮焉。如牧誓「王左杖
黃鉞，右秉白旄以麾」，孔傳曰：

　　　　鉞以黃金飾斧。左手杖鉞，示無事於誅；右手把旄，示有事於教。

王安石之說此，則遵孔傳之義而益之曰：

　　　　　鉞所以誅，旄所以教。黃者信也；白者義也。誅以信，故黃鉞，教以

　　　　義，故白旄。無事於誅，故左杖黃鉞；有事於教，故右秉白旄〔註55〕。

〔註49〕見前書，頁 36。
〔註50〕見前書，頁 67。
〔註51〕宋樓鑰攻媿集卷六，總頁 68 曰：「王荊公字說，所以不能傳者，往往以形聲諸體皆
　　　　入會意，故有牽合強通之病。」又王安石全集前附清顧棟高輯荊公遺事引朱子文集
　　　　曰：「荊公字說，不明六書之法，盡廢其五，而專以會意爲言，有所不通，則旁取書
　　　　傳一時偶然之語以爲證。」
〔註52〕見程本尚書新義，頁 17。
〔註53〕見前書，頁 217。
〔註54〕見前書，頁 183 佚文及評。
〔註55〕見前書，頁 15。

荊公於孔傳書義外，更加以色，配合德性爲說，然大致仍本孔傳之說而開發也。又舜典「流宥五刑」，王氏以爲「堯竄三苗於三危」〔註56〕，於舜典命九官，則以爲伯夷、禹、稷，三人皆堯所命〔註57〕，與孔傳以爲舜時事不同，然其實乃據孔傳爲說；堯竄三苗，說見呂刑孔傳。呂刑「皇帝清問下民，鰥寡有辭於苗」，孔傳曰：「帝堯詳問民患。」則「遏絕苗民，無世在下」者，帝堯也，是知竄三苗者乃堯。而伯夷、禹、稷爲堯所命，說亦見呂刑「乃命三后」下孔傳云：「所謂堯命三君，憂功於民。」是孔傳以命此三者乃堯也。

林之奇嘗評王氏曰：「王氏欲盡廢先儒之詁訓，悉斷以己意〔註58〕。」林氏又曰：「王氏之說，……未嘗肯從先儒之說，而於此說則從；非徒從之，又從而推廣之，惟其喜鑿故也〔註59〕。」自上所舉諸例觀之，林氏之評亦非無的放矢也。

2、王安石尚書學之淵源

王氏尚書新義之作，既廢棄先儒之舊注，內得於己心而自出樞機；然則其尚書之學果無因而成，向壁虛構乎？曰：非也；亦有所淵源爾。然則其淵源何所自？曰：以孔傳爲基礎並取資於劉敞七經小傳也。以孔傳爲基礎，不獨王氏，凡研幾於尚書者皆然，特視彼異孔之多寡耳。至於七經小傳，晁公武曰：

> 元祐史官謂慶曆前學者尚文辭，多守章句注疏之學，至敞始異諸儒之說。後王安石修經義，蓋本於敞。公武觀原甫說伊尹相湯伐桀升自陑之類，經義多勦取之，史官之言，良不誣也〔註60〕。

不惟晁公武有是說，王應麟亦言曰：

> 自漢儒至於慶曆間，談經者守訓故而不鑿；七經小傳出，而稍尚新奇；至三經義行，視漢儒之學若土梗〔註61〕。

合二說而論之，則王氏尚書學之取於劉敞七經小傳可以明。其淵源者厥有二端，其一爲廢棄漢儒之說，自爲新奇之論；其二爲尚書解義有取於劉說。前者於前節已論之矣，至於後者，詳考如下。劉氏說湯伐桀，升自陑，其意謂陑者桀恃險也，升之者，言其易也，著此者言桀雖據險，亦不能拒湯，所謂地利不如人和也〔註62〕。王安石則本之曰：

〔註56〕見前書，頁21。
〔註57〕見前書，頁27。
〔註58〕見前書，頁11引林氏說。
〔註59〕見前書，頁15引林氏曰。
〔註60〕見郡齋讀書記卷四，頁6。
〔註61〕見困學紀聞卷八經說，頁39。
〔註62〕見七經小傳卷上，頁6。

升陜，非地利也，亦人和而已〔註63〕。

劉、王二氏，以爲以仁伐不仁，不以孫、吳之兵謀也。王氏本此而延用之於武成之事。詩大雅大明之篇曰：「殷商之旅，其會如林，矢于牧野，維予侯興。」呂氏家塾讀詩記引王氏之言曰：

明文武之興，以德不以力也〔註64〕。

又於同詩「肆伐大商，會朝清明」下，李黃集解引王曰：

會朝清明，則以朝至牧野，會時雨止，清明而伐也，此見王者行師不尚詭詐之意〔註65〕。

所謂王者行師不尚詭詐，與以仁伐不仁，不用孫吳兵謀，二者意同，可見王氏之取於劉說者如是。

又禹貢「五百里要服，三百里夷，二百里蔡；五百里荒服；三百里蠻，二百里流」，劉敞以爲「三百里夷」爲「稍以夷禮通之〔註66〕」，王氏則曰：

夷，易也；無中國禮法，易而已〔註67〕。

王氏所謂「無中國禮法」，意爲既無中國禮法，則改易之以用夷禮以接之，故云「易而已」，其意出於劉氏而與孔傳異。劉氏於「二百里蔡」，以爲「蔡讀如蔡蔡叔之蔡……輕罪則蔡於要服」，介甫則云：

蔡，放也；放罪人於此。

劉氏於「三百里蠻」云「亦言雜以蠻俗待之」，其意與「三百里夷」同，而王安石曰：

蠻之爲言慢，則甚於夷。

是王氏亦以蠻同於夷而愈甚，與劉說意同。劉於「二百里流」，以爲「流讀如流共工之流，……重罪則流于荒服」，而王氏之說則佚而不能見，然以上述觀之，則其或同於劉說可推而知之矣。

王氏於「武王觀兵」，以爲乃同於周易九四〔註68〕。此所謂周易九四，蓋指易經乾卦九四爻辭而言；其辭曰：「或躍，在淵；无咎。」此爻位在上卦之下，次九五；故其象可爲上躍九五天子之位，否則返之而爲下臣，北面以事其君。其上下之間，蓋必有所擇焉，非必逆而上遂也。王氏以九四說武王觀兵，其義亦當如是。孔傳以爲「觀兵孟津，以卜諸侯伐紂之心；諸侯僉同，乃退而示弱」，是孔傳以爲武王觀兵而諸侯

〔註63〕見程本尚書新義，頁73。
〔註64〕見詩義鉤沈頁227引呂氏引之。
〔註65〕同前註。
〔註66〕見七經小傳卷上，頁5。下文所引同條劉氏之說皆在焉。
〔註67〕見程本尚書新義，頁66。下同條者亦同之。
〔註68〕見前書，頁11。

僉同，已有必伐紂之心，所以退者在示武以沮敵而已。劉敞則以孔傳爲非，其言曰：

> 聖人豈有私天下之心哉，觀兵孟津者，所以憚紂也。欲其畏威悔過，反善自修也；如紂遂能改者，武王亦北面事之而已矣。然則進非示強也，退非示弱也；進所以警其可畏，退所以待其可改〔註69〕。

則劉氏以爲武王於觀兵孟津，主在退以待紂之悔，非爲以退爲進。紂終罔有悛改之心，故進而或躍；紂若改之，則亦退而在淵，復北面而事之而已。由是而察之，王安石以九四解「觀兵」，亦與劉說相近，蓋或即本諸其說。蘇東坡於書傳中亦嘗評此說〔註70〕，考東坡書傳多爲王安石而發，可證安石之說同於劉敞也。

王介甫有「鯀說」〔註71〕一篇，論堯既知鯀「方命圮族」，而猶試用之，以爲水患不俟人，而朝中能治水者，惟鯀而已。其於書新義中，論之更詳。曰：

> 方是之時，舜、禹皆未聞于世也，在朝廷所與者，鯀而已，聖人雖有過人之明，然不自用也，故曰：稽于眾，舍己從人。雖疑其不可任，苟眾人之所與，亦不廢也。……鯀既未嘗試，又眾之所與，堯雖獨見其不可任，敢不試而逆度以廢之乎？……故堯之聰明，雖足以逆知來物，明見鯀之不可任，猶不敢自用，所以爲中人法也〔註72〕。

考王氏之說，以爲堯之用鯀，蓋在從眾人之意，而不自用獨智，是堯早已知鯀之不可用矣，然朝中治水之能無有過鯀者，故試用之耳。孔傳則以爲「堯知其性很戾圮族，未明其所能，而據眾言可試，故遂用之」，可見王說異於孔傳。公是弟子記記劉敞論此事曰：

> 堯將以盡民心者也。洪水方割，浩浩懷山襄陵，當是之時，民猶倒懸也，能釋是懸者，民之望之猶父母也。自四岳、九牧、天下之人，以鯀爲能釋之，然而堯不用則是奪之父母也。奪之父母而水不治，天下之怨，非堯尚誰哉？聖人之政也，務盡於民心而不以獨智知，不使己負疑於天下，爲天下而非己也〔註73〕。

比而觀之，王氏以堯有過人之明而不自用，與劉氏之言堯盡民心而不以獨智，蘊義相同，蓋亦王氏之取本於劉氏歟！

王說有取於劉敞小傳，明而可見，然亦不盡同也，王氏亦自有出於劉者，如堯

〔註69〕見七經小傳卷上，頁4。
〔註70〕參東坡書傳卷七，頁2。
〔註71〕見臨川集卷六八，頁2、3。
〔註72〕見程本尚書新義，頁12。
〔註73〕見公是弟子記頁4、41。

典記堯命羲和四子之宅，劉敞以爲孔傳所謂南交云「春與夏交」爲非〔註74〕，王安石則曰：

> 南方相見之時，陰陽之所交也，故曰南交〔註75〕。

王說分明本諸孔傳而異於劉敞，可見王氏雖亦淵源自劉氏，然所作新義，有超越乎其所本者矣。

3、書、詩、周官足以相解

王介甫生平著述，遍及羣經，而以書、詩、周官特爲成說，故有三經新義之作也。王氏學術，務在博通，嘗云：「某自百家諸子之書，至於難經、素問、本草諸小說，無所不讀，農夫、女工無所不問，然後於經爲能知其大體而無礙〔註76〕。」故其解一經一義，每旁求諸經，甚至延及佛書者〔註77〕。王氏嘗云：

> 乃如某之學，則惟詩、禮足以相解，以其理同故也〔註78〕。

王氏非惟詩、禮足以相解，書與詩，書與周官之間，亦可相解互釋。如介甫解洪範皇極「而康而色」，則引詩經泮水之詩「載色載笑，匪怒伊教」作解〔註79〕；而於詩經新義同句下，則曰：「載色載笑，則洪範所謂而康而色者也，夫然後能教〔註80〕。」可見書、詩之相解矣。至於書之與周禮，其相解之處不可勝數，蓋書者堯舜聖君賢相治國之大謀彝謨，而周禮則傳爲周公治國之大法，書經之中，又有周官一篇，更有洪範之文，皆爲言治者不可或失之者。王安石親著周官，并有洪範傳，則書與周禮之相爲補足，於介甫學術體系之中，實爲必然。茲隅舉數例以見一斑。舜典「五玉、三帛」，王氏曰：

> 凡贄，諸侯圭，周禮小行人六幣——圭、璋、璧、琮、琥、璜。註云：幣，所以享也；享后用琮。則餘五玉即所贄之五玉也〔註81〕。

周官新義王氏曰：

> 孤執皮帛，諸侯之適子未誓，則以皮帛繼子男；公之孤以皮帛視小國之君，摯用帛唯此而已。然書所謂三帛者此與〔註82〕？

〔註74〕參七經小傳卷上，頁1、2。
〔註75〕見程本尚書新義，頁9。
〔註76〕同註41。
〔註77〕參續長編卷二百三十三，頁14。
〔註78〕見臨川集卷七四答吳孝宗書。
〔註79〕見前書卷六五，頁6。
〔註80〕見詩義鉤沈頁298載呂氏讀詩記引。
〔註81〕見程本尚書新義，頁19。
〔註82〕見周官新義卷九，頁11。

此可見王氏解書，多徵引周禮以爲證說，其解周官，亦多連貫於書而言，此例不鮮。

至於解書之義，亦每用周禮爲說，如其解舜典「五服三就」云：

　　三就，就輕、就重與就輕重之中〔註83〕。

此義與呂刑「惟敬五刑，以成三德」云：

　　　當輕而輕，所以成柔德；當重而重，所以成剛德；處輕、重之中，所

　　以成正直之德〔註84〕。

二者所謂輕、重、輕重之中，其義一也；蓋亦同乎周官新義之說。周官大司寇新

義云：

　　　刑新國用輕典，則教化未明，習俗未成，以柔義之也；刑平國用中典，

　　則教化已明，習俗已成，以正直義之也；刑亂國用重典，則頑昏暴悖，不

　　可教化，以剛義之也。故書云：惟敬五刑，以成三德〔註85〕。

此亦明見王介甫以洪範義解周官大司寇，又以周官解呂刑、舜典，從而求尚書、周

官治理之調和也。又其解武成「分土惟三」曰：

　　公之地，百里而已，五百里者，并附庸而言之〔註86〕。

此所謂「五百里」，義取周禮公之封地五百里也；而「公之地百里而已」，則取於孟

子、王制之說「公侯百里」，王氏爲調和書與周官之差異，故創「并附庸而言之」之

論。考諸詩經新義魯頌閟宮「錫之山川，土田附庸」之說，可知此并附庸之說，爲

介甫之說也〔註87〕。

　　周官司服，掌王之吉凶衣服，辨其名物與其用事。王氏新義則據書以論，引益

稷十二章之說〔註88〕；洪範七稽疑：「擇建立卜筮人。」王氏則引周官以解之曰：

　　　有所選用謂之擇，有所創立謂之建。周官太卜所謂凡國大貞，卜立君，

　　卜大封者，所謂建也；大祭祀，國大遷、大師，則龜貞，所謂擇也〔註89〕。

而王荊公於周官新義太卜下曰：

　　故成王征三監、淮夷，而庶邦君越庶士卿事，反曰：王害不違卜也〔註90〕。

介甫以周公稟命征三監、淮夷，爲國有大師，以證必有貞龜之事，故引書大誥以明

〔註83〕見程本尚書新義，頁 25。

〔註84〕見前書，頁 226。

〔註85〕見周官新義卷十四，頁 5。

〔註86〕見東坡書傳卷九，頁 12 引。東坡雖未言誰之說，然當爲王氏説。說詳前節王氏尚書
　　　　之著述。

〔註87〕詳參前節論王氏尚書之著述。

〔註88〕見周官新義卷九，頁 12、13。

〔註89〕見程本尚書新義，頁 117。

〔註90〕見周官新義卷十，頁 15。

其事。

　　以書及周官相互作證作解，誠亦宋代尚書學者所常有，然極其力以求其調和，不惜創爲異說者，則以王安石爲最力，蓋王氏新法之規模，多本周官，而治國之理法，則存於尚書，是以書與周官，於王介甫之學，特爲重要。然書與周官之間，時有鑿枘之異，欲彌縫而不失者甚難，上述「分土惟三」之「并附庸言之」之說，則顯然不合情理。且尙有王氏未及彌縫之者焉。如呂刑「五刑」：墨、劓、剕、宮、大辟。呂刑文意自有其輕重順序，而周官則以剕辟置於宮辟之前；剕，孔傳以爲「刖足」，則周官五刑之輕重，與尙書呂刑所言不同，而王氏止曰：

> 以墨爲不足，然後劓；以劓而不足，然後宮；以宮爲不足，然後刖；
>
> 以刖爲不足，然後殺。墨、劓、宮、刖、殺，棄人之刑也〔註91〕。

並未說明剕、宮二刑書與周官之所以異之由，蓋亦不勝其力故也。

4、以陰陽五行解尚書

　　有宋學者評王氏之學，多以爲彼不信災異、五行、陰陽，蓋王安石解洪範庶徵「若」字，訓爲「似」，而非如孔傳之訓作「順」，以爲天之變異，於人君或可以自警懼，而不可以爲必爲某事而生，進以類象求之。宋史本傳記云：

> 七年春，天下久旱，饑民流離，帝憂形於色，對朝嗟歎，欲罷法度之
>
> 不善者。安石曰：水旱常數，堯湯所不免，此不足招聖慮，但當修人事以
>
> 應之〔註92〕。

此爲王氏不信天變之實例，故宋史本傳云安石嘗曰「天變不足畏」。是以宋儒如林之奇、蘇東坡、朱熹等皆嘗評之〔註93〕。然則王氏果眞不信陰陽災異之說邪。是亦不然。宋侍御史劉摯嘗言曰：

> 今之治經以應科舉，則與古異矣。以陰陽性命爲之說，以泛濫荒誕爲
>
> 之辭，專誦熙寧所頒新經、字說，而佐以莊列佛氏之書〔註94〕。

其所評者，爲王氏新經義，以爲多「陰陽性命」之說。考諸今所見三經新義輯文，劉摯之言不虛〔註95〕。今尋乎尙書新義之中，亦屢見不鮮。如皋陶謨「撫于五辰」，王氏曰：

> 五辰分配四時：春則寅卯，爲木之辰；夏則己午，爲火之辰。餘倣此〔註96〕。

〔註91〕見前書卷十五，頁8。
〔註92〕見宋史卷三百二十七，頁8本傳。
〔註93〕林之奇、朱熹之評，參見程本尚書新義，頁121。東坡之評，參東坡東坡卷八，頁24。
〔註94〕見續通鑑長編卷三百六十八，頁9。
〔註95〕程元敏先生亦有是說。參程本尚書新義，頁319「三經新義與字說科場顯微錄」。
〔註96〕見前書，頁36。

又大禹謨「六府」，王氏曰：

> 以惟序爲六府三事之序，故以土治水，以水治火，然後水、火爲用；
> 以火治金，以金治木，然後金、木爲器；以木治土，以土治穀，然後土、
> 穀爲利〔註97〕。

是王安石用五行相生剋之說，並配以四時十二辰也。又王氏亦時有陰陽之說，以解經義者。如堯典「乃命羲和」下云：

> 散義氣以爲義，斂仁氣以爲和。日出之氣爲義，義者陽也；利物之謂
> 和，和者陰也〔註98〕。

又於「宅南交」下云：

> 南方相見之時，陰陽之所交也，故曰南交〔註99〕。

此則取孔傳「春與夏交」之說，而易以陰陽爲說。而於舜典「烈風雷雨弗迷」下，則又曰：

> 風之烈而雷雨弗迷者，則陰陽不失序可知矣〔註100〕。

此說亦本諸孔傳。孔傳曰：「陰陽和，風雨時，各以其節，無有迷錯衍伏。」然則王氏之說陰陽，多本諸孔傳。然王氏取此陰陽之義，亦自有其論理基礎。其著洪範傳云：

> 蓋五行之爲物，其時其位，其材其氣，其性其形，其事其情，其色其
> 聲，其臭其味，皆各有耦；推而散之，無所不過。一柔一剛，一晦一明，
> 故有正有邪，有美有惡，有醜有好，有凶有吉：性命之理，道德之意，皆
> 在是矣〔註101〕。

其注道德經云：

> 有之與無，難之與易，長之與短，高之與下，音之與聲，前之與後，
> 是皆不免有所對〔註102〕。

所謂「有耦」，「有對」，其義一也，實指事物之兩相對亦相反之事，分而言之，物物皆然，合而言之，則陰與陽而已。王氏之論既以事物皆不免相對，則以陰陽相生相成之論以說經言理，誰曰不可哉！是以王安石雖不信天變類象，而猶有取於五行陰陽者，以此故也。

5、書篇之中，特重洪範

〔註97〕見前書，頁31。
〔註98〕見前書，頁7。
〔註99〕見前書，頁9。
〔註100〕見前書，頁15。
〔註101〕見臨川集卷六五，頁2。
〔註102〕見王氏道德經注不尚賢章第二。

洪範者，大法也。宋儒之獨爲洪範而有所述作者，見錄諸經義攷者三十餘家〔註103〕，可見其爲世所重也。王氏之學，本求致用。其「致一論」云：

　　雖然天下之事，固有可思可爲者，則豈可以不通其故哉！此聖人之所以又貴乎能致用者也〔註104〕。

要乎能用，必有法焉。王氏嘗解洪範之義曰：

　　有器也，然後有法，此書所以謂之範者，以五行爲宗故也〔註105〕。

此義後雖爲王氏所刪，要之，治國之大法而能用於世者，洪範莫尚焉。是以王介甫進洪範表曰：

　　天命聖人以敘之，而聖人必考古成己，然後以所嘗學措之事業，爲天下利，苟非其時，道不虛行。……而朝廷未化，海內未服，綱紀憲令，尚或紛如，意者殆當考箕子之所述，以深發獨智，趣時應物故也〔註106〕。

可見介甫之特重洪範者，實爲致用於當世，冀有補於政憲也。王氏洪範傳外，於注書義，亦每引洪範爲說。其於堯典序「聰明文思」下云：

　　洪範貌、言、視、聽、思五事，可以解此聰明文思〔註107〕。

又於「宅嵎夷，曰暘谷」云：

　　日出爲暘〔註108〕。

王氏之取此義爲說，蓋亦出於洪範。洪範雨、暘相對，故暘當訓日出天晴也。

　　王氏推崇洪範，不遺餘力，其禮樂論曰：

　　是以書言天人之道，莫大於洪範，洪範之言天人之道，莫大於貌、言、視、聽、思。大哉！聖人獨見之理，傳心之言乎〔註109〕！

可見洪範一篇，其於王氏尚書學中，地位非比尋常也。以洪範五事爲心傳之言，則有異乎其後儒者之以大禹謨「危微精一」十六字心傳者也，此亦一學術風氣之變，豈可忽乎。

6、以字學解經

　　王荊公好字學，晚居金陵嘗作「字說」一書二十四卷〔註110〕，以進朝廷。其進

〔註103〕見經義考卷九五、九六。
〔註104〕見臨川集卷六六，頁9。
〔註105〕見臨川集卷四三「乞改三經義誤字箚子」中所論洪範名義，並求刪去。雖後爲刪去，然亦足以參酌義理於一斑。
〔註106〕見臨川集卷五六，頁7。
〔註107〕見程本尚書新義，頁5。
〔註108〕見前書，頁9。
〔註109〕見臨川集卷七六，頁5。
〔註110〕見宋史卷三百二十七本傳。

字說劉子曰：

> 臣在先帝時，得許慎說文古字，妄嘗覃思，究釋其意，冀因自竭得見
> 崖略……奉被訓勑，許錄臣愚妄謂然者，繕寫投進。〔註111〕

其於進字說表中云：

> 竊以書用於世久矣，先王立學以教之，設官以達之，置使以喻之，禁
> 誅亂名，豈苟然哉！凡以同道德之歸，一名法之守而已。……故仙聖所宅
> 雖殊，方域言音乖離，點畫不同，譯而通之，其義一也。道有升降，文物
> 隨之，時變事異，書名或改，原出要歸，亦無二焉〔註112〕。）

蓋箚子可知王氏「字說」，雖成於晚居金陵之後，然其說解之論，早有成竹於胸，而
由進字說表可知王氏研究文字，在乎「同道德之歸，一名法之守」，此與介甫改科舉
箚子，明揭「道德一於上，而習俗成於下〔註113〕」同，而三經新義，乃為科舉而修，
以求「一道德」，而學術無所乖異也。可見王安石經解與字說，其意相合，故安石解
經，時以說字為之。王闢之澠水燕談錄謂「荊公治經尚解字〔註114〕」，葉大慶於考
古質疑中亦云：「近世王文公，其說經亦多解字〔註115〕。」考諸三經輯佚，可證其
實不虛。

然王氏字說，雖曰本諸說文，就所解義往往以形聲諸體皆入會意，牽合強通〔註
116〕，至有以佛語，老學解字義者〔註117〕。故葉大慶評之曰：「惟是不可解者，亦
必從而為之說，遂有勉強之患，所以不免諸人之譏〔註118〕。」不唯以字說解六經如
此，王氏亦以字說解佛經。欒城遺言記曰：

> 王介甫解佛經三昧語，用字說示關西德秀。秀曰：相公文章，村和尚
> 不會。介甫悖然，又問如何？秀曰：梵語三昧，此云正定，相公用華言解
> 之，誤也〔註119〕。

荊公字說之時有穿鑿強通，可見一斑。王氏解經，時用字說，其解尚書新義亦然。
葉大慶考古質疑嘗引之曰：

> 近世王文公，其說經亦多解字。如曰：人為之謂偽，曰位者人之所

〔註111〕見臨川集卷四三，頁2、3。
〔註112〕見前書卷五六，頁6、7。
〔註113〕見臨川集卷四二，頁4。
〔註114〕見宋人軼事彙編卷十，總頁462。
〔註115〕見葉大慶考古質疑卷三，總頁29。
〔註116〕參宋樓鑰攻媿集卷六及王安石全集前附清顧棟高輯王安石遺事引朱熹文集之語。
〔註117〕見宋陳善捫蝨新話卷一，頁4。
〔註118〕同註115。
〔註119〕見宋人軼事彙編卷十，總頁453引。

立，曰訟者言之于公，與夫五人爲伍，十人爲什，歃血自明爲盟，二戶相合爲門，以兆鼓則曰譈，與邑交則曰郊，同田爲富，分貝爲貧之類，無所穿鑿，至理自明，人亦何議哉！有如中心爲忠，如心爲恕，朱晦庵亦或取之〔註 120〕。

葉氏所引，僞、位、訟、譈、郊、富、貧數字，均見於尚書新義。葉氏以爲皆至理自明，然其中如富字，以同田會意，則去原六書遠矣。富字从宀畐聲，爲形聲，王氏強解以爲同，於形構已扭曲，故生鑿義，其誤處至爲明顯。王氏解經，好以文字作解，非獨如葉氏所引而已。如皋陶謨「孔壬」，王氏以爲「大包藏禍心之意〔註 121〕」。蓋以「壬」爲「姙娠」之「姙」，爲同音通假，於六書爲假借。考孔傳於舜典「難任人」訓「任」爲「佞」，于「孔壬」則止云「甚佞」，是孔傳以「任」「壬」通解而義同。

王介甫於洪範傳七稽疑下「衍忒」云：

衍者，吉之謂也；忒者，凶之謂也。吉言衍，則凶之爲耗可知也。凶言忒，則吉之爲當，亦可知也：此言之法也。蓋自始造書，則固如此矣；福之所以爲福者，於文從，則衍之謂也；禍所以爲禍者，於文從咼，咼則忒之謂也〔註 122〕。

此更可見介甫每從文字學之觀點以說義，且每以形聲說作會意，一如宋鑰攻媿集所云：「王荊公字說，所以不能傳者，往往以形聲諸體皆入會意，故有牽合強通之病〔註 123〕。」

王安石乞改三經義誤字箚子，嘗建議改尚書微子篇「犧牷牲」曰：

微子：純而不雜故謂之犧，犧當作牷。完而無傷故謂之牷，牷當作犧〔註 124〕。

考孔傳曰：「色純曰犧；體完曰牷。」王氏原來之本，與孔傳同，而既改之後，則與孔傳反；夫孔傳之義，韋昭國語注，鄭玄書微子注，禮記曲禮注，詩閟宮毛傳，皆以爲純色、純毛，唯易繫辭下「包犧氏」，釋文引鄭注曰：「鳥獸全具曰犧。」是自古「犧」之解作「毛純色」爲多〔註 125〕。說文曰：「犧，宗廟之牲也。从牛羲聲。賈侍中說：此非古字。」則此字本無「純色」之義，然自漢以來多有是解。至於「牷」，

〔註 120〕見同註 115。
〔註 121〕見程本尚書新義，頁 34。
〔註 122〕見臨川集卷六五，頁 11。
〔註 123〕同註 116。
〔註 124〕見臨川集卷四三，頁 3。
〔註 125〕上述資料均見經籍纂詁。

說文曰：「牷，牛純色，从牛全聲。」而鄭注書微子、周禮牧人均作「體完具」，而周禮牧人，犬人司農注則以爲「純」，即指毛色純〔註126〕；是牷於古有「純色」、「體完」二解。今王氏既以「牷」爲「毛色純」，從說文之義，則「犧」必非「純色」而爲「體完」也。

按「牷」字，於六書爲形聲兼會意，全字於義解作「體完具」較「毛色純」爲優。考之祭義曰：

> 古者天子諸侯必有養獸之官，及歲時，齋戒沐浴而躬朝之，犧牷祭牲必於是取之，敬之至也。君召牛，納而視之，擇其毛而卜之吉，然後養之；君皮弁素積，朔日月半，君巡牲，所以致力，孝之至也〔註127〕。

據此則犧牷之毛與體，蓋毛之純否，在卜吉之前已先擇之，牛之毛色無中變之虞；既擇毛卜吉，然後養之，養之之間，則容牲體有所損，故君必朔望巡牲以視其完否，否則易卜他牲，甚或因突發狀況，牲口有損，致不祭者焉。若左傳成公七年經云：

> 春王正月，鼷鼠食郊牛角，改卜牛；鼷鼠又食其角，乃免牛。夏五月，不郊，猶三望。

又如宣公三年經云：

> 春王正月，郊牛之口傷，改卜牛。牛死，乃不郊，猶三望。

凡此皆是既擇毛卜吉而養之，然後牛體有傷不完全，致有不郊祭者。可見於祭而言，牲體完全之重於毛色純也。蓋毛色於既擇之後，毛色不變，而體完於養之期間，或有不測。今說文於「犧」曰「宗廟之牲」，於「牷」則云「牛純色」，皆不及「體完」之義，於義或有所缺，故以爲「牷」當作「牛體完全，从牛全，全亦聲」，於義於禮爲長也。王氏從許叔重釋「牷」之義，故易「犧」爲「體完」；蓋王氏喜不從詁訓，而以字說解經，故有此改易之事。

7、疑改經傳

王氏既解義多不從舊注疏，於經傳之文，亦時置疑焉。有疑其字誤者，有疑文句之顚倒者，有疑脫誤致文義不可解而闕之者；至於改經，則以改武成爲最著，茲列述如次：

（1）疑誤字

皋陶謨篇「思曰贊襄哉」，王氏以爲「曰」字乃誤字，其論曰：

> 思曰之曰，當作日，形近之訛〔註128〕。

〔註126〕同前註。
〔註127〕見禮記正義卷四八，頁1。
〔註128〕見程本尚書新義，頁38。

王氏此說，宋儒亦多以為是，東坡書傳，張九成書解，蔡沈書集傳，王柏書疑等是也。

（2）疑經文倒置者

禹貢篇「厥土惟白壤，厥賦惟上上錯，厥田惟中中」，王氏以為：

> 賦乃田與土所出，故八州言賦皆在田之下，惟此在田之上者，傳之誤也〔註129〕。

又康誥篇「非汝封刑人殺人，無或刑人殺人；非汝封又曰劓刵人，無或劓刵人」，王氏以為文句不倫，其言曰：

> 刑人、殺人，非汝所刑殺，乃天討有罪，汝無或妄刑、殺人也。非汝封又曰劓刵人，疑其當云：又曰非汝封劓刵人〔註130〕。

按禹貢篇之疑，未必為是，而康誥篇之疑，則於文句為順達，林之奇素不喜王說，然於此亦以為有勝於先儒者〔註131〕。

（3）疑脫誤致文義不可解而闕者

朱熹嘗評王安石曰：「荊公不解洛誥，但云：其間煞有不可強通處，今姑擇其可曉者釋之。今人多說荊公穿鑿，他卻有如此處，若後來人解書，又卻須要解盡〔註132〕。」夫尚書之文，周誥殷盤，詰屈聱牙，王氏於書之不可解者，常有闕疑之舉。王氏於大誥篇云：

> 大誥疑有脫誤，其不可知者，輒闕之，而釋其可知者〔註133〕。

王氏於大誥文中，「若兄考，乃有友伐厥子，民養其勸弗救？」曰「此小節義當闕疑7〔註134〕」；又於「越天棐忱，爾時罔敢易法，矧今天降戾于周邦？」曰：「此義不可知，闕之。〔註135〕」按大誥之文，誠有詰屈難通者焉，然王氏所舉當闕疑者，則未必不可解；若「越天棐忱，爾時罔敢易法」一段，文句義理明白，其言天不常於人，惟能守法度者能得天之祐，故爾不可妄自改易祖宗法度也；王氏以此為不可知者，或此文於新法有齟齬者，故特以為不可知而堙之；學者多以王氏注經以為新法地，此或亦其一例也。

〔註129〕見前書，頁 49。
〔註130〕見前書，頁百 56。
〔註131〕參前註引林氏評。
〔註132〕見朱子語類卷七六，頁 9。
〔註133〕見程本尚書新義，頁 147。
〔註134〕見前書，頁 15。
〔註135〕見同前註。

王氏於康誥前四十八字，無所解釋〔註136〕，蓋此四十八字，乃周公營洛邑而大誥庶邦、百工，與下文誥康叔之事，義不連類，故闕疑焉。東坡亦有見於此，而以脫簡爲說，以爲此四十八字乃洛誥之文〔註137〕。東坡之所以有此說，或即有取於王氏歟！

王氏於洛誥，亦以爲有不可知者，闕之，而擇其有可知者釋之〔註138〕，其意與釋大誥同，當亦以爲疑有脫誤故也。

此外，王氏於逸書，皆未有解。林之奇曰：「王氏解經，善爲鑿說，凡義理所不通者，必曲爲鑿說以通之，其閒如占夢敬射者常矣，而於逸書未嘗措一辭，皆闕而不論，此又王氏之所長，而爲近世法者也〔註139〕。」

（4）改武成

尚書武成一篇，自孟子以來，說之者眾矣。唐孔穎達已疑其有錯簡，有脫簡，而未明言之。迨劉敞七經小傳，始明指其錯脫，從而改置其文句段落先後者；自是厥後，王介甫繼作，亦有改武成之事，而不與劉氏同。洪邁容齋續筆嘗紀其說曰：

> 武成一篇，王荊公始正之。自王朝步自周，于征伐商，即繼以底商之
> 罪，告于皇天后土，至一戎衣天下大定，乃繼以厥四月哉生明，至予小子
> 其承厥志，然後及乃反商政，以訖終篇：則首尾亦粲然不紊〔註140〕！

考王氏之改武成，與劉敞所改不同者有二，其一以「乃反商政」以下一節，屬諸歸周之後，而非既克商之時；其二爲未以爲有脫簡。姑勿論其間是非對錯，要之，王氏以爲學子立科場典式，作爲新義，而敢改易經文，示天下學者以聖經亦無不可易者，以敷暢吾說；劉敞之改經，人視之以爲好異；王氏之改易經文，則士子以爲當然；聖經不易之地位，至此始動其根本。陸游嘗曰：「自慶曆以後，諸儒發明經旨，非前人所及。……不難於議經，況傳注乎〔註141〕！」議經棄傳者，實無過於王氏尚書新義也。

8、字字作解

王氏解經，後儒多以爲鑿者，蓋以王氏於一字一詞之間，字字作解，強生分別故也。宋邵博聞見後錄云：

〔註136〕見前書，頁153。

〔註137〕見東坡書傳卷十二，頁1。可參本論文東坡尚書學一章。

〔註138〕見程本尚書新義，頁178。

〔註139〕見林之奇尚書全解卷三，頁26。

〔註140〕見容齋續筆卷十五，頁144。

〔註141〕見困學紀聞卷八，頁4經說。

　　　　東坡與劉道原書：近見京師經義題：國異政，家殊俗，國何以言異，

　　　家何以言殊？又曰：有其善，喪厥善，其、厥不同，何也？又說易觀卦，

　　　本是老鸛；詩大、小雅，本是老鴉。熙寧王氏之學如此〔註142〕。

說命中篇，「有其善，喪厥善」，「其」與「厥」並無他義，皆指主體而言耳，而王氏意此中尚有可分別，則是穿鑿之矣。考尚書新義之中，字字作解，強爲分別者，俯拾即是。如武成篇「爲天下逋逃主，萃淵藪」，新義曰：

　　　歸之之謂主，萃之之謂聚，藏之之謂淵，養之之謂藪〔註143〕。

其每字皆有訓釋，大類若此。又如舜典「帝乃殂落」，王氏曰：

　　　魂氣歸于天，故謂之殂；體魄降于地，故謂之落〔註144〕。

此王氏強分人死有上天下地之別，實有添足之弊。王氏於書中同義異詞，亦往往爲之說義以離別。若君奭篇曰：

　　　　此誥或曰君奭，或曰保奭，或曰君者，主王而言則曰君奭，主公事而

　　　言則曰君而已，主保事而言則曰保奭也〔註145〕。

王介甫喜附會，強生分別，一至於此，此乃史記異辭，不必索求其義也。王氏亦常以書經中文辭，離析之而相配，使各有所屬以解之；若益稷「臣作朕股肱耳目」一節，王氏以爲：

　　　汝翼，作肱；汝爲，作股；汝明，作目，汝聽，作耳也〔註146〕。

按股肱耳目，皆相輔之意，王氏以爲一一相配合，則如作股，宣力四方，股何能爲；是皆強生義說之弊也。

9、王氏尚書之新說

　　王氏修經義訓，號爲新義，出於己心所得，大異於先儒者夥矣，其中屢爲後世所引而重之，或譏或稱者，亦不在少數，茲列其大者以見之。益稷「予乘四載」王氏曰：

　　　鯀治水九載，兗州作十有三載乃同，禹之代鯀，蓋四載而成功也〔註147〕。

按介甫以禹貢有「十有三載乃同」之語，而堯典有鯀「九載績用弗成」之說，恰成四載之數，遂讀「四載」之載爲上聲，作四年解，不用孔傳「水行乘舟，陸行乘車，泥行乘輴，山行乘樏」之說。考鯀之九載，事在堯時，殛鯀在舜登庸之後，若鯀殛而禹興，禹之與鯀亦不得相接；且禹娶於治水之中，而啓生在水患未平之時，則禹

〔註142〕見宋人軼事彙編卷十，總頁 454。
〔註143〕見程本尚書新義，頁 16。
〔註144〕見前書，頁 21。
〔註145〕見前書，頁 194。
〔註146〕見前書，頁 41。
〔註147〕見前書，頁 39。

自鯀死守喪，至于婺，至於子，亦非四載之中可成也。且「兗州作十三載乃同」，指一州而言，本非謂天下共作十三年也。王氏此說，巧誠巧矣，然非事實也。

又泰誓中「雖有周親，不如仁人」，王氏指所謂「仁人」者乃微子。其言曰：

> 微子之徒，以紂爲無道而周有道，故去紂而歸我；此所以紂雖有至親而不如我之獲仁人也〔註148〕。

又於武成篇「予小子既獲仁人」下云：

> 微子之徒也。武王以微子之來歸而知紂之可伐〔註149〕。

林之奇全解於微子篇「我不顧行遯」下曰：「說者論我不顧行遯，往往謂其能遯而歸周，以存其宗祀爲孝〔註150〕。」此亦爲王氏學者之言也。彼以爲微子之歸周，在武王伐商之前，據微子歸然後知紂之可伐可知也。果微子歸周，在伐殷之前，則是微子預其國之必亡，告人以伐己君，如此忍忍，非微子之本心也。且所謂「行遯」，亦非「歸周」，乃如「吾家耄，遜于荒」之意，特欲遜于荒野以避禍耳。復以左傳有逢伯之言曰：「昔武王克商，微子啓如是，武王親釋其縛，受其璧而祓之，焚其襯，禮而舍之，使復其所〔註151〕。」則是微子歸周，在武王既克商之後也。今王氏以爲微子「行遯」，即「歸周」，是誤以二事爲一事，故有是說。

而王氏於洪範庶徵「若」字，訓作「似」，故其解庶徵之義，大異先儒之說。其言曰：

> 降而萬物悦者，肅也，故若時雨然；升而萬物理者，乂也，故若時暘然；哲者陽也，故若時燠然；謀者陰也，故若時寒然；睿其思心，無所不通，以濟四者之善者，聖也，故若時風然。狂則蕩，故常雨若；僭則亢，故常暘若；豫則解緩，故常燠若；急則縮栗，故常寒若；冥其思心，無所不入，以濟四者之惡者，蒙也，故常風若。……君子之於人也，固當思其賢，而以其不肖者爲戒；況天者固人君之所當取象也，則質諸彼以驗此，固其宜也〔註152〕。

王安石此說，棄漢儒五行災異之論不言，以爲人君之於天，當若於人之取其賢不肖，以慕以戒而已，不必以爲天有某象，則必有類象求之，亦不可以爲君之所行，天必順之以然。王介甫有策問曰：

〔註148〕見前書，頁13。
〔註149〕見前書，頁16。
〔註150〕見林氏全解卷二一，頁19。
〔註151〕見前註引。
〔註152〕見程本尚書新義，頁121。

洪範之陳五事，合於事而通於義者也。如其休咎之效，則予疑焉。人
君承天以從事，天不得其所當然，則戒吾所以承之之事可也，必如傳云：
人君行然，天則順之以然；其固然邪？僭常暘若，狂常雨若，使狂且僭，
則天如何其順之也。堯、湯之水旱，奚尤以取之邪〔註153〕？

王氏之說，使洪範不復入漢儒讖緯五行之覆轍，極具人文色彩，此其說之優於前儒
也。然就文義言之，若「若」訓「似」，則庶徵直五事之補述而已，非能獨立與他疇
並而為九也。就思想而言，殷人尚鬼，信天人之相應類象，本即當然，以其世時言
之，未可非類象之說。且以為政言之，君權至大，無所範式，古者唯曰「天監」、「天
聰明」，使之有所畏而抑歛，不流於暴虐，若一切不消說感應，則是天變不足畏，然
則君權易成暴虐矣；此則王氏說之未逮也。

王安石解君奭篇召公不悅之意曰：

召公不悅，何也？曰：成王可與為善，可與為惡也。周公既復辟，
成王既即位，蓋公懼王之不能終，而廢先王之業也，是以不悅焉。夫周
之先王，非聖人則仁人也；積德累行，數世而後受命，以周公繼之，累
年而後太平，民之習俗也久矣。成王以中才承其後，則其不得罪於天下
之民，而無負於先王之烈也，不亦難乎！如此則責任之臣，不得不以為
憂也〔註154〕。

荊公以為成王非有過人之聰明，而襲文武之後，難以為繼，遂使師保諸臣憂也。王
氏於金縢篇，亦有此意曰：「人君不明，可惑以非義，則於周公忠聖，不敢無疑。〔註
155〕」是王說以為成王之資，中材之主耳，可上可下，故遺師保憂也，是以召公不
悅。考史記燕世家曰：「成王幼，周公立政，因踐祚，召公疑之，乃作君奭。」是史
遷以此篇之作時繫於伐之監之時，今其文曰：「復子明辟」；是在復政之後，史遷之
說未可以為是。孔穎達以為周公攝王政，不宜復列於臣職，是以召公不悅；此則以
為周公不知禮，故而召公不悅。考君奭一書，周公極言明主之必有輔相之大臣，上
自成湯，下及文武，莫不皆然；今成王繼位，惟老成人是求，以克大艱，而當朝者
惟二人爾。其末曰：「君！惟乃知民德，亦罔不能厥初，惟其終。」明是周公留召公
之語，非召公疑周公，亦非周公自解不知禮之意。蔡沈集傳云：「召公自以盛滿難居，
欲避權位，退老厥邑，周公反復告喻以留之爾〔註156〕。」其說為近是。

〔註153〕見臨川集卷七十，頁9。
〔註154〕見程本尚書新義，頁191。
〔註155〕見前書，頁145。
〔註156〕見蔡沈書集傳卷五，總頁171。

　　王氏新說之備稱於後學者，蓋必在釋洛誥「朕復子明辟」之說也。孔傳云：「我復還明君之政於子。」是孔傳以爲成王幼小，周公踐祚代王爲君，至是乃反政於成王也。王安石爲之新解曰：

　　復如復逆之復，成王命周公往營成周，周公得卜，復命於成王〔註157〕。

又曰：

　　　以書考之，周公位冢宰、正百工而已，未嘗代王爲辟，則何君臣易位，復辟之有哉？如禮明堂位曰：昔者周公朝諸侯于明堂之位，天子負斧扆，南鄉而立。又曰：武王崩，成王幼弱，周公踐天子之位以治天下。則是周公正天子之位以臨萬國〔註158〕。

是王安石以周公未嘗踐祚代王爲辟，故本無「還政」之事，是以「復子明辟」，不可以爲反政於成王也。故介甫解作「得卜復命」，以合其說。考金縢篇以三監流言，成王疑之，若周公踐祚代王，則三監之言非虛，不可謂之流言；而周公踐祚，實有篡嫌，以篡嫌伐三監，是以叛伐忠，周公何以云「無以告我先王」乎？且成王疑周公，疑之而已，若周公代王，則必非疑之而已。以此可見周公攝行天子之政，而未踐天子之位也。王氏之說，實出諸儒之表；是以葉夢得、林之奇、史浩、楊簡等，均稱舉之，以爲大有功於名教也〔註159〕。

10、王氏尚書句讀之新見

　　王氏尙書學除時有新見，廢棄先儒傳注之外，於書經文句之句讀，亦每有己見，蓋王介甫嫻熟於辭章，名列唐宋八家之一，故其於文句之體味，時有出人意表者；此亦後世儒者有所稱焉。若酒誥「矧惟若疇圻父，薄違農父，若保宏父，定辟」一節，王安石解曰：

　　　司馬主薄伐怨違，司徒主若國保民，司空主治四民，定而生之以致辟〔註160〕。

是王氏此節讀作「矧惟若疇，圻父薄違，農父若保，宏父定辟」也，以圻父爲司馬，以農父爲司徒，以宏父爲司空。孔傳章句，以其職掌置諸官名之上，有違文句之常態，實不若王氏先舉官名而後陳其所任之職也。朱熹稱之曰：「人說荊公穿鑿，只是好處亦用還他。且如矧惟若疇圻父，薄違農父，若保宏父，定辟；古注從父字絕句，

〔註157〕見程本尚書新義，頁179。
〔註158〕見同前註。
〔註159〕參見前書，頁179、18、181引評文。
〔註160〕見前書，頁13。

荊公則就違、保、辟絕句，敻出諸儒之表〔註161〕。」又大誥篇「天降割于我家不少，延洪惟我幼沖人」，王氏則讀作「天降割于我家，不少延，洪惟我幼沖人〔註162〕」。考孔傳謂之曰：「故天下凶害於我家不少，謂三監、淮夷並作難。」然據此篇之意，先言周家新受命，而武王遽喪，天下未定，成王以幼沖之資，纘承大統，此實天所降害於周，故使武王早即世而不少延以定邦國，「不少延」者，實指武王早即世而言；金縢篇記武王嘗疾，周公禱於三先王，欲以身代，即以武王「乃命于帝，敷佑四方，用能定爾子孫于下地」為辭，是冀武王無喪，以定周邦也。故下「越茲蠢」而下，然後言三監及淮夷之作難，則此非如孔傳之說，當以武王事為正解。蘇東坡書傳於句讀此亦與介甫同，蓋亦長於文學者所共得之也。王介甫於「予不敢閉于天降威用寧王遺我大寶龜」，以用字屬寧王下讀〔註163〕，與孔傳上屬不同。考此文下有「我有大事休，朕卜并吉」，是此寧王所遺之寶龜，即用以卜此大事也，以寧王所遺龜卜，示此為寧王之意兆於龜，於言三監可伐而卜不可違也；故用字下屬，文義比孔傳順當。朱熹於此，亦以為是〔註164〕。

　　王氏於禹貢之句讀，亦生新見。孔傳於冀州「冀州既載，壺口治梁及岐」下曰：「先施貢賦役，載於書。」而王氏則曰：

　　　　載，事也；既事壺口，然後治梁及岐也〔註165〕。

則是以「既載」下屬「壺口」。依孔傳之說，則壺口無所繫屬，於文不通，若如王氏，則文句順利矣。冀州獨立，蓋冀州疆界，以他八州可見之，故無封界之說解也。又王氏於每州之末言入河道者，不屬於逐州之下，而乃以貫於次州之上〔註166〕，此實無理。蓋每州之末，言入河之道，乃為貢賦之道，以貢本州之所當賦者，如以屬下州，則雍州之末，其無所屬矣。然則王氏如此讀句，實未明禹貢之義也。

　　此外，益稷十二章，王氏以「粉米」合為一，與孔傳以「米」、「粉」二分不同，蓋王氏以「宗彝」為虎形也〔註167〕。又大誥「敷賁」，王氏以「賁」字下屬，作「賁敷前人受命」〔註168〕。又洛誥「乃命寧，予以秬鬯二卣」，王氏則以「予」字上屬，曰：

〔註161〕見朱子語類卷七九，頁 27、28。
〔註162〕見程本尚書新義，頁 146。
〔註163〕同前註。
〔註164〕同前註。
〔註165〕見前書，頁 48。
〔註166〕見前書，頁 49。
〔註167〕見周官新義卷九，頁 12、13。
〔註168〕見程本尚書新義，頁 147。

成王使周公來毖商民，乃命寧周公〔註169〕。孔傳以予下屬，則秬鬯乃周公所用；若如王氏以予上屬，則秬鬯爲成王所用，句讀不同解義隨異；按此節皆周公稱成王能盡文祖之德，故以秬鬯爲成王所用爲優，則句讀當如王氏也。

（三）王氏尚書新義中之政治思想

王氏解經義，重在積學而自得，故其經義之中，每注以一己之見地；而尚書本即先聖帝王治國施政之宏模，王氏特爲洪範作傳，即在乎洪範爲治國之大法故也。介甫一生功業，端在新政，念茲在茲；嘗對神宗曰：「經術正所以經世務，但後世所謂儒者，大抵皆庸人，故世俗皆以爲經術不可施於世務爾〔註170〕。」然則荊公之經義，與其新法之施行，實相爲表裏。林之奇尚書全解每評介甫之說書義爲「爲新法地」，亦非無的之矢也。故審乎新義所述，亦可見王氏爲政之思想矣。

宋史本傳記王介甫於熙寧元年嘗對帝問「爲治所先」，介甫曰：「擇術爲先。」帝曰：「唐太宗何如？」曰：「陛下當法堯舜，何以太宗爲哉！堯舜之道至簡而不煩，至要而不迂，至易而不難，但末世學者不能通知，以爲高不可及爾。」又曰：「陛下誠能爲堯舜，則必有皋、夔、稷离；誠能爲高宗，則必有傅說。」可見王氏之治，實以致君堯舜爲的，並以皋陶、夔、稷自許，然則尚書之所載，即王氏之所慕焉。

王介甫嘗撰「三不欺」之論，以論聖人爲政之道曰：

昔論者曰：君任德則下不忍欺，君任察則下不能欺，君任刑則下不敢欺，而遂以德、察、刑爲次，蓋未之盡也；此三人者之爲政，皆足以有取於聖人矣。然未聞聖人爲政之道也〔註171〕。

王氏以爲任德，任察，任刑，皆有聖人治國之一端，然獨任其一，必有所蔽，如堯之任德，尚有驩兜之舉；子產任察，而有校人烹其魚；西門豹任刑，則孔子所謂「民免無恥」，故王氏以爲聖人之治，非能出於此三者，蓋當兼而用之而已。其論曰：

然聖人之道有出此三者乎？亦兼用之而已。昔堯、舜之時，比屋之民皆足以封，則民可謂不忍欺矣。驩兜以丹朱稱於前，曰嚚訟可乎？則民可謂不能欺矣。四罪而天下咸服，則民可謂不敢欺矣。故任德則有不可化者，任察則有不可周者，任刑則有不可服者。……蓋聖人之政，仁足以使民不忍欺，智足以使民不能欺，政足以使民不敢欺，然後天下無

〔註169〕見前書，頁185。
〔註170〕見宋史卷三百二十七本傳。
〔註171〕見臨川集卷六七，頁3、4。

　　　　或欺之者矣〔註172〕。

可見王氏之治國，以堯舜爲大治，而堯舜之治國，則兼任德、察、刑三者而已。夫
治國之道，必先富之然後教之，故王氏於度支副使廳壁題名記云：

　　　　夫聚天下之眾者財，理天下之財者法，守天下之法者吏也；吏不良，

　　　則有法而莫守，法不善則有財而莫理；有財而莫理，則阡陌閭巷之賤人，

　　　皆能私取予之勢，擅萬物之財，以與人主爭黔首，而放其無窮之欲；然則

　　　善吾法而擇吏以守之，以理天下之財，雖上古堯舜猶不能無以此爲先急，

　　　而況其後世之紛紛者乎〔註173〕？

夫三不欺之任，所以任官治民也，治民之旨，本乎理財也。然德、察、刑之所以任，
亦本乎人君之躬，故必先立君權，建皇極，始能用之。凡此爲政之論，王氏尚書新
義，皆有所述，今條其理，分述如次：

1、立皇極以操柄

　　王氏論政，以爲道在政事，制而用之存乎法，推而行之存乎人，而人道之極，
即在王者而已〔註174〕。王氏新義於洪範「皇極之敷言」一節云：

　　　　我取正於天，則民取正於我。道之本出於天，其在我爲德；皇極，我

　　　與庶民所同然也，故我訓于帝，則民訓于我矣〔註175〕。

王氏解「皇極」曰「皇，君也；極，中也」，故其言君建其有中，則萬物得其所，故
能集五福以敷錫其庶民也〔註176〕。君既取正於天而作人道之極，則庶民亦取正於
我，故刑政禮法所以治民者，皆自天子出矣。是以王氏論洪範三德，曰「君之所獨
任〔註177〕」；論「作威作福」，則曰：

　　　　荀子曰：擅生殺之謂王，能利害之謂王。義如此。君王用人惟己，亦

　　　作福之義〔註178〕。

王氏引荀子之言，以爲我操擅生殺之刑，利害之權者，是王者之獨柄，是以論「八
政」則曰：「正法度，敷教制，刑必自其上出〔註179〕。」此亦論語所謂「禮樂征伐
自天子出」之意。

〔註172〕見臨川集卷六七，頁4。
〔註173〕見王安石全集前附清顧棟高輯王安石遺事引。
〔註174〕見王安石道德經注第一章。
〔註175〕見程本尚書新義，頁116。
〔註176〕見臨川集卷六五洪範傳，頁5。
〔註177〕見同前註頁11。
〔註178〕見程本尚書新義，頁117。
〔註179〕見前書，頁115。

　　皇極之立，在乎修德，道之本出於天，取正於天，其在王者則爲德也，德修然後王極立；故其洪範傳論「敬用五事」，乃謂人君修身之序也〔註180〕。夫修身之要，在乎法天；故其論洪範庶徵，以似訓若，即法天之義也。其言曰：

　　　　君子之於人也，固常思齊其賢，而以其不肖爲戒；況天者固人君之所
　　當法象也〔註181〕。

王氏庶徵之論，不取災異之說，以爲人君之有五事，猶天之有五物，其說蓋與其政論相配合，不可不察也。

2、修智察以燭情

　　夫皇極既建，君德既立，然尙有足以欺君者，蓋聰明之不足以察其情僞故也，聰不明則無以通天下之志，誠不至則無以同天下之德；夫天者王之所取正，而王者，民之所取正，然天之聰明，自我民聰明，天之明威，亦自我民明畏，則君人者當與民共其德，與眾同其情。故王氏之論堯用鯀治水曰：

　　　　堯知鯀之方命圯族，然卒使之，何也？曰：方是之時，舜、禹皆未聞
　　于世也，在朝廷所與者，鯀而已；聖人雖有過人之明，然不自用也，故曰：
　　稽于眾，舍己從人。雖疑其不可任，苟眾之所與，亦不廢也。……故堯之
　　聰明，雖足以逆知來物，明見鯀之不可任，猶不敢自用。……〔註182〕

人君不自用其聰明，舍己從眾，此爲政之大要也。然臣民之中，不乏如驩兜之囂訟以惑主者，故必有以察之，然後人不能欺其上。其論仲虺之誥「惟天生民有欲，無主則亂」云：

　　　　民之有欲，至於失性命之情以爭之，故攘奪誕謾，無所不至。爲之主
　　者，非聰明足以勝之，則亂而已〔註183〕。

君者智足以勝民欲，則不亂；明足以察情僞，則不惑；聰足以辨是非，則不敗；故王氏論盤庚「無或敢伏小人之攸箴」曰：

　　　　小人之箴雖不可伏，然亦不可受人之妄言；妄言適足以亂性，有至於
　　亡國敗家者，猶受人之妄刺，非特傷形，有至於殺身者矣。故古之人堲讒
　　說，放淫辭，使邪說者不得作，而所不伏者嘉言而已〔註184〕。

人君修其智聰，始能辨讒說於眾言之中，識嘉言於紛紛之論，故王氏於大誥「爽邦

〔註180〕見前書，頁128。
〔註181〕見前書，頁138。
〔註182〕見前書，頁12。
〔註183〕見前書，頁74。
〔註184〕見前書，頁84。

由哲」曰：

> 然承文、武之後，賢人眾多，而迪知上帝以決此議者，十夫而已；況後世之末流，欲大有爲者，乃欲同于汙俗之眾乎〔註185〕？

夫眾人多庸愚，故大有爲者，必先辨賢不肖，進而決用其言，此人君聽言察情之所先務。其論大禹謨「罔弗百姓以從己之欲」曰：

> 咈百姓以從先王之道則可，咈百姓以從己之欲則不可。古之人有行之者，盤庚是也。蓋人情順之則譽，咈之則毀，所謂違道以干百姓之譽也，即咈百姓以從先王之道者也〔註186〕。

總論王氏之說，君王行事，取正於天，與民同德，當舍己從眾，不獨任一己之聰明，然人情險僞，讒說邪辭屢作，人君亦必有以勝之、辨之、察之，始可免於亡國敗家也。王氏於尚書盤庚、大誥，特發斯論，然蘇軾書傳，屢指此乃王氏藉口曰：「盤庚、大誥，皆違眾自用者所以藉口也〔註187〕。」考乎王氏言行，亦多違眾自用之事。如宋史本傳，即多記此類事：呂誨、韓琦、司馬光嘗言新法之弊，使士夫沸騰，黎民騷動。王安石曰：

> 陛下欲以先王之正道，勝天下流俗，故與天下流俗相爲重輕；流俗權重，則天下之人歸流俗，陛下權重，則天下之人歸陛下。……今姦人欲敗先王之正道，以沮陛下之所爲，於是陛下與流俗之權，適爭輕重之時，加銖兩之力，則用力至微，而天下之權已歸于流俗矣；此所以紛紛也〔註188〕。

又其嘗對帝問聞民間殊苦新法，介甫則曰：

> 祁寒暑雨，民猶怨咨，此無庸恤〔註189〕。

是其不恤眾言，違眾自用之明證也。宋史記其言曰「人言不足恤」，蘇東坡之評其以尚書爲違眾自用之藉口，亦非無因也。

3、選賢臣以輔政

夫堯舜在位，必選元凱，太甲思庸，尙有伊尹，成王繼統，輔相周召；故益稷有賡歌股肱，明良康樂之言；王介甫答聖問賡歌事曰：

> 人君不務近其人，論先王之道以自明，而茍欲以耳目所見聞，總天下萬事而斷之以私智，則人臣皆將歸事於其君，而不任其責，淫辭邪說並至，

〔註185〕見前書，頁15。
〔註186〕見前書，頁3。
〔註187〕見東坡書傳卷十一，頁14。
〔註188〕見宋史卷三百二十七本傳，頁6。
〔註189〕同前註。

而人君聽斷不知所出，此事之所以墮也〔註190〕。

人君近良臣，則能明斷萬事，庶事可康。是以舜之治天下也，任相則命禹宅百揆；民窘於衣食，則命稷以庶食；欲以教民，則命契爲司徒；民不帥教，故命皋陶作士；故王氏新義論賡歌一節曰：

> 皋陶以爲人君不必下侵臣職以求事功，但委任而責成功爾。率作興事者，分職授任，如咨命二十二人是也。屢省乃成，則三載考績，三考黜陟是也。能如是則可謂之明君。君明則臣不敢欺，而思盡其職，庶事自各就緒矣〔註191〕。

人主以明察群臣庶政，則政立而事康；若夫中人之主，繼統爲王，則賢臣之輔弼尚矣。故王氏於君奭曰：

> 成王以中才承其後，則其不得罪於天下之民，而無負於先王之烈也，不亦難乎！如此則責任之臣，不得不以爲憂也。……於是皆選天下之端士，孝弟博聞有道術者，以衛翼之，使與太子居處出入〔註192〕。

君明臣賢，其政尚矣；君明以任賢，侍御僕從，罔匪正人，則政無由而亂；臣賢而君不明，若專任之，則國猶可保，若中才之君，置疑於忠賢之臣，則幾危焉。故王氏論金縢曰：

> 聖人君子，不可疑而遠之也；疑而遠之，則違天矣。……人君不明，可惑以非義，則周公忠聖，不敢無疑。……成王易懷疑忠聖之人〔註193〕。

王氏用人之論，自成一家之言，無可厚非之者，然其措施新政，所任非人，朝廷忠義，一一罷斥，所用惟章惇、呂公著之徒，而元澤、農師、非子即徒，則其用人之行，與其言相悖千里矣。

4、立政刑以治國

尚書記堯舜在位，流殛四凶；大禹任職，伐有苗；穆王既耄，尚修呂刑；夫刑政之用，不可或缺。王氏以爲君任刑則下不敢欺，雖孔子有民免而無恥之論，然元惡大憝，猶且不免。故王氏論政，多重刑法以爲治。其論益稷篇「格則承之庸之，否則威之」曰：

> 格則承之庸之者，既教而成矣，則有德者承之，而承之者使之在位也；有能者庸之，而庸之者使之在職也。否則威之者，教之不率而後威之以刑，

〔註190〕見臨川集卷六二，頁3。
〔註191〕見程本尚書新義，頁45。
〔註192〕見前書，頁191。
〔註193〕見前書，頁145。

先王所以成就天下之材至於如此，可謂至矣〔註194〕。

治國者教民，不教而殺謂之虐；民能率教，則以禮庸；不率教，則以刑威，是刑法之不可或缺也，然臣民之質，有君子小人之異，故股肱不喜，有刑以俟之〔註195〕；起信險膚，所不待教而誅〔註196〕；至於洪範八政，八曰師：王氏謂：

> 師者，非獨於征不庭，伐不順而已也，殺越人於貨，愍不畏死，不待教而誅之〔註197〕。

可見王氏以爲「不待教而誅者」多矣，故其主張用刑法以爲治亦特多。其論康誥「乃其速由文王作罰，刑茲無赦」曰：

> 乃其速由文王作罰，刑無赦，此父子兄弟所以爲無可赦之道。周公誥康叔速由文王作罰刑，而誅此不孝不友之人。蓋殷俗之薄，非罰不能齊整其民而使之遷善，故其說不得不然也〔註198〕。

王氏論此，特依孔傳之義，而於其他則不然，蓋此孔傳主用刑，有合於其說者焉。俗薄則齊以刑政，而世亂則必治之重刑；故王氏解呂刑「惟敬五刑，以成三德」曰：「當重而重，所以成剛德〔註199〕。」而其周官新義曰：

> 刑亂國用重典，則頑昏暴悖，不可教化，以剛乂之也。故書曰：惟敬五刑，以成三德〔註200〕。

周官新義之論與尚書呂刑新義同也。古者刑有五，墨、劓、刖、宮、大辟，見於呂刑，王氏既主任刑，又言重典，刑之重，古者無過大辟者，王氏復引而伸之，至於孥戮。其論費誓「有無餘刑、非殺」曰：

> 無餘刑，孥戮其妻子，非止殺其身而已〔註201〕。

其周官新義「司刑」曰：

> 墨、劓、宮、刖、殺，棄人之刑也，以殺爲不足，則又有奴人父母妻子者，奴其父母妻子，非刑之正也，故不列於此〔註202〕。

王氏尙刑政，不惟刑政可使人不敢欺，亦足以服人之本性；其論召誥「節性」，則曰：

〔註194〕見前書，頁43。
〔註195〕見前書，頁45。
〔註196〕見前書，頁89。
〔註197〕見前書，頁115。
〔註198〕見前書，頁157。
〔註199〕見前書，頁226。
〔註200〕見周官新義卷十四，頁5。
〔註201〕見東坡書傳卷二十，頁6。
〔註202〕見周官新義卷十五，頁8。

當明政刑以節之〔註203〕。

又於同篇「亦敢殄戮」論曰：

> 敢于殄戮，而刑足以服人心〔註204〕。

王氏任刑之意，有至於此者。王氏釋召誥「其惟王勿以小民淫用非彝，亦敢殄戮」曰：

> 不敢慢小民而淫用非彝，亦當敢於殄戮有罪以乂民也〔註205〕。

考此節文義，乃召公勸王勿以小民之犯非彝之罪，即斷絕之以刑，當思其所以犯之之由。而王氏反以「淫用非彝」解作王之所犯，于經義有所扭曲。故林之奇嘗評之曰：

> 凡書之告戒以不殺之言者，王氏皆以爲使之殺也。蘇氏破其說矣。
> 正猶治獄之吏，持心近厚者，惟求所以生之；持心近薄者，惟求所以殺之〔註206〕。

王氏於尙書一經，多言刑殺，以濟其刑名法術之說；東坡、少穎、汪應辰皆嘗評譏，亦非無理〔註207〕。

5、知權變以應時

王氏嘗爲策問曰：「問夏之法，至商而更之；商之法，至周而更之，皆因世就民而爲之節；然其所以法意不相師乎？〔註208〕」所謂「因世就民」者，亦孔子損益之義也。其答聖問賡歌事曰：

> 然爲於可爲之時，則治；爲於不可爲之時，則亂；故人君不可以不知時。時有難易，事有大細，爲難當於其易，爲大當於其細；幾者，事細而易爲之時也，故人君不可以不知幾。帝庸作歌曰：勅天之命，惟時惟幾，此之謂也〔註209〕。

故人君任人制法，當能審時察幾以應，知所權變，方能立國治民，臻於善道。王氏嘗以古之羲和爲例，以明世變而制官權應之事。新義堯典「乃命羲和」下云：

> 堯世步占，曰欽曰敬，最爲詳嚴。及夏，羲、和合一，其職已略。至周爲太史，正歲年以敘事，以下大夫爲之；馮相氏掌日月星辰，以中士爲之，則其官益輕。蓋創端造始，推測天度，非上哲有所不能。及成法已具，

〔註203〕見程本尚書新義，頁175。
〔註204〕見前書，頁177。
〔註205〕見前書，頁176。
〔註206〕見前書，頁177引林評。
〔註207〕同前註。
〔註208〕見臨川集卷七十，頁1。
〔註209〕見臨川集卷六二，頁2。

有司守之亦可步占，所以始重終輕，其勢然也〔註210〕。

此時因勢變，事因時應，始重終輕，即所謂因時也。王氏洪範傳中，論「三德」曰：

> 正直也者，變通以趣時，而未離剛柔之中者也。……蓋先王用此三德於一嚬一笑，未嘗或失，況以大施於慶賞刑威之際哉！……易曰：道有變動，故曰爻；爻有等，故曰物；物相雜，故曰文；文不當，故吉凶生焉〔註211〕。

人君用三德，施於刑賞之際，當變通以趣時，故所治者與所以治者，必相應無間，方足以致治也。王氏周官新義「大司寇」下曰：

> 刑新國，用輕典，則教化未明，習俗未成，以柔義之也；刑平國用中典，則教化已明，習俗已成，以正直義之也；刑亂國用重典，則頑昏暴悖，不可教化，以剛義之也。故書云：惟敬五刑，以成三德〔註212〕。

此義亦見新義呂刑「惟敬五刑，以成三德」〔註213〕及舜典「五服三就」〔註214〕下，此就民之新、平、亂，而用輕、中、重之典，亦權變以應時也。

王氏既以政法當應變趣時，故於新義之中，每發斯見。其論盤庚上「人惟求舊，器非求舊，惟新」一節云：

> 以人惟求舊，故於舊有位之臣，告戒丁寧，不忍遽為殄滅之事；以器非求舊，惟新，故不常厥邑，至於今五遷也〔註215〕。

此周任之言，本言老成人之可寶。而王氏以「告戒丁寧，不忍遽為殄滅」為言，則是此所謂「舊人」，乃無可寶者，止於不殄滅而已；至於「新器」，則以勝義說之。其解「無侮老成人」，則曰「老不可敬〔註216〕」；可見王氏重新而棄舊也。其解康誥「敬明乃罰」曰：

> 敬明乃罰者，教康叔以作新民之道也。民習舊俗，小大好草竊姦宄，卿士師師非度，而一日欲作而新之，其變詐強梗，將無所不為，非有以懲之則不知所畏，故當敬明乃罰也〔註217〕。

此書之言，其實與「新民」無關，然王氏於此特發此義，以明民常非新守舊，當以

〔註210〕見程本尚書新義，頁8。
〔註211〕見臨川集卷六五，頁9。
〔註212〕見周官新義卷十四，頁5。
〔註213〕見程本尚書新義，頁226。
〔註214〕見前書，頁25。
〔註215〕見前書，頁9。
〔註216〕見前書，頁91。
〔註217〕見前書，頁154。

罰儆之。又王氏於大誥「爾時罔敢易法」，曰「此義不可知，闕之〔註218〕」，蓋此云「罔敢易法」，與王氏應時維新之論相悖，故云「義不可知」。王氏從政，勇於立新法，即其政治思想之實踐，其來有自。而宋史云王氏言「祖宗不足法」，宋儒評王氏敢於變祖宗之法，亦良有以也。

6、成財用以養民

王安石引沈道原修三司條例，道原固辭以不習金穀，因言「天子方屬公以政事，宜恢張堯舜之道，以佐明主，不應以財用爲先〔註219〕。」安石治國主政，財用爲先，其言曰：

> 夫聚天下之眾者財，理天下之財者法，守天下之法者吏也。……然則善吾法而擇吏以守之，以理天下之財，雖上古堯舜猶不能無，以此爲先急〔註220〕。

此亦孔子富之教之之義。王氏新義，於財用養民者，亦多發明。其言盤庚「敢恭生生，鞠人，謀人之保居，欽敘」云：

> 導其耕桑，薄其稅斂，使老幼不失其養，鞠人之事也。聯其比閭，合其族黨，相友相助，謀人保居之事也。既養之，又安之，則斯民之生生得矣〔註221〕。

夫養民安民之道，在於理財，然則吏守其法，法理其財，則民之安養無虧焉。故王氏解尚書周官篇「冢宰掌邦治，統百官，均四海」曰：

> 爲其以賦式理財爲職，故曰均〔註222〕。

孔傳以「均平四海之內邦國」言「均」，而周禮亦以爲「以佐王均邦國」，非指理財而言也。王氏重理財，故於此發其治國之議，以成新法之基。王氏又云：

> 周官一書，理財居其半，故以理財爲冢宰之職〔註223〕。

王氏特重周禮，三經新義之作，親撰周禮新義，斯亦可見之矣。王介甫嘗有答曾公立書，其中云：

> 孟子所言利者，爲利吾國，利吾身耳；至狗彘食人食，則檢之；野有餓莩則發之，是所謂政事。政事所以理財，理財乃所謂義也。一部周禮，理財居其半，周公豈爲利哉？……蓋因民之所利而利之，不得不然

〔註218〕見前書，頁15。
〔註219〕見王荊公全集前附清顧棟高輯王安石遺事，頁5。
〔註220〕同註173。
〔註221〕見程本尚書新義，頁92。
〔註222〕見前書，頁26。
〔註223〕同前註。

也〔註224〕。

王氏之作洪範傳，於五行之結論曰：「古之養生治疾者，必先通乎此，而能已人之疾者，蓋寡矣〔註225〕。」王氏解五行，雖亦就天命五行為說，然其結則在養生治疾，用之於人民，故洪範大法，一曰五行，其義如此。王氏於禹貢「三百里納秸服」曰：

　　　納秸而服輸將之事也。以正在五百里之中，便於畿內移用，故其利薄
　　於粟米；以正在五百里之中，便於移用，又使之服輸將之事，則其利之所
　　出，足以補其財之所入；財之所入，足以優其力之所出矣〔註226〕。

此又可見王氏以理財之見以解尚書之義也。

　　考王介甫青苗、市易之法，蓋出於周禮之理財者，故王氏於周禮特重之，而周禮、尚書，於為政治國，實相為表裏，王氏亦多調和書、禮之間，故其解書，亦常言其理財養民之法也。晁公武評王氏周禮新義曰：

　　　介甫以其書理財者居半，愛之，如行青苗之類皆稽焉，所以自釋其義
　　者，蓋以其所創新法盡傅著之，務塞異議者之口。後其黨蔡下、蔡京紹述
　　介甫，期盡行之，圜土、方田皆是也〔註227〕。

周禮新義如此，尚書新義亦然，皆為其新法作註腳也。

四、王氏尚書學之評價及影響

　　朱熹嘗評王氏「傷於鑿〔註228〕」，歷來學者以此評王氏者極多，不勝枚舉。然所謂「鑿」者，亦可分為二端，其一為字字作解，強生分別，並時以其所作字說解經，於字辭訓詁多生新異之說，此一也；其二為王氏以其新法之意，附會於經書之中，此又一也。宋陳淵默堂文集嘗於此二端發其評曰：

　　　若論注解，莫無出荆公。由漢以來，專門之學，各有所長，唯荆公取
　　其所長，絢發於文字之間，故荆公為最。仲輝云：穿鑿奈何？余曰：穿鑿
　　固荆公之過，然荆公之所以失，不在注解，在乎道術之不正，遂生穿鑿。
　　穿鑿之害小，道術之害大。仲輝曰：荆公之說本於先儒，先儒亦有害乎？
　　曰：先儒只是訓詁而已，不以己意附會正經，於道術初無損益也〔註229〕。

夫訓詁不同，代皆有之，不足為慮，然以己見附經，其影響為大。汪應臣以為王氏

〔註224〕見臨川集卷七三，頁4。
〔註225〕見臨川集卷六五，頁4。
〔註226〕見程本尚書新義，頁64。
〔註227〕見郡齋讀書記卷二。
〔註228〕見董鼎書蔡氏傳輯錄纂註前說書綱領，頁7。
〔註229〕見宋陳淵默堂文集卷二二，頁16。

穿鑿附會以濟其刑名法術之說〔註230〕，亦謂此也。

王氏尚書新義，亦自有其可取者，故朱熹屢勸學者不可不讀〔註231〕，尤有稱其章句標點者。朱子曰：

> 諸字註解，其說雖有亂道，若內只有一說是時，亦須還它底是。尚書句讀，王介甫、蘇子瞻整頓得數處甚是，見得古注全然錯〔註232〕。

其實除句讀之外，王介甫亦嘗力求全書中訓詁之一致，並改正孔傳之矛盾處。如孔傳以舜典舜命九官，皆舜所命，然王氏則以爲伯夷、禹、稷，皆堯所命〔註233〕；蓋孔傳於呂刑「三后成功」句，即以爲堯命，與舜典不類，故王氏據呂刑之孔傳，以正舜典之矛盾，斯亦王氏有功於孔傳者也。而王氏解「復子明辟」，盛稱於後儒；闕疑而不解大誥、康誥，亦爲朱熹所取。

（一）科舉之標準

陳振孫嘗曰：「王氏學獨行於世者六十年，科舉之士，熟於此，乃合程度，前輩謂如脫墼然，按其形模而出之爾。士習膠固，更喪亂乃已。」晁公武亦云：「是經頒於學官，用以取士，或少違異，輒不中程〔註234〕。」尚書新義既爲科場準式，天下士子，無不諷讀，至有凡爲訓詁，皆稱王氏者。宋朱熹曰：

> 若王氏之學，都不成物事，人卻偏要去學。……近看博古圖，更不成文理，更不可理會；也是怪，其中說一旅字，云：王曰眾也。這是自古解作眾，他卻要恁地說時，是說王氏較香得些子，這是要取奉那王氏，但恁地也取奉得來不好〔註235〕。

可見士子習讀膠固之弊，一至於此，至有經筵之中，湯誓泰誓亦不進講。王氏亦自知之，嘗曰：「本欲變學究爲秀才，不謂變秀才爲學究。」王氏書學之影響如此〔註236〕。

（二）以己見注附經傳

王氏修三經義，號爲新義，摒棄先儒，自作見解，此風一開，後世仿效。王應麟謂之曰：

> 自漢儒至於慶曆間，談經者第五章　伊川尚書學守訓故而不鑿；七經

〔註230〕參經義考卷八十，頁2。
〔註231〕同註228。
〔註232〕見朱子語類卷七八，頁9。
〔註233〕見程本尚書新義，頁27。
〔註234〕見經義考卷七九，頁5、6引晁氏、陳氏之說。
〔註235〕見王荊公全集前附王安石遺事，頁11。
〔註236〕見王應麟困學紀聞卷十五考史頁26。

小傳出，而稍尚新奇矣，至三經義行，視漢儒之學若土梗。……不難於議

經，況傳注乎〔註237〕？

王氏於尙書，棄孔傳，疑改經文，影響深遠。陸九淵嘗言「六經皆我註腳」，斯不亦
王氏之模式乎。

（三）王氏尚書學之反響

王氏三經既頒立學官，以爲科場範式；而王氏解義，亦每以己見附會，以爲新
法地。當時學者之反王者，每有所作以辯之。其中最著者有蘇東坡書傳，楊龜山三
經義辨及王居正之三經辨學，皆專就王氏而發者也〔註238〕。東坡書傳其評譏王氏，
未稱引其名號，世多未能知之，今尙書新義又不完，難以一一考之；而楊、王二書，
今皆佚〔註239〕，蓋隨王介甫新義而去矣。

又有孫諤著洪範會傳一卷，本漢儒五行之說以攻王安石之洪範傳，今亦不傳
〔註240〕。

第二節　張　綱

一、張綱之生平事略

張綱字彥正，潤州丹陽人，自號華陽老人。入太學，試上舍第一；次年舉進士，
特除太學正，遷博士，除校書郎。入對論君子小人溷殽，以詢言試事則邪正自別對，
上稱善。論事與蔡京不相合，擠去之。建炎初，官給事中。紹興間，以秦檜用事，
致仕，退而里居二十餘年。檜死，召爲吏部侍郎兼侍讀，除參知政事。嘗因講關雎
而歷陳文王用人，寓意規戒。慧星出東方，詔求言，綱奏求言易，聽察難，宜命有
司究極其情，無事苟簡。告老，以資政殿學士知婺州，尋致仕。孝宗乾道二年卒於
家，年八十四。綱嘗書座右曰：以直行己，以正立朝，以靜退高天下。其子刻諸石。

〔註237〕見前書卷八經說，頁39、4。
〔註238〕愛日齋叢鈔卷二載李燾曰：「軾著書傳，與安石辯者凡十八、九條，尤爲切近深遠，
　　　　其用功不在決洪水，闢揚量下。」可見東坡亦爲王氏而發。林之奇全解亦屢言蘇軾
　　　　辯王之事。經義考卷七九於楊時書義辨疑下引晁公武曰：「其書專攻王雱之失。」
　　　　是即指尚書新義而言。又卷八十王居正尚書辨學下引呂祖謙作行狀曰：「自其少年
　　　　已不爲王氏說所傾動，慨然欲黜其不臧以覺世迷，爲毛詩辨學二十卷，尚書辨學十
　　　　三卷，周禮辨學五卷上之。」詳參東萊集卷九，頁1、11、12。可見王居正之作，
　　　　亦專針對王安石尚書新義而作。
〔註239〕見經義考卷七九，頁7，卷八十，頁1。朱彝尊均曰未見。
〔註240〕參晁公武郡齋讀書志卷一上引閭書。

諡文定，後特賜章簡。

張綱工爲文，五經尤精於尚書。其文當時號爲宗伯。以靖康之禍，焚剽無噍類，數十年手澤俱赴餘燼；且復以秦檜當國，文墨賈禍，故晚年亦鮮爲辭翰述作。其生平著述有張氏書解三十卷，六經辨疑五卷，確論十卷，告猷集三卷，聞見錄五卷，瀛州唱和八卷。其子堅哀集其火後餘文，成華陽集四十卷〔註 241〕。

二、尚書著述與著錄

洪箴《張公行狀》嘗云：「公講論經旨，研窮理窟，人人渙然冰釋。五經尤精于書，每因講解，著爲義說，皆探微索隱，倫類通貫，嘗疾夫綈繪揣合，以應故事，故其言無一不與聖人契。既卒業，遂成一書，凡三十卷，世號張氏書解〔註 242〕。」是其爲張綱於太學講學時講義，本亦未專爲尚書作傳注也。其書解之集成，蓋爲當時太學生以其講義集而成之，別本刊行。其子張堅華陽文集跋曰：

> 堅不孝，遭大罰，號慕之餘，哀集遺文，以類編次……集中有宣政、靖康間所作詩文數十篇，皆掇拾於殘篇斷簡之末，或親舊口所傳誦，十不存一。唯尚書解三十卷，乃先君爲學官日所作講義訓諸生者，閩士集而成書，別本刊行。嗚呼！先君力學起家，不幸遭兵火，畏權臣，故文章之傳後世者，止於如此〔註 243〕。

而董銖亦謂張綱書解「或云是閩中林子和作〔註 244〕」觀此可知，張氏書解之成，非張綱專爲注經而作，乃因講義集結而成。而其書之集成，或即出於閩士林子和之手。董銖之言，或以爲非張綱之學，乃林子和作，然考洪箴、張堅之言，知張氏書解之成，在張綱在世之時，且其書爲學子所熟習，若非張綱之說，張綱位居侍講參知政事，無由而不辟之；洪箴自言出入張綱門下三十年，知之當甚詳悉，無由僞說亂言也。

張綱書解之論說，成於張氏爲學官之時，然其時爲何時？當亦有以考之者。按其子張堅跋文，云集靖康火餘而成華陽集，而尚書解以別本刊行見存，則其書成於靖康之前無疑。而其說多祖述王安石新義，可見其時當爲王氏新經尚定於一尊之時，故而能講於上庠，而士子亦樂於誦習也。而王氏新義，自熙寧頒行，歷元祐而稍歇，至崇寧，政和，宣和間而極盛，三舍所講，一用王氏之學，千人一律；經筵進講，

〔註 241〕參宋史卷三百九十本傳，華陽集卷四十洪箴之張公行狀，以及其子張堅之華陽集跋文；並參宋人傳記資料索引，總頁 2308 張綱條。
〔註 242〕見華陽集卷四十，頁 1。
〔註 243〕見前書卷四十，頁 24、25。
〔註 244〕見經義考卷八十，頁 2 引。

亦準三經新義；至非三經、字說，不登几案；官學如此，私塾亦然〔註245〕。是張綱書解之說，當講成於政和、宣和之間也。

　　張氏尚書解，宋志作〈尚書解義三十卷〉，經義考則謂之〈尚書講義〉，而洪箋、張堅作〈尚書解三十卷〉，名雖有異，其實無別，蓋其書本集講義而成，故稱講義；而此講義爲解說尚書而作，故作書解亦無不可，宋志「解義」，即合二者而名之也。

　　經義考於張氏書解下云：「佚。」考其書南宋末董銖，陳振孫皆嘗及見之而有所論評，則其書南宋末尚見存。今佚失不存，蓋其學說既因王學而起，王氏之學既寢於南宋末，則其書亦當隨之，王氏新經且無完本，張氏之書更無庸言之矣。

　　張氏書解雖佚，然黃倫尚書精義所引甚多，其數僅次於張無垢九成而已，故就精義所引，亦可窺其尚書學於一斑也。

三、張綱之尚書學

　　宋史本傳嘗記張綱入對論君子小人溷殽，曰「詢言試事，則邪正自別」，此尚書舜典「敷奏以言，明試以功」之義也。秦檜死，張氏爲侍讀，嘗歷陳文王用人，寓意規諫，此君奭篇「惟文王尚克修和我有夏，亦惟有若虢叔，有若閎夭，有若散宜生，有若泰顛，有若南宮括」所述也〔註246〕。洪箋〈張綱行狀〉曰「五經尤精於書」，考之宋史所述，誠非虛言。是明乎張氏尚書之學，即可明其學術之大旨矣。今析論其尚書之學如后：

（一）尚書學之淵源

　　張氏書解，作於政和、宣和之時，張氏於上舍爲諸生講授尚書，閩士集其講義而成，當時朝廷講學，專以王安石新經義爲準，是以張綱於說解者，大要以王氏新義爲底本，敷衍而成。則其書說實源於王氏，殆無可疑。今張氏書解與王氏新義雖皆不存，然宋代學者，早已明言二者關係。朱子語類載汪應辰駁張綱諡文定奏狀曰：

　　　　臣竊以王安石訓識經義，穿鑿傅會，專以濟其刑名法術之說，如書義中所謂：敢於殄戮，乃以乂民，忍威不可訖，凶德不可忌之類，皆害義理教，不可以訓。綱作書解，掇拾安石緒餘，敷衍而潤飾之，今乃謂其言無一不與聖人契，此豈不厚誣聖人，疑誤學者〔註247〕？

汪應辰反王氏之說，并張綱之說一起指斥之，張氏諡號，遂因之而改賜「章簡」

〔註245〕詳參程元敏先生「三經新義輯考彙評（一）——尚書」下編「三經新義與字說科場顯微錄」一文，總頁 24～243 頁。
〔註246〕二事均見宋史卷三百九十本傳。
〔註247〕見朱子語類卷七八，頁 2 董銖所記。

〔註248〕；可見王、張之說相沿之迹。又夏僎作尚書詳解，亦屢以王安石、張綱之說并合而論之，夏解堯典「平章百姓」云：

> 平章者，平議商榷之言，蓋記所謂論官；庶官百執事當論辨而官之。……正義謂：平理之使之協和，章顯之使之明著。至王介甫、張彥政又謂：平其職業，章其功勳；非也〔註249〕。

又其論康王之誥「底至齊信」曰：

> 張彥政惟廣其意，謂底至，致至也；致至所以窮理。齊信，致一也；致一所以盡性。此又因王氏之說，而強加牽合，未爲切當〔註250〕。

可見王、張之學，其說實大同也。不獨此也，至有以張氏之言爲王氏之說者。黃倫尚書精義引張氏曰：

> 爲之歷者，所以稽其數；爲之象者，所以占其象〔註251〕。

清王頊齡書經傳說彙纂引此條，實即改張綱之文而成，乃以爲王安石之說，可見其說相近似〔註252〕。程元敏先生亦有見於此而論之曰：

> 黃倫尚書精義多載張氏綱（據四庫提要）之說，取以與安石書義佚文較，義多相同。如卷十六頁十九引張氏曰：草木者，天生之，人殖之；非天所生，則民不能殖，蓋人非天不能因故也；非民所殖，則天不能成，蓋天非人不能成故也；湯之興也，天與之，民立之。說與全解引王氏曰幾全同，是張氏學王氏，王氏爲安石〔註253〕。

據上所列，是知張綱之尚書解義，確本諸王安石新義無疑也。

（二）張綱書解與王氏新義之比較

張綱說書上舍，傳諸學生，其用當時專行之王氏新義爲底本，發揮旁通，理所當然；然張、王二者之說，亦非原風不動，一絲不改，蓋大同之中，亦有其相異者，以見張氏說書之得於己心也；就其相承襲處言之，諸如文辭、方法、思想，皆足以見二者之關係焉。今析論，比較如下：

1、同於王氏者

〔註248〕事見宋史本傳。改賜「章簡」者，爲孫釜之請也。
〔註249〕見夏僎尚書詳解卷一，頁1。（以下簡稱夏解）
〔註250〕見夏解卷二三，頁37。
〔註251〕見黃倫精義卷一，頁13引。
〔註252〕詳參程元敏先生「三經新義輯考彙評（一）——尚書」，總頁235。（以下簡稱程氏輯尚書新義）
〔註253〕見前書，總頁261。

（1）文辭之沿襲

張氏說尚書既承學王氏新義，故於行文衍說之間，襲用王氏新義之文，或幾於全同，或順序先後有異，而文句內容全同者。王氏言舜典「七政」曰：

> 以人之所取正也〔註254〕。

張氏則曰：

> 日月五星，運行變動，人所取正也，故謂之七政〔註255〕。

此不唯學說相同，文辭亦同。王氏論堯典「乃命羲和」曰：

> 散義氣以爲義，歙仁氣以爲和；日出之氣爲義，義者陽也，利物之謂
> 和，和者陰也〔註256〕。

張氏則曰：

> 散天地之義氣以爲義，義者陽也；歙天地之仁氣以爲和，和者陰也〔註257〕。

此則文辭順序略有調整而已。王氏之論舜典「流宥五刑」曰：

> 先王以爲，人之罪有被之五刑爲已重，加之以宥鞭扑爲已輕；已輕則
> 不足以懲，已重則吾有所不忍，于是又爲之制五流之法，以宥五刑之輕者。
> 此則先王之仁，以鞭扑五刑爲未足以盡出入之差故也〔註258〕。

張氏則云：

> 人之罪有加之刀鋸則爲太重，有施之鞭扑則爲太輕，故于是又制五流
> 之法，所以宥五刑之輕者而已〔註259〕。

此則文辭有繁簡，文字有替代而已；王氏論泰誓上「有罪無罪，予曷敢有越厥志」曰：

> 有罪不妄赦，無罪不妄伐。其志在乎克相上帝，寵綏四方而已，何敢
> 越也〔註260〕？

張氏則曰：

> 有罪而不妄救，無罪而不妄誅，其志在於克相上帝，寵綏四方，非可
> 踰越也〔註261〕。

〔註254〕見前書，頁18引或問。
〔註255〕見黃倫精義卷三，頁9引。
〔註256〕見程氏輯尚書新義，頁7。
〔註257〕見黃倫精義卷一，頁15。
〔註258〕見程氏輯尚書新義，頁21。
〔註259〕見黃倫精義卷三，頁19。
〔註260〕見程氏輯尚書新義，頁12。
〔註261〕見黃倫精義卷二四，頁18。

此則除改敕爲救，改伐爲誅，易疑問而爲肯定語外，其他文辭，幾無不同者焉。王氏論多方「惟聖罔念作狂，惟狂克念作聖」曰：

> 操則存，舍則亡，其心之謂歟！思曰睿，睿作聖，操其心以思，所謂念也〔註262〕。

張氏則曰：

> 惟聖罔念作狂者，所謂舍則亡是也；惟狂克念作聖者，所謂操則存是也。……思曰睿，睿作聖，聖之出乎修爲者也〔註263〕。

此則不獨文辭意義相似，至乎引日洪範之文，亦皆一致，凡上述數例，足以見張綱襲新義之文辭也。

（2）學說之相因

王氏新義，棄先儒之說而自爲之論，故其新義每多與先儒異，而張綱說尙書，仍用其說。如王氏嘗論堯典云：

> 洪範貌言視聽思五事，可以解此聰明文思〔註264〕。

朱熹評王氏曰：「荊公解聰明文思，牽合洪範之五事，此卻是牽鑿。」張彥正說「聰明文思」，則曰：

> 聰明文思，堯之四德也。徐聽以氣而聽不以耳，堯德之所以爲聰也；徐以神視而視石以目，堯德之所以爲明也；惟聰矣故能聽遠，其效足以作謀；惟明矣故能視遠，其效足以作哲；聰明，君德之大者也。……堯有聰明之德，其見於貌則恭而肅，其形之言則從而乂；貌恭而言從，動則成章，是故謂之文；由聰明以至於文，則其德至矣，不可不從之以思，思者道之所成終而成始也。……且思於五行爲土，土之爲物，水資之以爲灌漑之利，火資之以爲烹飪之功，金得之以藏，木得之以生；是五行不可以無土，而五事不可以無思；此堯之四德必終之以思也〔註265〕。

此說即本乎王氏以洪範五事作解。王氏之解，今已不可見矣，觀乎張綱之說，或亦可睹王說之一隅。王氏論康王之誥「皆布乘黃朱」曰：

> 黃爲臣道，朱爲君，從人以變〔註266〕。

張綱則曰：

〔註262〕見程氏輯尚書新義，頁196。
〔註263〕見黃倫精義卷四二，頁15。
〔註264〕見程氏輯尚書新義，頁5。
〔註265〕見黃倫精義卷一，頁7。
〔註266〕見程氏輯尚書新義，頁217。

易曰：牝馬地類，行地無疆；故以馬喻臣，布乘則陳四馬也；黃則物
色，朱則人朱而已。……馬必以黃，而黃有中順之色，則黃者，臣之道也；
飾必以朱，而朱有含陽之色，則朱者君道也〔註267〕。

王氏之義，今僅存如此，而觀張綱之言，可知王說當有以馬為臣順之義。又王氏解泰誓曰：

受之時，上下不交而天下無邦，武王大會諸侯，誓師往伐，以傾受之
否，故命之曰泰誓〔註268〕。

張綱說泰誓仍王說曰：

窮則變，往則返，天地陰陽之常理也。當紂之時，天下之否極矣。武
王伐紂，將以傾否而為泰，故其誓謂之泰誓〔註269〕。

此用王氏一家之說，顯而易見也。

（3）思想之相承

王氏新義之作，乃其政治思想之基礎。故林之奇每評其尚書新義乃為新法作地也。張綱說書，其思想亦同於王。就政治思想言之，王氏主刑法為治，張氏即承之，其論胤征「威克厥愛，允濟；愛克厥威，允罔功」曰：

愛所以為仁，威所以為義，用兵之道，以威為主，故威勝愛則可以致
功；愛勝威則柔而無斷，其無功必矣〔註270〕。

此說分明繼王氏用刑威之思想。王氏曰：「威嚴勝於慈愛，則人畏而勉力，故誠有成；若慈愛勝於威嚴，則人無所畏而懈怠，故誠無功〔註271〕。」王氏又論康誥「不可不監告汝德之說，于罰之行」曰：

民悅汝德，乃以汝罰之行也，有罪而不能罰，則小人無所懲艾，驕陵
放橫，責望其上無已，雖加之德，未肯心說，故于罰行，然後說德〔註272〕。

張綱則曰：

然而民之所畏服如是，而後迪之以德，則莫不心悅而聽從矣。先王之
於天下，先德而後刑，則刑者所以輔德也。今衛地習紂故俗，驕淫矜夸，
草竊姦宄，無所不至，苟非先之以刑，欲其悅德也難矣〔註273〕。

〔註267〕見黃倫精義卷四七，頁5。
〔註268〕見程氏輯尚書新義，頁11。
〔註269〕見黃倫精義卷二四，頁5。
〔註270〕見前書卷十四，頁18。
〔註271〕見程氏輯尚書新義，頁71引。
〔註272〕見前書，頁159。
〔註273〕見黃倫精義卷三五，頁16。

此皆以先刑後德爲說，是其重刑法之說，顯然承諸王氏也。

王氏喜言陰陽，其論「羲和」，則以羲爲陽，和爲陰〔註274〕，又曰「分命，使分陰陽而治之」〔註275〕；其論「日中」「宵中」，則曰「日中，陽於是而分」「宵中，陰於是而分」〔註276〕；其解詩亦然，王氏解七月「四月秀葽」章云：

　　　　陽生矣則言日，陰生矣則言月，與易臨：至於八月，有凶，復同意。
　　然而正陽也，秀葽言月何也？秀葽以言陰生也。陰始於四月，生於五月而
　　於四月言陰生者，氣之先至者也〔註277〕。

張氏既學承王氏，故亦多以陰陽爲之說。其論舜典「璿璣玉衡」云：

　　　　璣運乎上而以璿爲之，取陰之精也；衡望乎下而以玉爲之，取陽之精
　　也。蓋天地之精爲陰陽，陰陽之氣爲日月，陰陽之散爲五行，而其象在五
　　星〔註278〕。

其解「璿」「玉」，用陰陽之說，事雖無稽，然實承王氏之說也。張氏解酒誥云：

　　　　酒所以養陽氣，飲而無節，亦足以速禍〔註279〕。

可見張氏說義，亦喜用陰陽之義。凡此者，皆思想之承王氏而爲之說者也。

（4）方法之相繼

王氏新義解說之法，有一大特徵，即喜以「字說」解經也。王安石作「字說」一書，自謂得文字之涯略，故每用以解經字義。王闢之《澠水蒸淡錄》，葉大慶《考古質疑》均云王氏治經尚解字；可見王氏經學之特色如此。張綱說尚書，於字義之說，每有以文字解析而說義者，雖未知其是否即用「字說」之言，然其法本諸新義，殆無可疑。張綱解大禹謨「四方風動，惟乃之休」曰：

　　　　休者，以其有美道，可以爲人所依故也〔註280〕。

說文「休」字曰：「休，息止也。從人依木。」然則張氏之說，或出於說文，或出於字說，而字說或即與說文同。然說文之意，人有木可依以息止，是爲休美之事；張氏則以爲有休美之事，故人所以依持；二者因果相反。又其解微子之命「德垂後裔」曰：

　　　　直心而行之之謂德。德則可久，故垂後裔〔註281〕。

〔註274〕見程氏輯尚書新義，頁7。
〔註275〕見前書，頁9。
〔註276〕見周官新義卷十，頁12。
〔註277〕見段昌武毛詩集解引。
〔註278〕見黃倫精義卷三，頁9。
〔註279〕見前書三五，頁12。
〔註280〕見前書卷五，頁22。

此「直心而行之」，即「德」字分析形義之說也。說文「德」字曰：「升也。從彳惪
聲。」「惪」字曰：「外得於人，內得於已也。从直心。」段玉裁注云：「俗字叚德爲
之。德者升也，古字或假得爲之。」則是今之「德」字，本當作「惪」，後俗用德以
代惪；而張氏解「德」，直就「德」字析形訓義云「直心而行之」，是以假借之德訓
本字之惪，義雖未乖悖太過，然已不合文字之理矣。又於康誥「寇攘姦宄」下云：

　　　　完而攴之之謂寇，以手勝物之謂攘，柔聚於外之謂姦，剛窮於內謂之

　　宄〔註282〕。

按說文「寇」字云：「暴也。从攴完。」張氏之說，析形說義與說文同也；說文「攘」
字云：「推也。从手襄聲。」段注云：「古推讓字如此。……讓，許云讓者相責讓也。」
段氏於「襄」字下注云：「凡云攘地，攘夷狄，皆襄之假借字也。……凡云襄上也，
襄舉也，皆同。……有因而盜曰攘，故凡因皆曰攘也。」考寇攘之攘，義當作「有
因而盜」，即順手牽羊之義，論語云「其父攘羊而子證之」，即因此義；孔傳亦云「攘
竊」是也。張氏解作「以手勝物」，是以「攘」字作會意解，而以「襄」作上，舉之
義；堯典「襄陵」，孔傳解作「上」義，張綱或即據此爲說，與說文作形聲者有異。
姦，說文曰：「厶也。从三女。」舜典「寇賊姦宄」，孔傳曰：「在外曰姦。」此張氏
云柔聚者，女子主柔，三女即聚匯之意，復取孔傳「在外」之義，遂合而爲「柔聚
於外」之說；然依說文曰「厶也」，又古者女主內，則其義作「在內」爲勝。然左傳、
國語均有姦外之說〔註283〕。宄，說文曰：「姦也。外爲盜，內爲宄。从宀九。讀若
軌。」段注云：「姦宄者通偁，內外者析言之也。」是姦宄二字義相通近。張綱云「剛
窮於內」，剛者，取九於易爲太陽之數，其性爲剛之極，與姦之柔相對而言，是附會
易說以解字義也。王安石喜以易說通解經典，張綱亦承其法，此「剛窮於內」者，
或即本王氏字說之文也。張綱解周官「司寇」云：

　　　　完而攴之者寇也。人物之養，趨完而已，彼完而我攴之，是以有刑，

　　此刑官所以謂之司寇〔註284〕。

此說可補上述之義，亦見其每用析形說義解經也。張綱解君牙「世篤忠貞」云：

　　中其心之謂忠，靜而正之謂貞〔註285〕。

忠，說文曰：「敬也。盡心曰忠。从心中聲。」葉大慶考古質疑云：「近世王文公，

〔註281〕見前書卷三三，頁13。
〔註282〕見前書卷三四，頁21。
〔註283〕參見說文解字段經本七篇下，頁14段注列。
〔註284〕見黃倫精義卷四四，頁17。
〔註285〕見前書卷四八，頁1。

其說經亦多解字。……有如中心為忠，如心為恕，朱晦庵亦或取之〔註286〕。」是張綱此說即用王安石之說也。

按王氏字說，雖本諸說文，然喜以形聲諸體皆入會意，進而附會之〔註287〕。今張綱解經，其析形訓義，亦皆以會意說之，並牽合易說，附會剛柔，在在皆與王氏相同，其學繼王安石，其法繼王荊公，確然明著也矣。

王文公解經，除喜解字之外，亦主諸經貫通之法。王氏嘗云詩、禮足以通解，而書、禮亦互通〔註288〕，至於易，王氏雖無大著作，然其解經，亦每喜附會易說。如新義解泰誓，以為傾否為泰〔註289〕，解武王觀兵為乾卦九四之義〔註290〕，皆其明例。故張綱說書，亦多引易說而敷陳之。張氏解舜典「二月東巡守」曰：

巡守必始於二月，所以象雷之動，而於卦為豫，所謂豫順動是也〔註291〕。

考漢書五行志曰：「雷以二月出，其卦曰豫。」此乃漢易孟氏遺說，以云十四卦分值十二月，乃卦氣說之一種〔註292〕，張氏取以說書，而又曰：

然而四時之出，又必以四仲之月者，蓋陰陽之中，巡守將以正其過不及故也〔註293〕。

是張氏以易之陰陽消息以解說書義，附會之極。其解微子「人自獻於先王」曰：

此孔子所以謂之三仁。其去則利而不貞，其死則貞而不利，惟箕子之囚為利貞。故易曰：箕子之明夷，利貞者此也〔註294〕。

此以易明夷卦之義解說書義也。又其論君奭篇「以予監于殷喪大否」曰：

否者，泰之反也；否之時，陽消而陰長，大往而小來，上下不交，而天下無邦。然則殷喪大否，在召公不可不讓周公而監之也〔註295〕。

此說直據王安石解泰誓「傾紂之否」「紂之時，上下不交」之說〔註296〕，可見其附會易說，蓋亦繼學乎王氏也。

王氏新義，宋儒每評之為穿鑿，強生分別。王氏解君奭篇，有稱「君奭」，有稱

〔註286〕見考古質疑卷三。
〔註287〕參見宋樓鑰攻媿集卷六及王安石全集前附清顧棟高輯王安石遺事引朱熹文集之語。
〔註288〕參見本文王安石一節。
〔註289〕註同269。
〔註290〕見程氏輯尚書新義，頁12到程頤之言。
〔註291〕見黃倫精義卷三，頁14。
〔註292〕詳參屈萬里先生「先秦漢魏易例述評」卷下卦氣章，頁87。
〔註293〕見黃倫精義卷三，頁14。
〔註294〕見前書卷二三，頁24。
〔註295〕見前書卷四一，頁11。
〔註296〕註同269。

「保衡」，或曰「君」，王氏以為「主王而言則曰君奭，主公而言則曰君而已，主保事而言則曰保衡也〔註297〕」，林之奇評曰：「王氏喜鑿說，一至於此〔註298〕。」此即一例也。張氏解說尚書，亦多如此。若張氏之說禹貢揚州「震澤底定」曰：

> 底定者，致功而後定也。於覃懷則曰底績，於東原則言底平，至此則謂底定；蓋致力而後成功，謂之底績，致功而後平謂之底平，致功而後定謂之底定，由底績然後至於底平，由底平然後至於底定，言雖不同，其致力成功一也〔註299〕。

禹貢「底績」「底平」「底定」，乃就事之不同而變其文辭以述之，而張綱則以「底績」「底平」「底定」三者，以為有為事先後之順序，此實穿鑿之甚。又張綱解太甲下「升高必自下，陟遐必自邇」曰：

> 若升高必自下者，告之使進德也，若陟遐必自邇者，告之使修業也。德欲崇，故以升高譬之，業欲廣，故以陟遐譬之〔註300〕。

按尚書太甲二譬，其義一也，言凡有所為，必有所始，而張彥正加強區別，以分屬德、業，其方法風格與王氏無異。而王安石所強為之說義者，張氏每依隨之，若王氏解君奭云：

> 在成湯時則格于皇天，在太甲時則格于上帝，其故何在？可與盡道則盡道，可與盡德則盡德，成湯，可與盡道者也，太甲、可與盡德者也〔註301〕。

林之奇評王氏，以為王說多以天為道，帝為德，謂道至則格於皇天，德至則格于上帝，而又以伊尹一人之身而分道與德，其鑿甚焉〔註302〕。而張綱則沿用王氏之說曰：

> 天人之理，其致一也，所謂天之道者，即吾身之道是也。所謂帝之德者，即吾身之德是也。體此道而神焉，是與天同道，斯足以格于皇天矣。得此德而明焉，是與帝同德，斯足以格于上帝矣。格于皇天者，是其道之至而與天無間也；格于上帝者，是其德之至而與帝合一也。若夫道德有所未至，則未可以言於于皇天上帝，故特曰乂王家而已〔註303〕。

可見張綱解經，一本王氏衍附穿鑿之法，或更有過之也。

2、異於王氏者

〔註297〕見林氏全解卷三三，頁 21。
〔註298〕同前註。
〔註299〕見黃倫精義卷十，頁 12。
〔註300〕見前書卷十八，頁 4。
〔註301〕見程氏輯尚書新義，頁 193。
〔註302〕見同前註。
〔註303〕見黃倫精義卷四十，頁 2。

張綱講學上舍，其說多本王氏新義，已無可疑，然張氏說尙書，亦有與王安石相異之處，茲分述如次：

（1）無疑經改經之說

王安石尙書之學，有疑改經文之說，若疑改武成，此其大者；又康誥「非汝封又曰劓刵人」，王氏以爲當作「又曰非汝封劓刵人」；而皋陶謨「思曰贊贊襄哉」，以爲當作「思曰贊贊襄哉〔註 304〕」。而張氏之說，今不能睹其全貌，黃倫精義所選取者，本亦鮮有言及疑改之事，故今所見引用保存張綱之論，亦或以是而不見有疑改之說。然細察之，張氏於王氏新義有疑改者，均不置一辭，可見其說尙書，義說雖本於王氏，而文句則仍用孔傳舊本也。

黃倫精義於皋陶謨「思曰贊贊襄哉」，未引王氏、張氏之說，而獨引張九成、蘇東坡二人之言，其言亦無有及改字之事〔註 305〕；王氏疑改經字，說見存於王柏書疑，故此無可對比；又黃倫精義武成之篇，引張綱之說六條，而未引王荊公之說，復引東坡之說三條，而未有一言及疑改者，此或即黃倫以王氏之說過激，而張綱有以修正之，故有取於張而不及王氏歟？至於康誥「非汝封又曰劓刵人」，精義有引張氏之說曰：

非汝封得以刑人殺人，汝無或妄有刑人殺人，非汝封得以劓刵於人，

汝無或妄有劓刵於人，其所以刑殺劓刵，一稟之天意，非己所敢私也〔註 306〕。

此亦略無一辭疑及經文者。以此觀之，張綱說尙書，是無疑經改經之說，此與王氏異也。

（2）於逸篇有說

林之奇尙書全解曰：「王氏解經，善爲鑿說，凡義理所不通者，必曲爲鑿說以通之，其間如占夢射教者常矣，而於逸書未嘗措一辭，皆闕而不論，此又王氏之所長，而爲近世法者也〔註 307〕。」以此知王氏說書，於逸篇本無義說；而張綱書解，於逸篇之小序，有作解說，其見引於黃倫精義者二條。尙書小序曰：「自契至于成湯八遷，湯始居亳，從先王居，作帝告、釐沃。」精義引張綱之說曰：

湯始居亳，從先王居者，先王契是也，契嘗居亳，至湯復徙居焉〔註 308〕。

又小序：「伊尹去亳適夏，既醜有夏，復歸于亳，入自北門，乃遇汝鳩、汝方，作汝鳩、汝方。」精義引張氏曰：

〔註 304〕詳參本文王安石疑改經文一段。
〔註 305〕參見黃倫精義卷七，頁 12。
〔註 306〕見前書卷三四，頁 17。
〔註 307〕見程氏輯尙書新義，頁 26。
〔註 308〕見黃倫精義卷二四，頁 21。

> 湯嘗五進伊尹於桀，去亳適夏者，所以就桀也。至於桀德終不可變，伊尹
> 復醜之而復歸於亳，所以就湯也。方其歸亳，入自北門，乃遇汝鳩、汝方，
> 遂作汝鳩、汝方二篇，凡此數篇，皆亡之矣〔註309〕。

以此言「凡此數篇，皆亡之矣」，可見其於亡逸諸篇小序，均有義說，與王安石之不措一語有別。

（3）用王安石新經既刪之說

王安石修三經新義成，其尚書新義於熙寧七年四月上進，而八年六月，又進周禮與詩二種，於是頒行鏤版。元豐三年八月，王安石劄乞改正三經誤字，同月二十八日，奉旨依所奏令國子監照會改正〔註310〕。其中關於尚書者六條，其中以刪「洪範」之義七十一字為最多最大者。其言曰：

> 洪範：有器也然後有法，此書所以謂之範者，以五行為宗故也。五行猶未離於形而器出焉者也。擴而大謂之弘，積而大謂之丕，合而大謂之洪，此書合五行以成天下之大法，故謂之洪範也。已上七十一字，今欲刪去〔註311〕。

考精義於洪範有引張綱釋洪範之義曰：

> 道散而為陰陽，陰陽散而為五行，五行散而為萬物。萬物盈天地之間，出於機，入於機，有待也而生，有待也而死，物之所聽者命，命者命於此而已。……洪範之所謂洪者，指五行而言之也，是故合之則為洪，圍之則為範，範雖未離乎形，而形者之所自出，此所謂洪範〔註312〕。

比較二者之說，其義一也。張綱云「合之則為洪」，即王安石「合而大謂之洪」也。王氏云範者以五行為宗，是範之所指即五行之屬也，故其云「五行猶未離乎形而器出焉」，而張綱則云「範雖未離乎形而形者之所自出」，其意與王氏此說不異，所謂「形」、「器」、「萬物」，其實一也。王氏於元豐三年上劄子刪去此段，國子監另版刊行，其事在張綱進士及第前三十餘年，若張氏純取當時流行傳本而為說，當無用既刪者之理，以此見張彥正雖學繼王氏，而亦稍有所取捨抉剔焉。

（4）說義有異於王氏者

張綱說解尚書，多本乎王氏新義，然亦有不用王氏之說以解經者。若仲虺之誥「惟有慚德」，王氏以為「湯未伐桀之時，勇以伐之；既伐之後，乃有慚德，以其本

〔註309〕見前書卷十四，頁22。
〔註310〕參見程氏輯尚書新義，頁33、38「三經新義修撰通考」文。
〔註311〕見臨川集卷四三「乞改三經義誤字劄子」。
〔註312〕見黃倫精義卷二八，頁8、9。

心寬厚，不得已而伐惡以救民，伐畢乃憨；亦如人之可罪而撻之，乃其撻之，則又悔之：皆寬厚之意也〔註313〕」，其意以爲憨德乃指伐桀之過激過嚴，有失寬厚，故憨。而張綱則不然，其言曰：

> 而曰惟有憨德者，蓋承堯舜禹揖讓之後，始以征誅而有天下，恐天下後世以已藉口而稱亂，此所以不能無憨也〔註314〕。

張綱之說，本於孔傳。孔傳曰：「憨德不及古。」此言「承堯舜禹之揖讓，始以征誅有天下」，其義指一也。張氏並連下「口實」爲言，即湯之憨，非若王氏所云對桀過於嚴厲而慚悔也，乃上慚己之不及古，下慚己之開惡例也。是張氏之說同於孔傳而異於王氏新義也。又張綱解禹貢「厥土壤壚」曰：

> 壤言其土之脉而起，壚言其土之剛而黑，言下土壤壚，則知惟壤者其色不一也〔註315〕。

而王氏於此則曰：

> 皆不言色者，豈非皆土之本色，不必言乎〔註316〕？

按孔傳云：「高者壤，下者壚；壚，疏。」不言其爲色。而釋文曰：「壚音盧，黑剛土也。」以爲壚亦指色而言。蘇陳坡書傳，即用色黑之義。以此察之，王氏之說，基於孔傳不言色，而張綱則有取於釋文而同於蘇氏，以爲色黑；是張氏與王氏異說也。

（三）張綱尚書學之價值

張綱講說尚書，多本王氏之說，以爲上舍學子講授之資，故其尚書義說，並無特異之處可述，然洪箋行狀言其尚書說解曰：

> 自是後學潛心此經者，爭傳誦之，諸家之說，雖充棟汗牛，束之高閣矣〔註317〕。

其稱許如此，其爲學子信用若是，其中想必雖有溢美之辭，然斷非純向壁之言，以黃倫引用張綱書解之數量，足以知其事之非虛。所以然者何？蓋有二端可推言之。張氏爲人，剛正不阿，秦檜在位日久，張綱退居閭里二十餘年，示不與之同流，亦不齒與之共位；棟振孫亦稱其：「仕三朝，歷蔡京、王黼、秦檜三權臣，乃不爲屈〔註318〕。」；其德操如斯，是不可以言廢人也，此其一也；張綱雖學繼王氏，而王氏之學，於南宋

〔註313〕見程氏輯尚書新義，頁74。
〔註314〕見黃倫精義卷十五，頁11。
〔註315〕見前書卷十一，頁4。
〔註316〕同前註。
〔註317〕見華陽集卷四十，頁19。
〔註318〕見經義考卷八十，頁2引。又四庫本直齋書錄解題卷二，「尚書講義三十卷」條。

時備受排戹，然朝廷舉試，則仍許以與先儒、諸說參用；而張綱雖多用王說，然其中亦每有修正，不如王氏之激越，此其二也。汪應辰評洪箴之謂張氏書解「無一不與聖人契」，以爲「厚誣聖人，疑誤學者」，蓋洪箴有溢美之辭，汪氏亦過激之論，而其言乃對王氏、洪箴而發，張綱非主要侯鵠也。

　　今讀張綱書解，自有其價值在焉。蓋張綱說尚書，本乎王氏新義，而新義既佚，王氏之說，星散殘缺，僅存於宋儒、後學所引述而已，然諸家引述、或未明言爲王安石者，或僅稱王氏而未知其必爲介甫者；況引述者亦多屬節錄，片言數語，每不能識其整體章節意義。是故研究張綱尚書解，除可以知其尚書義說之外，亦可資於王氏逸說者三焉：一以證王氏乃指安石，二以補王氏說之缺逸，三以資對照王氏新義。

1、證王氏為介甫之言

　　張綱之說，既多出於王安石，用以講於學舍，此宋儒已言之屢矣。而介甫新義，今已亡佚，後人欲輯王介甫遺說，必先辨孰爲安石之言。宋代學者，引用介甫新義，多稱王氏，而歷來於尚書有著述而姓王氏者非一，若漢之王肅，宋之王當，王日休，王十朋，王炎、王安石等，則稱王氏，亦未必即指王安石。今程元敏先生輯王安石三經新義遺文，成「三經新義輯考彙評（一）──尚書」，亦嘗據張綱學出王安石，以證宋儒所謂「王氏」，乃安石之說。其言曰：

> 黃倫尚書精義，多輯張氏綱（據四庫提要）之說，取以與安石書義佚文較，義多相同。如卷十六頁十九張氏曰：草木者，天生之，人殖之，非天所生，則民不能殖，蓋人非天不能因故也；非民所殖，則天不能成，蓋天非人不能成故也；湯之興也，天與之，民立之。說與全解引王氏曰（佚文二二七）幾全同，是張氏學王氏，王氏爲安石。五也〔註319〕。

程先生據王、張二說相同，以證林之奇尚書全解中稱王氏，即爲安石之言。又黃倫尚書精義，亦引「王氏」之言共四十四條，程先生亦以張綱之說以驗證之，據以定其爲王安石者。其說曰：

> 張綱承學安石，其書解多祖述新義，如此書引張綱曰：愛所以爲仁，威所以爲義；用兵之道，以威爲主，故威勝愛則可以致功，愛勝威則柔而無斷，其無功必矣。威勝愛，正主安石之說（佚文二〇九），而眉山蘇氏難臨川王氏，亦每以此爲口實者也。此作王氏之二條，既爲安石說，而黃氏編集又非漫無體制，則餘四十二條亦皆安石說，夫復何疑〔註320〕？

〔註319〕見程氏輯尚書新義，頁 261。
〔註320〕見前書，頁 264。

據張綱之說以驗證「王氏」乃指王安石，此研究張綱書解之用一也。

2、可補王氏新義之殘缺

今存王安石尚書新義，據程元敏先生「三經新義輯考彙評（一）——尚書」一書，計有五五八條〔註321〕；然所有佚文，或單言片語，或斷章取材，時有僅窺一斑，莫睹全豹之憾；張綱尚書之學，既宗王氏新學，今其書雖亦云亡，而黃倫精義所引猶夥，其數量較精義引王氏為多，且所引多究整章節，足資補王氏新義逸說也。且張氏之說尚書，其方法、觀念亦多遵王氏，若以「說經多解字」為例說之，張綱引字說以說尚書諸條，雖無王說足資參驗，然以此推之，王安石解經，或其說本亦如此也。今復舉例以言之。程元敏先生輯三經新義，於尚書禹貢「五百里荒服，三百里蠻，二百里流」一節，無「二百里流」之說，而其存文亦甚簡略曰：「荒，不治也；言不可要而治也。」、「蠻之為言慢也，則甚於夷矣〔註322〕。」如此而矣。而張綱之說則甚詳，其言曰：

> 荒則不治也，以其去王畿為最遠，又不可以要而治之也，故其服謂之荒；雖然，亦服中國之正朔，以此列於五服之內也。蠻者慢也，蠻之外二百里曰流者，流罪人於此也。舜之去四凶，於驩兜言放，以驩兜之罪輕，則放之者也；於共工言流，以共工之罪重，則流之者也。蔡在要服，流則荒服，則流之有甚於蔡可知矣〔註323〕。

王安石之說，有取於劉敞，故於「蔡」曰「放罪人」，「流」則無佚文可見，以張綱之說參諸劉敞七經小傳之言，可確知王氏之釋「流」，當亦與劉敞同，謂「流罪人於此」也。且張綱復引舜放四凶中「放驩兜」以說「蔡」，「流共工」釋「流」，或亦本王氏之說如此也。

又張綱釋五子之歌「內作色荒，外作禽荒」，亦本王氏之說曰：

> 荒者，不治之謂也。內作色荒，殉于色者也；外作禽荒，常於畋者也。
>
> 內則嬖色，外則從禽，如是則政荒不治，此所以皆謂之荒〔註324〕。

今王氏新義逸文，於此已無隻字片言存焉，而張綱釋「荒」義，與禹貢王氏釋「荒服」之荒同，是必王氏新義即有是說，張綱方有此言，以此推之，亦稍能知王氏新義之不見存者之大略。此研究張綱書解之用二也。

3、足資對照王氏新義

〔註321〕見前書，頁2。
〔註322〕見前書，頁66。
〔註323〕見黃倫精義卷十二，頁2。
〔註324〕見前書卷十三，頁13、14。

王安石三經新義逸文，皆殘缺斷爛，是以釐訂研究之時，或有不易明白者；張綱書解，亦足資以較對讎甚之用。若王氏新義佚文於皋陶謨「允迪厥德，謨明弼諧」，程元敏先生引夏僎尚書詳解之文曰：

> 迪，道也。允迪厥德，謂所行之德允當于道。能允迪厥德，則心徹于內，而思慮不蔽。以之成謀，則明智徹于外，而視聽不悖。以之受弼，則諧〔註325〕。

若以此段文字觀之，文義完足，斷句合理，無可疑者，然以張綱書解之文對照觀之，則其斷句有誤，解義亦有失。張氏曰：

> 能允迪厥德，則心徹於內而思慮不蔽，智徹於外而視聽不悖；以之成謀，則明，謂其智足以燭理故也；以之受弼，則諧，謂其仁足以從諫故也〔註326〕。

以張氏之文察之，所謂心，智，皆屬「厥德」之事，謂德允當于道，則心與智皆不蔽不悖，如此以謀則明，以弼則諧。夏僎所引，本非有誤，然文殘句斷，不易明其大旨。其文本當曰：「則心徹于內，而思慮不蔽，以之成謀，則明。」此指心所以成謀則明也；又曰：「智徹于外，而視聽不悖，以之受弼，則諧。」此恰與上文相對，謂智所以受弼則諧也。今輯本以「以之成謀，則明智徹于外，而視聽不悖」斷句，則明智皆屬於「謨明」二字之義釋，如是則解王氏新義誤矣。當然，王氏以智言弼諧，以心言謨明；而張綱則反是，以智說謨明，以心說弼諧；是亦王安石、張綱二氏說義之不同。此研究張綱書解之用三也。

總之，張綱書解雖已佚亡，然精義引述者不在少數，其說義本諸王安石，雖無特殊之見解，以發明經義，以資後世參詳，然以王介甫新義已亡佚，今所存佚文有限，張氏學繼新義，幾於亦步亦趨，故取張綱之說，合王氏逸文並觀，亦足有助於新義之研究也。

〔註325〕見程氏輯尚書新義，頁33。
〔註326〕見黃倫精義卷六，頁15。

第五章　伊川尙書學案

程　頤

一、生平事略

　　程頤，字正叔，河南人。程顥之弟，世稱伊川先生。十五、六歲時，聞汝南周敦頤論學，偕兄往受，遂厭科舉之業，慨然有求道之志。年十八，上書闕下，欲勸仁宗黜世俗之論，以王道爲心。游太學，見胡瑗，問諸生以顏子所好何學，得程頤之論，大驚，延見，即處以學職，同學呂希哲首以師禮事之。治平、熙寧間，大臣屢薦皆不起。哲宗初，司馬光、呂公著共疏其行義，詔以爲西京國子監教授。力辭。尋召爲秘書省校書。既入見，擢崇政殿說書。在經筵進講，必先宿齋豫戒，潛思存誠，冀以感動上意；容貌莊嚴，於帝前亦不少借假。呂申公、范堯夫入侍經筵，聞頤講說，嘆爲眞侍講。時蘇軾於翰林有重名，從之者迕程氏之所爲，兩家門下，遂迭起標榜，分黨爲洛、蜀。以議論忤大臣，遂出管句西京國子監，屢乞致仕。董敦逸復摭其怨望語，去官。紹聖中，黨論削籍，竄涪州。徽宗即位，移峽州，俄復其官。崇寧二年，范致虛言其邪說詖行，惑亂眾聽，遂逐學徒，復隸黨籍。五年，復宣議郎致仕。大觀元年九月卒於家，年七十五。淳祐裕六年，封尹陽伯，從祀孔子廟庭。

　　程頤於書無所不讀，其學本以大學、語孟，中庸爲標指，而達於六經，動靜語默，一以聖人爲師。以無功澤及人而浪度歲月，晏然爲天地間一蠹，唯緝綴聖人遺書，庶幾有補。於是著易、春秋傳以傳於世。生平誨人不倦，既歿後，門弟子集其生平言論，爲今二程遺書二十五卷，復有外書、文集、易傳、經說、粹言等〔註1〕。

〔註1〕參見宋史道學傳本傳及程顥傳，宋元學案卷十五伊川學案，二程全書。

二、尚書之著述與著錄

程頤於書，無所不窺，而以大學、中庸、論語、孟子爲標指，進而達於六經。嘗答窮經旨當何所先曰：「於語、孟二書，知其要約所在，則可以觀五經矣。讀語、孟而不知道，所謂雖多亦奚以爲〔註 2〕。」程伊川每勸人讀經，蓋經所以載道，學經則可以知乎聖人之道矣。由經而窮理，盡性，進而知天，以成完德，此爲學之大成也。故伊川曰：

> 治經，實學也，譬諸草木，區以別矣。道云在經，大小遠近，高下精粗，森列於其中，譬諸日月在上，有人不見者，一人指之，不如眾人指之自見也。……爲學、治經最好，苟不自得，則盡治五經，亦是空言〔註 3〕。

是伊川說經，本於聖人論、孟、學、庸而自得之義，以爲說經之準。五經之中，伊川最長於易，張橫渠以爲弗及〔註4〕。作易傳，陳振孫謂「程氏之學，易傳爲全書〔註5〕」，伊川亦以爲「唯易須親撰〔註6〕」，可以見知。伊川說經，唯易傳成書，其他諸經，皆未有專門著作。後人集其說經之語，成河南經說。其中有尚書一卷。經義考云：

> 宋志七卷。存。陳振孫曰：繫辭說一、書一、詩二、春秋一、論語一、改定大學一。程氏之學，易傳爲全書，餘經具此〔註7〕。

是篇著錄於四庫全書總目二程全書中，題稱「程氏經說」七卷。其曰：「通行本不著編輯者名氏，皆伊川程子解經語也〔註8〕。」其中尚書一卷，內容有堯典、舜典二篇，及改正武成一篇，經義考皆別有著錄〔註9〕，而舜典亦不全，僅至「月正元日，舜格于文祖」而已，而命九官以下，皆無之。其他於遺書中，有數則言及金縢，君奭，湯誥、泰誓、說命、洛誥者。文集中有「南廟試九敘惟歌論」，亦伊川書說之相關文獻資料也。

三、程頤之尚書學

伊川學術，論、孟、學、庸之外，於經尤重周易。然嘗謂：

> 詩、書，載道之文；春秋、聖人之用。詩、書如藥方，春秋如用藥治

〔註 2〕見二程全書粹言一，頁 25。

〔註 3〕見前書遺書一，頁 1。

〔註 4〕見前書外書。

〔註 5〕見經義考卷二百四十二，頁 6 引。

〔註 6〕見二程全書遺書十八，頁 43。

〔註 7〕同註 5。

〔註 8〕見四庫提要。

〔註 9〕參見經義考卷九三，頁 1 及卷九五，頁 2。

－150－

疾。聖人之用，全在此書〔註10〕。

尚書既為聖人道之所托，故學者欲明聖人之道，則捨詩、書而莫由也。伊川於尚書雖非專業，亦無力作傳世，然其影響甚鉅。蓋伊川開洛學之大統，成理學之宏業，其解說尚書及他經，一以義理為宗，前乎此者唯胡翼之瑗之洪範口義而已；伊川尚書說解雖僅止二典，然推而廣之，足以彌綸五十八篇，與獨解洪範不同。而洛學之興發，與熙寧新學並起，王安石有三經新義頒立於學官，程子說書，與之進路不同，並有臧否之辭，可見一代學風；又有改正武成一篇，繼新義而作，而為私人改易寫定者，與尚書新義又不可同日而語矣。凡此皆有足論者，茲析而述之：

（一）治尚書之觀念及方法

伊川重經學，亦勸人讀經，嘗云：「為學，讀經最好。」又曰：「經，所以載道也〔註11〕。」經之所以載道者，蓋聖人盡心知性，進而知天，默契天道，垂文為教，故經者，聖人攄發胸中所蘊，自成文耳，所謂有德者必有言也〔註12〕。故由經可以窮理盡道，天理人道在乎其中矣。聖人垂文以為經，以教天下，故經者，有道，有文章，有訓詁；經之重者在道，伊川曰：「學經而不知道，……奚益哉〔註13〕！」然世之學者，徒見聖人之文，遂務為辭章，或專訓詁，不知古之學者務在養性情，求道理也。伊川嘗評學經者之失曰：

> 漢儒之談經也，以之萬餘言明堯典二字，可謂知要乎？……本朝經
> 典，比之前代為盛，然三十年以來，議論尚同，學者於訓傳言語之中，不
> 復致思而道不明矣〔註14〕。

此評墨守章句傳注之失也。伊川又曰：

> 今之學者，歧而為三：能文者謂之文士，談經者泥為講師，惟知道者
> 乃儒學也〔註15〕。

知道者方為儒學，乃研經求道者之正途，文辭、章句，皆守一偏矣。然則欲窮經致知，達道明理，如之何方可哉？伊川之意以為欲窮經知道，其法如下：

1、貴在自得

伊川曰：「為學治經最好，苟不自得，則盡治五經，亦是空言〔註16〕。」為學

〔註10〕見二程全書遺書二上，頁4。
〔註11〕同註3及註10。
〔註12〕參見前書遺書十八，頁42。
〔註13〕見前書遺書六，頁1。
〔註14〕見前書粹言一，頁23。
〔註15〕見前書遺書六，頁1。
〔註16〕見前書遺書一，頁2。

要在自得，故古人教人，唯指其非，告往而知來，則知之遠矣〔註17〕。夫如是，則心正而虛，能容大道。夫聖人以前，亦無所謂經，經所載之道，乃聖人自得於天地之間者。若夫子以為「天何言哉，四時行焉，百物生焉」，即其明例也。苟不能自得，是拘執於文字章句之間，非失於文辭，則失之訓詁矣。要之，使六經之言，在涵蓄中默識心通，方能有得。

然經之垂世以文，文辭、章句，固不可不知，不可不學，然其中之義，務必自求，伊川曰：

> 義之精者，須是自求得之，如此則善求義也〔註18〕。

經文之訓詁，可藉章句而知之，而精義不在章句訓詁也。

2、擺脫文字、訓詁，直指根源

經之實要在道，若拘於文字，困於訓詁，則不能自得於心以契道矣。故漢儒以三萬言解堯典二字，其失之訓詁，顯然易見。故伊川曰：

> 讀書將以窮理，將以致用也；今或滯心於章句之末，則無所用也；此學者之大患〔註19〕。

伊川又曰：

> 解義理若一向靠書冊，何由得居之安，資之深，不惟自失，兼亦誤人〔註20〕。

故觀經研經者，須注意免於隨文害義之弊，伊川嘗舉一例曰：

> 書曰：湯既勝夏，欲遷其社，不可。既處湯為聖人，聖人不容有妄舉。若湯始欲遷社，眾議以為不可而不遷，則是湯先有妄舉也。不可者，湯不可也；湯以為國既亡，則社自當遷，以為遷之不若不遷之愈，故但屋之，屋之則與遷之無以異。既為亡國之社，則自王城至國都，皆有之使為戒也〔註21〕。

於義則湯為聖人，聖人無妄舉；若解文而終致說湯有妄舉，其必隨文以害義者也。至於後人之注釋文字，雖亦可參考，然皆各人之心得而已，非必即聖人之本意也。考孔傳云：

> 湯承堯舜禪代之後，順天應人，逆取順守，而有慚德，故革命創制，

〔註17〕參見前書遺書十一，頁4。
〔註18〕見前書遺書六，頁6。
〔註19〕見前書粹言一，頁13。
〔註20〕見前書遺書十五，頁17。
〔註21〕見前書遺書二上，頁5。

改正易服，變置社稷，而後世無及句龍者，故不可而止。

史記殷本記載全同書序。封禪書中則曰：

其後三世，湯代桀，欲遷夏社，不可，作夏社。

皆是言「欲遷社」者湯也。孔疏云：

湯既伐而勝夏，革命創制，變置社稷，欲遷其社，無人可代句龍，故
不可而止，於時議論其事，故史敘之。湯予初時社稷俱欲改之，周棄功多
於柱，即令廢柱祀棄，而上世治水土之臣，其功無及句龍者，故不遷而止。

是伊川所謂「湯始欲遷社，眾議以爲不可而不遷」之說，乃據孔傳疏而來；而伊川
以爲非是，謂欲遷之者，乃亡國之社本當遷，合於禮法，而後止之者乃湯一己之意。
蓋以屋之即可，屋之與遷之無異，非必眞遷之也。伊川之說本之今本竹書紀年「始
屋夏社」及禮記郊特牲「是故喪國之社屋之」。是伊川以爲如二孔之說，則湯先有妄
舉；而湯爲聖人，聖人不應有妄舉，故引郊特牲之說立論，而以二孔說爲隨文害義
也。又考孔傳引鄭玄之說云：

湯伐桀之時，大旱，既置其禮，祀明德以薦，而猶旱至七年，故更致社稷。

是遷社稷之事，又在七年之後，乃爲大旱而遷，非爲慚德也。伊川於鄭玄之說，蓋
亦有論及之者，朱子語類卷六十一，孟子盡心下，「民爲貴」章記云：

伊川云：「句龍能食於社，棄能食於稷，始以其有功於水土，故祀之；
今以其水旱，故易之。」夫二神之功，萬世所賴，旱乾水溢，一時之災，
以一時之災，而遽忘萬世之功，可乎？曰「變置社稷」非是易其人而祀之
也；伊川之說也，蓋言遷社稷壇場於他處耳。

是伊川亦知有鄭玄之說，今其於書序之說，既否二孔之論，又不用鄭玄之說，以文
獻義理爲據，自爲一說，一以全成湯之聖德，一以免隨文害義之弊；亦是有得之見。
而近世屈翼鵬先生於尚書集釋附錄書序下解云（頁 292～293）：

遷社，謂遷移夏之社神。禮記郊特牲云：「喪國之社屋之，不受天陽
也。」哀公四年穀梁傳云：「亳，亡國也。亡國之社以爲廟屏，戒也。其
屋亡國之社，不得上達也。」湯之不遷夏社，蓋以可屋而不可遷也。簡氏
集注述疏有說。

屈先生引用簡朝亮之說，而其說大同於伊川。是伊川此說，蓋先得於千年之前矣。

伊川又曰：

聖人之道如河圖、洛書，其始止於畫上，使出義，後之人既重卦，又
繫辭，求之未必得其理。至如春秋，是其所是，非其所非，不過只是當年

數人而已，學者不觀他書，只觀春秋，亦可盡道〔註22〕。
故欲緣經求道，因經窮理，不可拘於前儒注疏，務求自得於胸臆也。然文字、訓詁，雖不可拘執，亦不可盡廢。伊川曰：

> 讀書而不留心於文義，則荒忽其本意；專精於文義，則固滯而無所通達矣〔註23〕。

故伊川解尚書，每於一文一言之中，探微抉隱，以明乎其深義焉。其說「天」「帝」「王」曰：

> 詩、書中凡有箇主宰底意思者，皆言帝，有一箇包涵徧覆底意思則言天。有一箇公共無私底意思，則言王。上下千百歲中，若合符契〔註24〕。

若君奭中「格于皇天」「格于上帝」「保乂王家」者，即其事也。故曰：「不可事事各求異義，但一字有異，或上下之異，則義須別〔註25〕。」是也。

3、治經之歷程

伊川言學者研經，貴在自得，然道既在經，捨經莫由，然則何以接乎經？固必有其入門規導之歷程焉。伊川嘗答此問曰：

> 於語、孟二書，知其要約所在，則可以觀五經矣。讀語、孟而不知道，所謂雖多亦奚以為〔註26〕。

蓋論語、孟子，聖人之道存焉，明而易見，可為栽培義理，默識心通之門，苟先由聖人言行以求之，既有得矣，然後探聖人之意，則不失其正道，如拾階而升，終至於道。伊川論古今學者治學歷程之異曰：

> 古之學者，先由經以識義理，蓋始學時，盡是傳授；後之學者卻先須識義理，方始看得經。如易繫辭所以解易，今人須看了易，方始看得繫辭〔註27〕。

另一說則云：

> 古之人得其師傳，故因經以明道；後世失其師傳，故非明道不能以知經〔註28〕。

是由論、孟先得其蹊徑，進而由六經以遵康莊，終而臻於至善之域。經者，聖人先

〔註22〕見前書遺書十五，頁11。
〔註23〕見前書粹言一，頁24。
〔註24〕見前書遺書二上，頁13。
〔註25〕見前書遺書二上，頁4、5。
〔註26〕見前書粹言一，頁25。
〔註27〕見前書遺書十五，頁16、17。
〔註28〕見同前註文句之下自註。

得我心者而已矣。

4、治經之態度

　　夫道無精粗，言無高下，天行剛健，川流不捨，皆道之所在也，能窮究之則得，不能窮究則不得；故伊川曰：「物則事也，凡事上窮極其理，則無不通〔註29〕。」曰如何而窮究之？曰：專政其思，斯可矣。有問伊川曰「張旭學草書，見擔夫與公主爭道，又公孫大娘舞劍而後悟筆法，莫是心常思念，至此而感發否」，伊川答曰：

　　　　然，須是思，方有悟處，若不思，怎生得如此。然可惜張旭留心於書，
　　若移此心於道，何所不至〔註30〕。

伊川又曰：

　　　　思曰睿。思慮久後，睿自然生，若於一事上思未得，且別換一事思之，
　　不可專守著這一事。蓋人之知識於這裏蔽著，雖強思亦不通也〔註31〕。

朱子曰：「用力之久，而一旦豁然貫通〔註32〕。」思而皆中，不勉而得，此生知之才；學知之士，高下相殺，雖其久暫不一，然持之以恆，熟玩不捨，則及其知之一也。伊川曰：

　　　　須潛心默識，玩索久之，庶幾自得；學者不學聖人則已，欲學之，須
　　熟玩味聖人之氣象，不可只於名上理會，只是講論文字〔註33〕。

夫久思熟玩，然識心通，自然得之。昔周茂叔敦頤每令學者尋孔、顏樂處，所樂何事，斯法亦相同也。

（二）以義理解尚書

　　尚書爲載道之文，故解尚書者務識其道理之所在，是故伊川以爲：

　　　　學則與他窮理盡性以至於命，則不失。異數之書，雖小道，必有可觀
　　者焉，然其流必乖，故不可以一事遂都取之。若楊、墨亦同是堯、舜，同
　　非桀、紂，是非則可也。其就上所說則是，其就他說也非。非桀是堯，是
　　吾依本分事，就上過說則是他私意說箇。要之只有箇理〔註34〕。

凡事皆以義理爲準。故解尚書莫不主於義理，亦發揮其義理焉。其解堯典「欽明文思，安安」曰：

〔註29〕見前書遺書十五，頁 1。
〔註30〕見前書遺書十八，頁 4。
〔註31〕同前註。
〔註32〕見朱熹大學章句中格物補傳。
〔註33〕見二程全書遺書十五，頁 12。
〔註34〕見前書遺書二上，頁 18。

欽，敬慎；明，聰明；文，文章；思，謀慮；有此四者，故其所為能得義理之至當；上安，其所處也，下安，得其理也。謂其所為放勳之事，皆安於義理之安〔註35〕。

聖人所為，亦皆以安於義理為準。又伊川說「帝曰疇咨若時登庸」曰：

四岳，堯之輔臣，固賢者也，堯將禪位，固宜先四岳，不能當，復使之明揚在下之可當者，宜其得聖人也。後世多疑，以為岳可授則授之，不可授則何命之也。夫將以天下之公器授人，堯其宜獨為之乎？故先命之大臣百官，以至天下有聖過於己者，必見推矣。遞相推讓，卒當得最賢者矣。事之次序，理自當然〔註36〕。

此以理明堯先授四岳，非妄舉，非虛授，亦乃理之當然耳。伊川亦時據尚書之文，以抉剔其中義理，為之論說。又其說堯典「允恭克讓」曰：

言堯其所為至當而能欽慎，其才至能而不自有其能。夫常人之情，自處其當，則無所顧慮，有能則自居其功，惟聖人至公無我，故雖功高天下而不自有，無所累於心。蓋一介存於心，乃私心也，則有矜滿之氣矣。故舜稱禹功能天下莫與爭而不矜伐，乃聖人之心也。……故聖人之公心，如天地之造化，生養萬物而敦尸其功，故應物而允於彼，復何存於此也。故不害欽慎之神能，亦由乎理而已〔註37〕。

伊川就一「讓」字，以發明聖人公心之義，亦本之於理而已。又其說大禹謨「人心道心」一節曰：

人心惟危，道心惟微；心道之所在，微、道之體也；心與道渾然一也。對放其良心者言之，則謂之道心；放其良心則危矣。惟精惟一，所以行道也〔註38〕。

朱子亦嘗引程子曰：

人心人欲，故危殆；道心天理，故精微。惟精以致之，惟一以守之，如此方能執中〔註39〕。

伊川以此發「心」「道」不二，異情同行之說；在在皆以義理為著眼也。

（三）明批孔傳之失

〔註35〕見前書經說二，頁2。
〔註36〕見前書經說二，頁5。
〔註37〕見前書經說二，頁2、3。
〔註38〕見前書遺書二十一下，頁3。
〔註39〕見朱子語類卷七八尚書一，頁214。

　　伊川解經，既以義理爲宗，則凡義之所當然者，一切取之，而於理之所不然者，皆捨而棄之。先儒解經，或得或失，得者用之，於理無礙；失者用之，隨文害義矣。伊川說書，於孔傳得失，時有微辭指目焉。

　　伊川多用孔傳之字訓，而其解義，則往往不同。其釋堯典「厥民因」曰：

　　　　厥民因，謂春時播種在田，民因就居於野，收歛而後耕播也〔註40〕。

孔傳則謂「老弱因就田壯丁以助農」，二者解「因」作「即就」相同，而孔傳指夏耘勞苦，老弱亦就田助壯丁之農事，而伊川則以爲壯丁就居於野以利農事，非指老弱而言，二者字訓雖近而說義去之遠矣。又「厥民夷」，孔傳曰：「老壯在田與夏平也。」伊川則曰：

　　　　夷平也。秋稼將熟，歲功將畢，民獲卒歲之食，心力平夷安舒也〔註41〕。

按二者訓夷曰平，孔傳以平爲「一致無異」之義，所謂與夏平，即在田勞作與夏時相同；伊川則指民心平舒；秋有收成，民心喜樂，與夏不同，伊川之義勝。又堯典「胤子朱啓明」，孔傳以爲「胤國子爵朱名」，而伊川則以爲「親愛之至莫如朱〔註42〕」，是以「胤子朱」爲堯之子也。伊川解書，有明批孔傳爲非者；其解舜典「五典克從」云：

　　　　五典謂父子有親，君臣有義，夫婦有別，長幼有序，朋友有信；五者
　　　人倫也；言長幼則兄弟尊卑備矣，言朋友則鄉黨賓客備矣。孔氏謂父義，
　　　母慈，兄友，弟恭，子孝，烏能盡人倫哉？夫婦人倫之本，夫婦正而後父
　　　子親，而遺之可乎？孟子云：堯使契爲司徒，教以人倫。五者人倫大典，
　　　豈舜有以易之乎〔註43〕？

伊川以理求之，以爲孔傳之說，不能盡人倫，故易之以孟子、中庸五倫之義，並引孟子爲證，是據義理而非孔傳也。

（四）取捨於王氏新義

　　伊川生平，與王安石同時，且同朝爲官，伊川發揚義理，與伊洛一脈，行之在野；王安石倡言新學，重釋經典，以一道德，行諸朝廷，立於學官；朝廷科舉選士，專用新義。伊川說書經，於此亦有所去取焉。若君奭篇，王安石以爲成王爲中才之主，而承文武之後，召公爲太保，懼王之不能終文、武大業，而廢先王之基，是以

〔註40〕見二程全書經說二，頁4。
〔註41〕見前書經說二，頁4。
〔註42〕見前書經說二，頁6。
〔註43〕見前書經說二，頁7。

不悅〔註44〕。君奭篇自史記、孔疏以來，皆以爲召公爲周公事而不悅，王氏始起異說，以爲爲輔成王之難而不悅，而伊川於此，則取用新義之說曰：

> 書稱召公不說，何也？請觀君奭一篇，周公曾道召公疑他來否。古今人不知書之甚。書中分明說召公爲保，周公爲師，相成王，爲左右，召公不說，周公作君奭，此已上是孔子說也。且召公初陞爲太保，與周公並列，其心不安，故不說。但看此一篇盡是周公留召公之意，豈有召公之賢而不知周公者乎。……成王煞是中才，如天大雷電以風，而啓金縢之書，成王無事而啓金縢之書作甚，蓋二公道之如此，欲成王悟周公爾〔註45〕。

此說與王說同，蓋伊川以爲就文章義理而言，理當如此，故用此說，非謂此乃新義而採用也。又釋堯典「欽明文思安安」曰：

> 上安其所處也，下安得其理也。謂其所爲放勳之事，皆安於義理之安〔註46〕。

其下原註曰：「王介甫云：理之所可安者，聖人安而行之。」是伊川之說，有取於王介甫之義說也。又於堯典「靜言庸違，象恭滔天」下曰：

> 王介甫云：靜則能言，用則違其言；象恭滔天，言其外貌恭而中心懷藏姦偽，滔天莫測〔註47〕。

此直引王氏之言爲說，是以爲其說合於義理也。又王安石解舜典「六宗」，用晉張髦「三昭三穆」之說〔註48〕，與孔傳不同；而伊川亦用之，曰：「先已受終文祖矣，故止禮六廟也〔註49〕。」考諸伊川說尚書，似無評王氏之語，指王氏之失者，然察乎伊川二典之說，有四處云「注曰」「注云」者，每多批評之語；尚書之文，稱「注」者，於漢有鄭、王，於晉唐則有二孔，於宋唯王氏新義；考諸其文，非王非鄭，非傳非疏，或即爲王氏新經之文。又四條之中，其一條解「車服以庸」曰：

> 注曰：民功曰庸，其言善則考而褒之，其言不善則固有以告飭之矣〔註50〕。

考之前儒諸家之說，皆無「民功曰庸」之言，惟王安石有此說。林之奇嘗評之曰：

> 王氏必以周官六功之說，於放勳則引王功曰勳，於此則引民功曰庸。夫六功之說出於周官，以是而見於堯典、舜典之言，非正義矣。王知其說之不通，則迂闊而求合，於放勳則曰功嚮於王，於此則曰六功皆曰上之所

〔註44〕參見尚書精義卷四十，頁1。
〔註45〕見二程全書遺書十八，頁33。
〔註46〕見前書經說二，頁2。
〔註47〕見前書經說二，頁5。
〔註48〕參見尚書全解卷二，頁11。
〔註49〕見二程全書經說二，頁8。
〔註50〕見前書經說二，頁9。

報，以民功爲主〔註51〕。

可見惟王氏新義有此說。此「注曰」既爲王氏新義，則其他三條當亦如之。後考堯
典「克明俊德，以親九族」下，伊川引「注云」云：

或疑親睦九族，豈待任俊德乎〔註52〕！

是其說不用孔傳「能明俊德之士而任用之」之說。考此句自來別有一說，蓋禮記大
學篇曰：

帝典曰，克明峻德。皆自明也〔註53〕。

此帝典即堯典也。鄭注云：

皆自明明德也，……峻，大也。

禮記孔疏特以大學所引康誥、帝典與尚書文相較，指說其異處。今此「注曰」不用
孔傳，即用大學之說無疑。而王安石解「俊德」之「俊」曰：「大而敏之謂俊〔註54〕」，
與鄭注大學同義，再考張綱之說曰：「克明俊德，所以修之身者也〔註55〕。」張綱
之說同於大學，而張綱說書義，皆祖述荊公〔註56〕，以此推之，則此「注曰」，亦
指王安石之言說也。如此而言，則此四條「注曰」「注云」者，皆王氏之說也。伊川
於「克明俊德」引「注曰」下云：

蓋言得賢俊而爲治，治之始自睦九族爲先；故以次序言之也。以王者
親睦九族之見黃倫精義卷六頁15。道，豈不賴賢俊之謀乎〔註57〕？

是伊川用孔傳之義而非王氏之說也。又於舜典「在璿璣玉衡，以齊七政」下伊川引
「注云」曰：

或以爲既受終則欽若昊天，乃所當先，故考齊七政，非謂察己之意合
天否也〔註58〕。

考孔傳曰：「舜察天文，齊七政，以審己當天心與否。」此「注曰」之意以爲舜察
璿璣，齊七政，猶堯之欽若昊天，敬授民時，爲施政之首要也。王安石解即引堯
典「歷象」與舜典「璣衡」相對而言〔註59〕，是此亦爲王氏之說也。伊川則以爲
非，其說曰：

〔註51〕見尚書全解卷二，頁23。
〔註52〕見二程全書經說二，頁3。
〔註53〕見禮記正義卷六十，頁3。
〔註54〕見書傳或問卷上，頁6。
〔註55〕見尚書精義卷一，頁11。
〔註56〕參見本論文張綱部份。
〔註57〕見二程全書經說二，頁3。
〔註58〕見前書經說二，頁8。
〔註59〕參見尚書全解卷二，頁9、10。

此則不然。自堯之欽若命官，乃舜納于大麓，其見之政久矣，既受命
而君，固宜察天意也〔註60〕。

是伊川用孔傳以非王氏說也。至於「車服以庸」一條，伊川無評語，是以為其說可取，故引以為說。而舜典「象以典刑」至「惟刑之恤哉」，伊川引「注云」曰：

說者皆以為舜語〔註61〕。

並於其下評曰「非也」。此四條有三條引作「注云」，是檃括其說而評之，一條引作「注曰」，是直引其注文而用之也。

可見伊川說解尚書，於王氏之說，新義之文，間亦取之，以其合於義理也；亦或否之，以其不合義理也；是亦可見二程子以義理為宗之規模也。

（五）疑改武成

伊川說經，宗尚義理，凡不合義理者，勿論其說之者為誰何，一切非之，於義有所妨礙者，疑而改之；故伊川於經，勇於疑改，無所忌憚，嘗曰：「學者先要會疑〔註62〕。」無適無莫，義之與比。其說中庸，亦疑有脫字。其言曰：

小人之中庸，小人無忌憚也。小人更有甚中庸，脫一反字；小人不主
於義理，則無忌憚，無忌憚，所以反中庸也。亦有其心畏謹而不中，亦是
反中庸。語惡有淺深則可，謂之中庸則不可〔註63〕。

此可見伊川據義理而勇於疑改經典也。尚書武成一篇，自孟子以來，學者多疑其文，孔疏以「疏不破注，注不破經」之勢，猶有致疑改易之說。迨宋劉敞七經小傳出，明言武成之錯訛，且謂之有闕文，倡移易改動經文之說。王安石繼之，直改易經文位置，重新排比，並頒之學官，以為天下科舉之標準。伊川在野，倡興洛學，於武成亦自有己見，改易經文，與王氏新義不同〔註64〕。

伊川以為，「王朝步自周，于征伐商」以下，當繼之以「底商之罪」至「恭天成命」一段，下接「惟爾有神」至「一戎衣天下大定」。繼之以「釋箕子之囚」至「萬民悅服」。反接「厥四月哉生明」至「予小子其承厥志」，再繼「肆予東征」至「用附我大邑周」，然後「乃反商政，政由舊」，而自「列爵惟五」以下，無所改易。

伊川所改，與王介甫所改，大不同者有二，其一、以「肆予東征」至「用附我大邑周」一段，置於「其承厥志」之下，其二、以「釋箕子之囚」至「萬民悅服」

〔註60〕見二程全書經說二，頁8。
〔註61〕見前書經說二，頁9。
〔註62〕見宋元學案之伊川學案。
〔註63〕見二程全書遺書十五，頁14。
〔註64〕參見程元敏先生三經新義輯考彙評（一）——尚書，總頁18。

一段，置於「一戎衣天下大定」之下。伊川於所改易之武成，未置一語。然考其所以改易如此者，蓋劉敞七經小傳以爲「予小子其承」以下，武王之誥未終，當有百工受命之語，計脫五六簡矣〔註65〕。故伊川移「肆予東征」至「用附我大邑周」一段於其下，以補武王之誥；亦以爲此即當武王之誥語，何則？察此段之末，稱「大邑周」，在未誅紂滅商之時，武王猶爲諸侯，紂猶據天子之位，止可言「大邑商」不可言「大邑周」，此即言「大邑周」，則當時既滅商之後所言；然則當爲武王誥語之誤置也。又「釋箕子之囚」至「萬民悅服」一段，劉敞以爲皆在紂都所行之事，學者多以爲是。伊川蓋亦以爲事之序理當如此，故作如此改易也。朱子「考訂武成次序」下云：

> 劉侍讀謂余小子其承厥志之下，當有闕文，以今考之，固所宜有；而程先生徙恭承天命以下三十四字，屬于其下，則已得其一節。而用附我大邑周之下，劉氏所謂闕文，猶當有數十語也〔註66〕。

是朱子亦以爲程伊川之改，乃得之劉敞以啓之，而是其所改之順序。要之，伊川改武成，多據劉敞之說，而以正王氏之失也。

四、伊川尚書學之影響與評價

伊川先生繼濂溪、安定之後，開洛學之宗，起義理之學，上契聖賢，下悅吾心，於北宋義理五子之中，最重經學，勸人讀經，爲入道之康莊，其說經雖重在易，然其言說解義，遍及諸經，實廣以義理說經之路也。復彼以洛學宗師之尊，其後學生徒，無不受其影響而以義理解經，復依經以說義理也。

伊川傳人之中，楊龜山時有三經義辨一書，其中有尚書義辨，今已佚失，無由考見是否承伊川之說；而楊龜山一傳有張九成者，學雖旁涉禪門，於洛學爲異路〔註67〕，然其說尚書亦多宗伊川之說。若堯典「厥民夷」，即用「心平夷舒樂」之義〔註68〕；而於舜典「六宗」，則緣伊川而遵用王安石新義「三昭三穆」之說〔註69〕，可見一斑。

楊時又傳紫微呂本中，再傳三山林之奇。林之奇有尚書全解之作，檢全解之內，於堯典、舜典中，幾每節皆引程氏之說，而亦多以爲「其說善也」，是少穎遵奉伊川之義說，故於二典幾盡用其言以爲說也。

〔註65〕見七經小傳卷上，頁8。
〔註66〕見朱子文集卷六五，頁33。
〔註67〕參見本論文張九成部份。
〔註68〕參見尚書精義卷二，頁2。
〔註69〕參見前書卷三，頁1。

　　南宋朱熹，集洛學之大成，其亦本伊川學說爲主。若「人心道心」之論者皆是也。若說二典，於「厥民夷」、「胤子朱」、「五典」、「車服以庸」、「流共工」等，說皆與伊川同〔註70〕。又有考訂武成之作，亦乃繼伊川而作，並以爲程先生所改爲有得〔註71〕。考朱子所考訂武成，基本與伊川相若，其最大異者在朱文以「丁未」一節與「既生魄」一節倒置而已。其他如「恭成天命」下屬，「乃反商政，政由舊」移於「釋箕子」一節之上，於義無甚干係也。要之，朱子改武成，亦本之伊川也。

〔註70〕參見朱子文集卷六五，頁5～14。
〔註71〕同註66。

第六章　范、文尚書學案

第一節　范純仁

一、生平事略

　　范純仁，字堯夫，吳縣人，范仲淹之次子也。皇祐元年進士，授官，以親遠不赴。仲淹門人多賢士，若胡瑗、孫復、石介、李覯之徒，純仁皆與從游。仲淹歿，始出仕。知襄陽城，遷御史，知諫院，奏言王安石變祖宗法度，掊克財利，民心不寧。書曰：怨豈在明，不見是圖；願陛下圖不見之怨。神宗曰：何謂不見之怨？對曰：杜牧所謂天下之人，不敢言而敢怒是也。神宗嘉納之曰：卿善論事，宜為朕條古今治亂可為監戒者。乃作尚書解以進。又言王安石變法妨民，前後上言無所諱避。王安石怒，命知河中府，歷轉和州、慶州，有惠政。哲宗即位，宣仁后垂簾，司馬光為政，欲盡改新政，純仁以為不可太急。又辯朋黨之論不必分辨。累官尚書僕射、中書侍郎，以博大開上意。上疏忤章惇，貶永州，時疾失明，聞命怡然就道。徽宗即位，恩恤有加。建中靖國元年卒，年七十五。諡曰忠宣。

　　純仁夷易寬簡，不以聲色加人，義之所在，則挺然不少屈。嘗曰：吾生平所學，得之忠恕二字。有文集五十卷行于世，並有尚書解〔註1〕。

二、尚書學之著述與著錄

　　宋史本傳記范純仁對真宗問，真宗以為善論事，故命條列古今治亂可為監戒者，乃作尚書解以進。其所錄尚書凡三十條。未選錄其他典籍。經義考著錄「范氏純仁

〔註1〕參見宋史卷三百一十四，頁16～28。宋元學案卷三高平學案，總頁83～86。宋人傳記資料索引冊二，總頁1666。

尚書解一卷存〔註2〕」。今其書見於范忠宣集卷九之中。

三、范純仁之尚書學

范純仁尚書解三十章，所論書篇有堯典一章、大禹謨四章、皋陶謨三章、益稷三章、五子之歌一章、仲虺之誥二章、湯誥一章、伊訓二章、太甲中二章、太甲下一章、咸有一德二章、說命上、中、下各一章、洪範一章、旅獒一章、無逸一章、君陳一章、冏命一章。考范氏之進尚書解，乃因奏言王安石變祖宗法度，遂論民有不見之怨，神宗問之，故對謂「杜牧所謂天下之人敢言而敢怒」也，神宗以是囑條古今治亂可監戒者，純仁遂作尚書解以進〔註3〕，然則其所以作尚書解，是有所為而作也。所為者何？評王安石之失，勉神宗於正，復以平居行事之誼為之說也。故其序云：

> 臣以史籍浩博，采掇未能遽就，而君臣之際，莫盛於堯舜三代，故取尚書自古君臣相飭戒之言關於治道者，錄為三十章，仍於每章之後，輒有解釋，或用孔氏注意，或與孔說不同，但取理當義通，以伸裨補之誠〔註4〕。

彼所以標舉異同於孔傳者，或因有所為而為之故也。所為者乃評新法也。茲論其尚書之說如次：

（一）以孔孟之言為說經之準

范純仁解尚書三十條，其中共引孔子、孟子之言共十二條，不惟不多矣。若其論堯典則曰：

> 堯德之大，孰能容之；故曰：唯天為大，唯堯則之也〔註5〕。

其說大禹謨則曰：

> 孔子曰：寬則得眾。易曰：乾以易知，坤以簡能。

其論五子之歌曰：

> 孟子曰：得其民斯得天下矣。則民為邦本也宜矣。又曰：得其心，斯得民矣。則可近而不可下也明矣。

其在太甲中，則申論曰：

> 傳曰：脩己以安百姓，堯舜其猶病諸。故人君不修身，則百姓不信其命令。

〔註2〕參見經義考卷七九，頁4。
〔註3〕參見宋史卷三百一十四，頁18。
〔註4〕見范忠宣集卷九，頁1。
〔註5〕見前書卷九，頁2。下列大禹謨、五子之歌、太甲中三條，分別見於同卷，頁3、8、11。

范氏之所以多引孔、孟之言者，蓋在別乎富國強兵申韓之論也。考范純仁嘗言王安石之政曰：

> 安可以富國強兵之術，啓迪上心，欲求近功，忘其舊學，尚法令則稱商鞅，言財利則背孟軻〔註6〕。

可見范氏素惡王氏之政如申、韓也。故其尚書解論仲虺之誥曰：

> 夫聲色貨利，人皆好之，惟聖人爲能無欲，用人如己，則心一而無疑間，故動有成功。夫以咸、湯之德，不以無過爲美，而以改過爲美，不以法令服民，而以寬仁彰信於民，則聖王所行，與夫申、韓雜家之說異矣〔註7〕。

夫論王安石如申、韓、商鞅者，范氏之外，東坡亦屢言之。東坡書傳說胤征「威克厥愛，允濟；愛克厥威，允罔功」曰：

> 先王之用威愛，稱事當理而已，不惟不使威勝愛，若曰：與其殺不辜，寧失不經；又曰：不幸而過，寧僭無濫。是堯舜已來，常務使愛勝威也。今乃謂威勝愛則事濟，愛勝威則無功，是爲堯舜之不如申、商也，而可乎？此胤侯之黨，臨敵誓師，一切之言，當與申、商之言同棄不齒；而近世儒者，欲行猛政，輒以此藉口，予不可以不辨〔註8〕。

此東坡雖未明言「近世儒者」爲誰，而實指王安石也。以此可見范氏引孔、孟之言立論，蓋在標明古聖王之治國，與申、商、韓法家之論大異。

（二）反刑政、主寬容

范氏既辨申、商之法與聖王之治不同，則治國不可以依刑法治民也。蓋王安石之新法多主刑政治民，執之者無所寬貸。王安石三經尚書新義曰：

> 當明政刑以節之〔註9〕。

又曰：

> 民悅汝德，乃以汝罰之行也。有罪而不能罰，則小人無所懲艾，驕陵放橫，責望其上無已，雖加以德，未肯心說，故于罰行，然後說德也。

范純仁則論大禹謨曰：

> 孔子曰：寬則得眾。易曰：乾以易知，坤以簡能。有以見居上不以寬，則刻急而鮮仁，臨下不以簡，則叢脞而害政。唯好生之德，可以服民心，

〔註6〕同註3。
〔註7〕見范忠宣集卷九，頁9。
〔註8〕見東坡書傳卷六，頁9、10。
〔註9〕見林之奇尚書公解卷三十，頁25引。下條亦見同書卷二八，頁37引。

－165－

民心服則有恥而從化，自不犯於有司矣〔註10〕。

按孔子曰：「道之以政，齊之以刑，民免而無恥；道之以德，齊之以禮，有恥且格。」范純仁之言，蓋本於此。夫治民以德，則寬而簡，使民優游而從化。故明主之治，先修己德。其論太甲中曰：

> 傳曰：修己以安百姓，堯、舜其猶病諸。故人君不修身，則百姓不信其命令。故須先修身，使己之德信於天下，則民從而化之，迺爲明主〔註11〕。

若人君一以刑法治國，則民怨其上，積漸至於不可收拾。范氏論五子之歌曰：

> 夫人君處於億兆之上而安者，非力能制億兆之人也，所恃者上下之分，君臣之義耳。以分義之微，而馭兆人，何異朽索之馭馬哉！苟君失其道，則匹夫皆可以勝之矣。大凡不明之怨，其怨必甚，故杜牧言秦民不敢言而敢怒也。故聖人達民之情而宣之使言，所以圖怨於未見之前也。

夫以刑法治民，則民怨壓積，無可宣洩，終至大難。范氏知諫院，奏王安石變祖宗法度，引尚書五子之歌「怨豈在明，不見是圖」，遂曰：「杜牧所謂天下之人，不敢言而敢怒」，與此正同〔註12〕，可見此論，亦專就王安石而發也。

（三）捨己從眾

范純仁論王安石曰：「鄙老成爲因循，棄公論爲流俗；異己者爲不肖，合意者爲賢人〔註13〕。」按王安石之尚書新義，確有如此之論，若其論大誥曰：

> 武庚，周所擇以爲商臣；三叔，周所任以商事者也，其材似非庸人。方主幼國疑之時，相率而爲亂，非周公往征，則國家安危存亡，殆未可知。然承文、武之後，賢人眾多，而迪知上帝以決此議者，十夫而已；況後世之末流，欲大有爲者，乃欲取同于汙俗之眾人乎〔註14〕？

其論大禹謨曰：

> 咈百姓以從先王之道則可，咈百姓以從己之欲則不可。古之人有行之者，盤庚是也。蓋人之情順之則譽，咈之則毀，所謂違道以干百姓之譽也，即咈百姓以從先王之道者也〔註15〕。

評王安石之剛愎自用者，非獨范氏，東坡書傳，林氏全解皆有之。東坡書傳評新義

〔註10〕見范忠宣集卷九，頁3、4。

〔註11〕見前書卷九，頁11。下條五子之歌見同卷，頁8、9。

〔註12〕同註3。

〔註13〕同註3。

〔註14〕見林氏全解卷二七，頁29引，又尚書精義卷三三，頁7引。

〔註15〕見林氏全解卷四，頁1引。

大誥之言曰：

> 盤庚、大誥，皆違眾自用者所以藉口也。使盤庚不遷都，周公不攝政，天下豈有異議乎？平居無事，變亂先王之政而民不悅，則以盤庚、周公自比，此王之所以作大誥也〔註16〕。

林之奇謂東坡此論，為王氏而發也〔註17〕；林氏亦有評王氏之自用曰：

> 當時王介甫變更祖宗之制度，立青苗、免役等法，而當朝公卿，下而小民，皆以為不便，而介甫決意行之，其事與盤庚遷都相類，故介甫以此藉口，謂臣民之言皆不足恤，然所以處之，則與盤庚異者。……盤庚言無或敢伏小人之攸箴，而介甫則峻刑罰，以繩天下之人言新法之不便者；故雖以盤庚自解說，而天下之人終不以盤庚許之者，以其迹雖同而其心則異也〔註18〕。

范氏之尚書解，亦多主捨己從眾之說，其論堯典曰：

> 堯知鯀方命圮族而終以四岳之言而用之，至於九載，然後殛之，可以見聖人不以己之智識出倫過人，而違眾獨用也〔註19〕。

其論大禹謨曰：

> 禹受舜命徂征有苗，聞益之言，遂拜而班師，信乎能取善而不以己智自任矣。

其論仲虺之誥曰：

> 聞善不懈則德日新矣，謂人莫己若則志自滿矣。以義制事則不自任矣，……好問而行，則合取眾智而過不在己，豈不裕哉！自用則專其私意而過必歸己，豈不小哉！

范氏所選三十則尚書，其中多言「不自用」、「捨己從眾」，與王安石所說正相反，豈無意而然哉！

（四）擇賢謹任

范純仁既非王安石，故勸神宗為治，在慎擇賢能，勿以小人得進君側而用也。

其論皋陶謨曰：

> 知人之難，宜察以事，而象恭滔天，巧言令色者，聖人尚或畏之；取人之道，不可不廣，故於九德各取其所長，但人君能合而用之，則九德皆

〔註16〕見東坡書傳卷十一，頁14。
〔註17〕參見林氏全解卷二七，頁29、3。
〔註18〕見前書卷十八，頁10、11。
〔註19〕見范忠宣集卷九，頁1、2。下引論大禹謨及仲虺之誥在頁4、9。

見於事爲矣〔註20〕。

按孔傳解「九德咸事，俊乂在官」曰：「謂天子如此，則俊德治能之士並在官。」則九德者指天子也，范氏於此以九德指天子所任之人，是異孔傳而自有所指之意也。范氏又謂人君當愼擇其人，蓋人有偏能偏才，每能蔽人耳目而惑使用之也，故其論太甲中曰：

> 見近效而忘遠圖，視不明矣；聽近習而疑君子，聽不聰矣。惟能見遠
> 大者爲明，能聽有德者爲聰，則君道之美，垂無窮矣〔註21〕。

夫人君視欲明，聽欲聰，則莫要乎學。故范氏論說命下曰：

> 夫人君不可不學，不學則聞見狹而智不明。聞見狹則遠大之言不能
> 用，智不明則邪佞之說易以欺；況天下之廣，萬務之眾，不可率己意而治
> 之，必當稽先王之成法，莫大乎堯舜禹湯文武周孔之道。人君信懷此道，
> 積於其身，使邪說異行不能惑亂，然後廣用賢俊，列于眾職，而王道成矣。

由學而積，因先王之道而廣聞見，達聰明，則能明辨正邪，任得其人，使有才之士羞行進用，則邦以興，民以寧，而王道成也。

四、范純仁尚書學之評價及影響

世皆知有宋之反王氏學說，於尚書一經，前有蘇軾東坡書傳，後有楊時書義辨疑、王居正之尚書辨學〔註22〕。李燾謂：

> 當安石萌芽，唯（司馬）光、（蘇）軾能逆折之，見於所述文字，不
> 一而足。軾著書傳，與安石辯者凡十八、九條，尤爲切近深遠，其用功不
> 在決洪水、闢楊、墨下；使其言早聽用，寧有靖康之禍〔註23〕？

東坡書傳，確爲駁王氏之說而作，然以當時王氏勢力猶在，故不敢直斥言其名，是以每以「近世儒者」指之。范純仁爲尚書解，其名雖爲擷治道名言以進呈，其實每條均對當時王氏新政及神宗之失而發，明者察焉必見此意；范氏身當王氏勢力如日中天之時，進呈此解，指桑罵槐，不假辭色，其視東坡猶有過之。且東坡書傳之作，在哲宗元符三年，而范純仁尚書解，則在神宗當時，其早東坡近二十年矣。東坡書傳之作，其或有見於范氏尚書解歟！

〔註20〕見前書卷九，頁5。
〔註21〕見前書卷九，頁12。下引說命下條見頁17。
〔註22〕參見經義考卷七九，頁7楊時條，卷八十，頁1王居正條。
〔註23〕見愛日齋叢鈔卷二，頁13引。

第二節　文彥博

一、生平事略

文彥博，字寬夫，汾州介休人。少從潁昌史炤學。天聖五年進士，知翼城縣通判，累官同中書門下平章事，封潞國公。其間嘗平冤獄；拒元昊賊寇；薦韓維、王安石等；汰冗兵員歸民籍；仁宗疾，又定乞立儲嗣，皆處事得當，朝政大定。後王安石當政，惡彥博，遂力引去，拜司空河東節度使。後復入相。元豐三年，拜太尉。久之，請老，以太師致仕。居洛陽。元祐初，司馬光薦以元老輔君，起之，恩禮甚渥；居五年，復致仕。紹聖四年卒，年九十二；諡忠烈。

彥博逮事四朝，任將相五十年，名聞四夷。平居接物謙下，尊德樂善，如恐不及。在洛陽嘗與富弼、司馬光等十三人爲洛陽耆英會，一時傳頌之。所著集成潞公集〔註24〕。

二、尚書之著述與著錄

文氏於尚書，嘗錄尚書十篇中政道名言進呈；十篇者堯典、舜典、大禹謨、皋陶謨、益稷、伊訓、洪範、無逸、立政、周官是也。又有堯、舜二典義進呈。其文今均見於潞公文集卷三十一中。經義考於前者著錄曰「文氏彥博尚書解一卷存」，於後者著錄曰「文氏彥博尚書二典義一卷存〔註25〕」。

三、文彥博之尚書學

文潞公身任將相五十年，逮事四朝，政事彪炳，而不以文學經義名。少從史炤學，亦止於童蒙訓讀。王定國聞見近錄以其兄弟爲泰山孫復門人，則彥博近泰山之學可知；故黃宗羲宋元學案列文氏於泰山學案之中〔註26〕。

文氏身在廟堂，權掌政事，於爲政之道，爲政之書，當亦時屬意焉；而尚書者，乃上古聖王爲政之書，是以歷代掌政者莫不詳加探研，文彥博於經，即詳通於尚書、孝經。泰山之門人姜潛嘗對神宗問治道曰：

> 有堯、舜二典在，顧陛下致之之道何如〔註27〕。

文彥博所進十篇尚書要語，多爲政之言，其意亦在乎資其君施政之助也。文彥博「進

〔註24〕參見宋史卷三百一十三，頁 1～17。宋元學案卷二，總頁 66。宋人傳記資料索引冊一，總頁 43。
〔註25〕參見經義考卷七九，頁 3 及卷九三，頁 1。
〔註26〕參見宋元學案卷二，總頁 66 及梓材案語引。
〔註27〕見前註，總頁 67 姜潛傳中。

「尙書孝經解」曰：

輒于尚書三十二篇，采其切于資益聖治，宜于重復溫故者凡十篇錄
進，篇別有後序，所以發明本篇之大旨〔註28〕。

又於「又進尙書二典義箚子」曰：

臣伏觀尚書序曰：仲尼討論墳典，斷自唐虞以下，訖于周，所以堯舜
二典，爲書之首篇，垂世立教，示人主以軌範，帝王之制，坦然明白，可
舉而行。

可見文氏尙書之說，其重在爲政之資，故捃其中事義，兼以訓傳，而理有近切治體
者，並附以己意以進焉。茲歸納其義如下：

（一）知人久任

文彥博錄二典以下十篇進呈，於二典則特重之，以爲二典，皆後世爲政者所當
祖述，然其二典義中所特標出者，不外「知人」、「久任」二義。其堯典義曰：

臣某曰……使久于職，官修其方，民變時雍，庶績咸治，帝乃命舜歷
試諸艱〔註29〕。

又於「舜典義」曰：

又曰：三載考績，三考黜陟幽明。古之任官，必在于久，久則有功，
可以考其績效，故先朝之法，省寺監官，並以三年爲一任，循古之美法也，
義當遵守。

夫任官久，則其績效著，然所任必得賢能，始足施行，否則萬事隳矣，故其要則在
知人。其舜典義曰：

臣某曰：舜既紹堯熙帝之載，以謂治天下者必先任人，人有善惡，必
須審知，故曰在知人。……苟不知人之賢愚善惡，混淆不分；蓋善惡不可
並用，惡人道長，則善人道消，當須屛去姦惡，可以登用善長。

此所以舜紹位，即以四罪去四凶；而天下咸服，然後繼以命二十二人，而天下大治；
此君主在位首要之務也。

（二）納諫取戒

堯舜之治，至於時雍，乃君明臣良，知人善任；然既任得其人，則信之用之，
使之輔承弼助，進進於治。文彥博論皋陶謨曰：

〔註28〕見潞公文集卷三一，頁1。下條在同卷，頁6。
〔註29〕見前書卷三一，頁7，下兩條舜典義在頁9。

臣以舜禹之時，君臣謨議之協恭，後王所宜為法〔註30〕。

其論伊訓曰：

> 臣以尹之斯言，愛其君，忠于國，可謂至矣。有臣如此，時君固當尊
> 禮其人，信受其訓。

其意皆在納賢臣之諫，取其義以為戒也。故文氏論大禹謨謂「上下交儆以成聖功，舜禹之所以為聖帝明王」也。

（三）稽古為範

　　尚書者，上古帝王為治之大法，故研讀尚書之用，在稽考前軌，以成今用。故文氏論周官曰：

> 成王稽古建官，為治之本；後之帝王所宜詳慎〔註31〕。

是以其錄無逸之篇，在引以為鑑戒也。其言曰：

> 成王服其訓戒，乃為令主。至唐開元中，作無逸圖，置于禁中，出入
> 省覽，以為龜鑑，臣亦嘗錄此篇為圖以進。

按無逸之篇，乃周公稽古引戒之語，以勸成王無有逸豫；然則以古為鑑，其義大矣。古之政道，其大可鑑而明者，莫若洪範。文彥博解之曰：

> 天地之大法，其類有九，而敬用五事，曰貌、言、視、聽、思，茲乃
> 人君尤當慎思之。蓋人君言動，則左右史書之為法，不可不慎也；故臣以
> 為此篇五事為重。

夫洪範之說，自漢儒以五行為說，遂使之轉而為災異之論，故說之者多重五行、庶徵、福極。今文氏特重五事，蓋五事在人，可以施行故也。

四、文彥博尚書學之影響及評價

　　文潞公以將相大臣之任而言尚書，所論皆人君為治所當為當戒者，而特重堯、舜二典者，以二篇皆為後王為政之典範也。其二典義中，附註訓釋，全取孔傳，無有異說；而當時王安石新義已頒行，文氏全用孔傳之說，雖未指評諷刺王氏新義，然亦示己論與新義異途也。此與范純仁所進尚書解有異曲同弓之意也。其論大禹謨不取「人心」「道心」一段，以其義重在為治之施行，非為談義理也。其說洪範，重在五事，不言五行、庶徵、福極、皇極，亦不言災異類應條配，是棄漢儒五行讖緯之異說，一歸於人事，斯與歐陽修、蘇洵之意同風。

〔註30〕見前書卷三一，頁3，下引論伊訓，大禹訓兩條在頁3、4。
〔註31〕見前書卷三一，頁5，下引論無逸、洪範兩條在頁4。

文氏尚書解中，引益稷之文有誤。其引文曰：

帝庸作歌曰：元首明哉，股肱良哉，庶事康哉！

按經文原本爲「帝庸作歌曰：勅天之命，惟時惟幾。乃歌曰：股肱喜哉，元首起哉，百工熙哉！皐陶拜手稽首，颺言曰：念哉，率作興事，愼乃憲，欽哉！屢省乃成，欽哉！乃賡載歌曰：元首明哉！股肱良哉！庶事康哉！」孔傳於「帝庸作歌」下，特言：「股肱之臣，喜樂盡忠，君之治功乃起。」而於「乃賡載歌」下曰：「賡、續，載、成也；帝歌歸美股肱，義未足，故續歌。先君後臣，眾事乃安。」是其說前歌爲帝所歌，後賡歌者爲皐陶，觀君臣先後及下文「帝拜曰俞」可知。抑文氏本即以爲二歌皆帝所爲，故引文若是歟？雖然，亦當云「帝賡載歌曰」也。以義言之，舜亦不得先言己「元首明哉」也。今文氏錄文如此，是誤錄也；未知當時是否有正之者乎。

第七章 三蘇尚書學案

第一節 蘇 洵

一、生平事略

蘇洵，字明允，眉州眉山人。年二十七始發憤爲學，歲餘，舉進士，又舉茂才異等，皆不中；悉焚所爲文，更閉戶苦讀，遂通六經百家之說。嘉祐時，與二子軾、轍皆至京師；歐陽修得其書，大愛之，以爲賈誼、劉向不過也。書既出，一時傳誦，競作蘇體。召試不就，除武校書郎。荊公時名始盛，洵以安石爲不近人情者，作辨姦論；及荊公用事，果如其言。會太常修纂建隆以來體書，乃以爲文安簿修太常因革禮。禮書既成，未報而卒，年五十八，諡曰文。以二子皆有名，故稱之老蘇。

晚而喜易，曰：「易之道深矣，汩而不明者，諸儒附會之說亂之，去之則聖人之旨見矣。」作易傳，未成。著有諡法、文集曰嘉祐集〔註1〕。

二、尚書學之著述與著錄

蘇洵有洪範圖論，宋志著錄一卷，晁公武郡齋讀書志亦著錄，與宋志同。經義考亦錄其書，而云「未見」〔註2〕。今其文見於四庫本嘉祐集卷七，三論之外，並有前後二序。提要云：

> 國朝蔡士英所刊，任長慶所校本凡十五卷，與晁氏、陳氏合，然較蔡本，闕洪範圖論一卷……經義考載洵洪範論一卷，注曰未見，疑所見洵集

〔註1〕參見宋史卷四百四十三本傳；宋元學案九十九，蘇氏蜀學略，總頁1851、1852。
〔註2〕參見其書卷九五，頁4。

　　當即此本，中間缺漏如是，恐亦未必晁、陳著錄之舊〔註3〕。

是傳本嘉祐集中闕洪範圖論一卷，四庫本據別本補之。

　　嘉祐集卷六，亦有六經論一卷，其中有「書論」一篇，亦可參考。

三、蘇洵之尚書學

　　蘇洵晚而喜易，嘗欲作易傳而未成，而易之卦爻，與洪範之五行、稽疑、庶徵、福極等頗可互通，故言易者多及洪範，言洪範者亦多借易爲說〔註4〕。蘇洵以爲易道之所以不明，乃因諸儒附會之說亂之，去其亂說則易道明。其論洪範亦然。其洪範論敘曰：

> 　　洪範其不可行歟！何說者之多而行者之寡也。曰：諸儒使然也。譬諸律令，其始作者非不欲人之難犯而易避矣；及吏胥舞之，則千機百械，吁可畏也。夫洪範亦猶是耳，吾病其然，因作三論，大抵斥末而歸本，褒經而擊傳，劉磨瑕垢；以見聖祕〔註5〕。

其言與論易無異也。皆謂欲去諸儒疏傳之蔽而見聖人之意。其洪範論三篇，各有所指，上篇論九疇之關係以見其輕重；中篇論諸儒之失，並示己意，復列二圖示之；下篇申一己所得洪範微旨。茲分述之：

（一）論九疇之關係

　　洪範記箕子之言曰：「我聞在昔，鯀堙洪水，汨陳其五行；帝乃震怒，不畀洪範九疇，彝倫攸斁。鯀則殛死，禹乃嗣興，天乃錫禹洪範九疇，彝倫攸敘。」其下復列五行、五事、八政、五紀、皇極、三德、稽疑、庶徵、福極九項條目，是九疇者各自爲目也。然五事之成曰肅、乂、哲、謀、聖，又與庶徵之休相同，而皇極疇中，屢言福極；則五事、庶徵，皇極、福極之間，當有說可通之。且五行、五事、五行、庶徵、五福等皆以五數，則可以相配爲說也。老蘇論九疇之關係，曰統曰端；其言曰：

> 　　夫致治總乎大法，樹大法本乎五行，理五行資乎五事，正五事賴乎皇極。五行，含羅九疇者也；五事，檢御五行者也；皇極，裁節五事者也。……
> 　　含羅者其統也，裁節者其端也，執其端而御其統，古之聖人正如是耳〔註6〕。

五行者，形成萬物者也，九疇皆因之以成，故曰統。五行之用在人，故必以五事檢御之，使不失其正，而皇極乃人道之極至，故曰端。能攝統提端，則九疇不失其解

〔註3〕見嘉祐集前附。
〔註4〕參見林之奇尚書全解卷二四，頁1、11、12。
〔註5〕見嘉祐集卷七，頁1。
〔註6〕見嘉祐集卷七，頁2。

矣。蘇氏又曰：

> 顧爲之傳，則嚮之五十，又將百焉。人之心一，固不能兼百，難之而
> 不行也，欲行之，莫若歸之易，百歸之五十，五十歸之九，九歸之三；三，
> 五行也，五事也，皇極也；而又以皇極裁節五事，五事得而五行從，是三
> 卒歸之一也〔註7〕。

蘇洵以皇極爲裁節者，蓋其論洪範主爲人君易以用之者立言，故言皇極爲裁節也。

（二）論劉向、劉歆洪範說之失

蘇氏既以爲洪範之所以難明，乃因前儒導之使歧故也；遂指其大者劉向、劉歆而評之。蓋劉氏有洪範五行傳之作，以五行、五事、庶徵、五福六極一一相配，以爲凡國君人民有某事，必有某應，若其論五行之「木」、五事之「貌」曰：

> 一曰貌：貌之不恭，是謂不肅，厥咎狂，厥罰常雨，厥極惡，時則有
> 服妖，時則有龜孽，時則有雞禍，時則有下體生于上之痾，時則有青眚青
> 祥，維金沴木。

又曰：

> 田獵不宿，飲食不享，出入不節，奪民農時，及有姦謀，則木不曲直〔註8〕。

故蘇洵合之以爲圖，以指傳之謬：

田獵不宿，飲食不享，出入不節，奪民農時，及有姦謀	木不曲直	貌之不恭是謂不肅	厥咎狂	厥罰常雨	厥極惡，說曰順之其福攸好德

〔註9〕。

蘇氏以爲劉氏之失有五：一、福有五、極有六，不能一一相配，而劉氏引皇極之不建與弱相配，皇極乃一疇，而弱止一疇中之部份，兩不相敵。二、皇極之不建，厥極弱，若皇極之建則無福可配矣。三、劉傳釋洪範，妄加經所無者入文，如增咎以「眊」，增罰以「陰」。四、洪範以五行、五事爲主，若離五行五事而爲解，以蔽其釁，則失之矣；劉氏以某事某應作說，則是離五行五事而解經也。五、五行與五貌相配不倫，以木之配貌，及火土金水則思言視聽兩兩相配，其失不相應〔註10〕。

蘇洵以爲九疇之中，可相條入者惟二，即五事與庶徵之驗耳。肅、乂、哲、謀、聖出於五事之視、言、視、聽、思，而五事則出於五行，其他各疇無所越于此二者；

〔註7〕見前書卷七，頁3。
〔註8〕上述兩段，均引自清陳壽祺所輯尚書大傳佚文中，見卷二，頁3、6。
〔註9〕見嘉祐集卷七，頁6。
〔註10〕參見前書卷七，頁4、5。

故蘇氏曰：

> 經曰：五、皇極，皇建其有極，斂時五福，用敷錫厥庶民。此言皇極
> 建而五福備，使經云皇極之不建，則必以六極易五福矣，焉在某條而入之
> 乎！且皇極，九疇之尤貴者，故聖人位之於中而貫上下；譬曰庶驗然：曰
> 雨曰暘曰燠曰寒曰風曰時，時於雨暘燠寒風各冠其上耳，又可列之以為一
> 驗乎，若是則劉之傳惑且強明矣〔註11〕。

是以蘇氏亦表列一圖以示已意：

皇極之建	貌恭肅 言從乂 視明哲 聽聰謀 思睿聖	木曲直 金從革 火炎上 水潤下 土稼穡	時雨 時暘 時燠 時寒 時風	五福	皇極不建	貌不恭狂 言不從僭 視不明豫 聽不聰急 思不睿蒙	木不曲直 金不從革 火不炎上 水不潤下 土不稼穡	常雨 常暘 常燠 常寒 常風	六極

蘇氏之圖，其與劉氏不同者，在皇極不列於條配之中，而與五福六極相對；五福六
極不分別配五行五事庶徵，而總以為皇極建不建之應；又五行之順序變易以配五事
與庶徵，與劉氏之順序不同；以皇極不與於條入之列，故無外加之目如劉氏之「旽」、
「陰」者，一以經文為準。

（三）申經文之祕義

蘇氏既指前儒之疵，復經文之本貌矣，猶以為經文之義，有先儒所未發者，故
為之論曰：

> 經之次第，五行也以生數；至於五事也求之五行則相尅，何也？從五
> 常斯與相尅合矣。先民之論五行也，水性智而事聽，火性禮而事視，木性
> 仁而事貌，金性義而事言，土性信而事思；及其論五常也，以為德莫大於
> 仁，或失於弱，故以義斷之，義或失於剛，故以禮節之，禮或失於拘，故
> 以智通之，智或失於詐，故以信正之；此五常次第所以然也，五事從之，
> 所以亦然也〔註12〕。

此蘇氏分說其圖所以變易五行之序以配五事庶徵之故，亦有以五常之德相配為說之
意，蓋五常亦五事之則也。蘇氏又論「八政」曰：

〔註11〕同註9。
〔註12〕見嘉祐集卷七，頁8。

　　　　箕子言國家之政，無越是八者，周公制禮，酌而用之，故建六官，以
　　主八政，食與貨則天官，祀與賓則春官，師則夏官，司空則冬官，司徒則
　　地官，司寇則秋官，此得其正矣〔註13〕。

蘇洵以爲周禮六官與洪範八政，有紹承之關係，蓋鄭玄以爲食爲周官之稷官，貨即
司貨賄，賓則大行人，如此之類則周官官三百六十，而洪範止有其八，何其鮮哉！
而孔穎達則以爲「司貨賄、大行人皆事主，非復民政」；蘇氏以爲「事雖非民，亦未
害爲政」，故謂孔疏失義，而鄭康成則失之過狹；故爲是論以明之〔註14〕。其論「稽
疑」曰：

　　　　七稽疑。擇建立卜筮人。孔安國謂知卜筮人而立之。夫知卜筮人天下
　　不爲鮮矣，孜孜然以擇此爲事則委瑣不亦甚乎！吾意卜筮至神，人所諒而
　　從者，導之善，人必諒而從之，蜀莊是矣；導之惡，人亦諒而從之，邱子
　　明是也。聖人懼後人輕其職，使有如邱子明輩，故曰擇建立卜筮人，謂擇
　　賢也〔註15〕。

孔傳謂「擇卜筮人」者，乃擇其知卜筮技術者，而蘇氏則以爲所擇在賢德，非卜筮
之術，蓋任官惟賢，卜筮之官，通天人者，其無德可乎！至於三公六卿，其擇之於
賢德者又當甚於卜筮矣。

四、蘇洵尚書學之影響與評價

　　蘇洵解洪範，一以經文爲準，指劉向五行傳所言，適足以導人於歧途，而使經
義隱晦，其流入於神巫讖緯矣。蘇氏棄五行傳之說而以經文爲正，其廓清之功甚大。
當其時，歐陽修亦欲取九經之疏，刪去讖緯之文，使學者不爲怪異之言，而經義歸
於純一；其言不果行〔註16〕。蘇洵之論，與歐陽永叔之言相間而起，亦一時風氣之
先也。

　　明允洪範之說，其子蘇軾著東坡書傳，於洪範篇說五行、五事相配，與其父同，
其言曰：

　　　　山川之有草木，如人之有容色威儀也，故貌爲木，而可以治爾；金
　　之聲如人之有言也，故言爲金，可以治暘；火之外景如人之有目也，故
　　視爲火而可以治燠；水之內景如人之有耳也，故聽爲水而可以治寒；土

〔註13〕見前書卷七，頁9。
〔註14〕參同前註。
〔註15〕同註13。
〔註16〕參見困學紀聞卷八，頁38，及本論文歐陽修一節中。

行于四時，金木水火得之而後成，如人心之無所不在也，故思爲土可以治風〔註17〕。

其相配之序與洵相同，而說義則頗新異，與蘇洵五常相勝之說不同，然蘇軾謂「如何所云者，其合于五勝，適會其然耳，從而爲之說則過矣」，指劉向之失，則又與蘇洵同也。蘇轍有洪範五事說，用醫家之說與其父異趣〔註18〕。

張文伯作九經疑難，其於洪範則有「蘇氏闢漢儒之失」一條，以爲蘇洵之論勝漢儒，然亦有失，其言曰：

> 蘇子知劉氏之失，立論以非之，是矣，而其自爲說，則又以理五行，資五事，正五事賴於皇極，五行含羅九疇者也，五事檢御五行者也，皇極裁節五事者也，此亦不可；五行之用，特於九疇，何以能含羅九疇乎？五事之在人，無與於五行，何以能檢御五行乎？皇極之道，凡天下事皆欲歸之，八政、三德之類亦然；言惟裁節五事而已哉；乃欲以一治三，以三治九，以九治五十，以五十治百，未見其可也；且謂王極之建，凡九疇皆序亦可矣，若皇極之不建，吾不知木何以不曲直，金何以不從革，土何以不稼穡；至於六極之中，生而抱病謂之疾，狀貌醜陋謂之惡，勢力孤寡謂之弱，此皆出於天命，非人所爲也，今以皇極不建，五事不當，五行不順，乃使人疾，使人惡，使人弱者，有是理乎！故夫蘇子之論，正與五行傳辨，而未免五行傳之惑也。誠使劉氏之傳，舉而焚之，不爲後儒惑，則九疇之義昭昭矣〔註19〕。

此說宋末章如愚山堂考索亦引用之〔註20〕。林之奇尚書全解稱老蘇闢漢儒之穿鑿，切中其病，然其自爲說猶有未盡；雖然，亦可謂善守約矣〔註21〕。又評蘇氏皇極之論曰：

> 老蘇曰：致至治總乎大法，立大法本乎五行，理五行則資五事，正五事賴于皇極。……某竊以爲此說不然。夫皇極在於五行、五事、八政、五紀之後，三德、稽疑、庶徵、福極之前者，此蓋其彝倫之序，出於自然而不可易也；九疇以序言，序之先後各有定體，設使聖人之意，謂皇極行九疇之義，理五行，資乎五事，正五事賴乎皇極，則是九疇當先皇極矣。今

〔註17〕見東坡書傳卷十，頁5。
〔註18〕參見欒城三集卷八，總頁69。
〔註19〕見卷三，總頁253、254、355。
〔註20〕參見卷五經籍門，頁9。
〔註21〕參見卷二四，頁13、14。

其彝倫之序，先之以五行，次之五事，次之八政、五紀，然後及於皇極，

而說者乃謂皇極爲九疇之主，豈不謬哉〔註22〕。

林氏以爲皇極乃九疇中之一疇耳，與他疇相當，不可言皇極正五事、理五行，蓋九疇以序言也。又吳仁傑作尙書洪範圖辨，乃爲辨蘇洵父子之說而作也〔註23〕而趙善湘作洪範統一，則明言取眉山之志，蓋取用蘇洵之說爲多〔註24〕。王柏書疑，有洪範圖、洪範疑、洪範考異，以九疇皆相配，並評老蘇曰：

本朝老蘇氏遂以恭從明聰睿爲皇極之建，而雨暘燠寒風之皆時，由是而有五福；以狂僭豫急蒙爲皇極之不建，而雨暘燠寒風之皆恆，由是而有六極；其剖析亦稍明，自可一洗漢儒之陋，然木金火水土之配，尚襲舊說，奈何〔註25〕！

是亦稱蘇洵之說有勝漢儒，而未能盡脫其舊陋爲失之。

第二節　蘇　軾

一、生平事略

蘇軾，字子瞻，四川眉州眉山人。生於宋仁宗景祐三年。年十歲，以父洵游學四方，母程氏親授以書，聞古今成敗，輒能語其要。比冠，博通經史，善屬文，好賈誼、陸贄書，既而讀莊子而歎得其心。嘉祐二年，試禮部，爲「刑賞忠厚之至論」，受知於歐陽修；後復以春秋對義居第一，殿試中乙科。未幾丁母憂。嘉祐五年，調福昌主簿，歐陽修薦之祕閣，試六論，文義粲然，復對制策入三等，除大理評事簽書，鳳翔府判官。平治二年，入判登聞鼓院，英宗聞其名，欲召入翰林知制誥，韓琦以爲應稍緩。後得直史館。父洵卒，爲父求朝廷贈官爲光祿勳。熙寧二年，王安石執政，素惡其論異己，以判官告院。四年，王安石欲變科舉，興學校，軾上議以爲非；王安石創行新法，軾上書論其不便，安石滋怒，使御史論奏其過，窮治無所得。軾遂請外通判杭州。時新政日下，軾在杭每因法以便民，民賴以安。徙知密州，又知徐州，治河缺有功，卒全其城。徙知湖州，以事不便民，又不敢言，托以詩諷喻。御史摭其表語，以爲訕謗朝政之證，逮赴臺獄，欲寘之死，鍛鍊久之不決。神宗憐之，以黃州團練副使安置，在黃築室東坡，自號東坡居士。三年，神宗數有意

〔註22〕見林之奇全解卷二四，頁 32、33。
〔註23〕參見經義考卷九六，頁 3 引王應麟之言。
〔註24〕考見其書前附自序。
〔註25〕見書疑卷五，頁 8。

復用，輒爲當路者沮之。後移汝州，未至遷常州。神宗崩，哲宗立，復朝奉郎知登州，召爲禮部郎中，遷起居舍人。元祐元年，軾以七品服入侍延和，尋除翰林學士。二年，兼侍讀。每進讀至治亂興衰，邪正得失之際，未嘗不反覆開導。四年，積以論事爲當軸者所恨，恐不見容，請外；拜龍圖閣學士知杭州，治杭西湖水患，浚湖取葑泥爲隄，民謂之蘇公隄。六年，召爲吏部尚書；數月，復以讒請外知潁州。七年徙揚州，未閱歲，以兵部尚書召兼侍讀，尋遷禮部兼端明殿翰林侍讀兩學士，爲禮部尚書。八年，哲宗親政，乞補外出知定州。紹聖初，御史論軾掌內外制日，所作詞命，以爲譏斥先朝，遂以本官知英州，尋降一官；未至貶寧遠軍節度副使，惠州安置；居之三年，又貶昌化，著書爲樂。徽宗立，移廉州，改舒州團練副使。徙永州。更赦故復朝奉郎。建中靖國元年，卒于常州，年六十有六〔註26〕。

蘇軾爲文，嘗自謂作文如行雲流水，初無定質，但常行於所當行，止於所不可不止。其文渾涵光芒，雄視百代〔註27〕。有東坡集四十卷，後集二十卷，奏議十五卷，內制十卷，外制三卷，和陶詩四卷。東坡之經學著作，則有易傳，乃承父遺命而成，又有論語說，二者皆成於居黃州之時。書傳十三卷，草於居海南之時。蘇轍謂能「推明上古之絕學，多先儒所未言〔註28〕」。東坡亦好書法，後世推爲宋四家之一，宋代尚意書風之始祖；而墨竹之作，與其友文與可稱大家焉〔註29〕。

二、尚書之著作及著錄

蘇軾尚書之主要著作，有書傳一書。文集中有「與鄭靖老書」云：「到廉，廉守云公已行矣。志林未成，草得書傳十三卷〔註30〕。」四庫全書提要云：「是書宋志作十三卷，與今本同，萬卷堂書自作二十卷，疑其傳寫之誤也。」今學津討原本東坡書傳作二十卷。張海鵬跋云：「四庫全書所錄亦十三卷，此本作二十卷，與萬卷堂書自合，不知分自何人。明吳興凌濛初有序，袁了凡、楊用修、姚承菴、沈則新皆有批，則此二十卷似非傳寫之誤。」胡玉縉撰提要補正云：「陸氏、丁氏藏書志，並有明刊本二十卷。瞿氏目錄有焦竑刻兩蘇經解六十二卷，其中書傳亦二十卷，祕籍志同。」蘇氏書傳，據其自言及宋志爲十三卷，蓋其原本分卷之數也；厥後傳者或

〔註26〕參宋史本傳，東坡年譜（王宗稷編），蘇轍東坡先生墓誌銘。
〔註27〕參宋元學案卷九十九蘇氏蜀學略。
〔註28〕參宋史本傳，東坡先生墓誌銘。
〔註29〕東坡書法之於宋，有四家之稱，四家者：蔡襄、蘇軾、黃庭堅、米芾，蔡襄之書風，承唐餘緒，法度謹嚴，是宋尚意之風，以蘇軾始之。蘇軾與文與可言墨竹之作，屢見於其文集中如題文與可墨竹，文與可墨竹屏風贊等。
〔註30〕王宗稷編東坡先生年譜元符三年下引。

重行分卷,釐爲二十卷,其分二十卷,明時已確然存在,一如胡、張二氏之說,則提要以爲「傳寫之誤」,其說恐非。按蘇子瞻作書傳,分十三卷,乃依書孔傳十三卷爲之;後世分二十卷,蓋依尚書正義之卷數,即今日所見之本。

東坡尚書之作除書傳之外,其有論及尚書者,尚有〈省試刑賞忠厚之至論〉一首,〈伊尹論〉,〈周公論各〉一篇,而東坡志林有論湯、武之事〔註31〕又有〈天子六筆之制〉策論及五等之爵,〈郊祀奏議〉有論及「肆類上帝、禋于六宗」一章,有〈禹之所以通水之法〉策論及禹貢者。

三、蘇軾之尚書學

蘇軾以文學名家,其詩、詞、文章,氣勢雄邁如汪洋;其藝術之表現於書法,蔡、蘇、黃、米四家,以蘇擅其名,而墨竹一藝,亦稱宗師,凡此皆有定論。蘇軾經學,其易傳乃秉父遺命補成〔註32〕,未必皆彼之見,論語說鮮爲人所引用,唯書傳之作,全出於己志,亦往往爲諸家學者所引用;是知蘇氏經學之見,實以書傳爲眞詮。紀昀云:「洛閩諸儒,以程子之故,與蘇氏如水火,惟於此書有取焉,則其書可知矣〔註33〕。」斯論得之。今就東坡書傳爲主,參以相關之篇分述其尚書之學如下:

(一)書傳創作之動機

東坡書傳,草於宋哲宗元符三年庚辰,時在儋耳,年六十五歲。東坡以屢逆王安石,兼力反新法,宣仁后崩,哲宗親政之後,蘇氏又嘗奏免保甲及兩稅折變科配,其後爲御史所劾,貶英州、惠州、瓊州,居儋耳昌化,乃有書傳之作;是書傳之所以成,或有感於王安石黨之屢加迫害,因而爲之。故其書中所論,幾乎專駁王安石三經新義中之書義,雖其書傳之中未嘗有一言及王介甫,然其論說,每曰「學者」、「近時學者」、「俗儒」、「近世儒者」、「後世好殺者」等,皆暗指王安石新書義而言,並譏其新法之害。其實東坡書傳見解,自始即與王氏相違。宋馬永卿曰:

> 元祐中,東坡知貢舉日,並行詩賦、經義,書題中出——而難任人,蠻夷率服;注云:任,佞也;難者,拒之使不得進也。難任人,則忠信昭而四夷服。東坡習大科日,曾作〈忠信昭而四夷服論〉,而新經與注意同。當時舉子謂東坡故與金陵異說,以爲難於任人則得賢者,故四夷服〔註34〕。

〔註31〕諸篇均見於蘇東坡全集。
〔註32〕同註26。
〔註33〕見四庫全書提要。
〔註34〕見馬永卿嬾眞子卷一。

是當時學者，皆知蘇氏之駁斥王說矣。邵博見聞後錄云：

> 東坡倅錢塘日，答劉原道書云：近見京師經義題……又有其善，喪厥善。其、厥不同，何也。……似此類甚眾，大可痛駭。時熙寧初，王氏之學，務為穿鑿至此〔註35〕。

宋李燾亦以為「當安石萌芽，唯光、軾能逆折之。見於所述文字，不一而足。軾著書傳，與安石辯者凡十八、九條，尤為切近深遠，其用功不在決洪水，闢揚墨下〔註36〕」，今考東坡書傳之有長篇註釋者，多有為而發，而每及「近世學者」，據東坡書傳所云「近世學者喜異而巧于鑿」，而王安石三經新義傷於鑿〔註37〕，已成定論，則所謂近世學者，乃指王安石〔註38〕。且審夫林之奇尚書全解，亦每指東坡某說專為王安石而發者。尚書全解牧誓云：

> 孔氏之說既鑿，王氏之說抑又甚焉。其說有曰：鉞所以誅，旄所以教；黃者信也，白者義也，誅以信故黃鉞，教以義故白旄；無事於誅，故左杖黃鉞，有事於教，故右秉白旄。王氏之說經，未嘗肯從先儒之說，至於此說則從，非徒從之，又從而推廣之，惟其喜鑿故也。……故蘇氏於此篇則併先儒而譏之，以謂黃鉞以金飾也，軍中指麾，白則遠見，王無自用鉞之理，以為儀耳，故左杖黃鉞；秉麾非右手不能，故右秉白旄；此事理之常，本無異說，而學者妄相附致，張為議論，皆非其實，凡若此者不取。蘇氏此說，可謂盡之矣〔註39〕。

東坡所謂「近世學者」，林少穎確指為王氏而言者，見於尚書君陳篇之解。東坡書傳曰：

> 而近世學者乃謂當斷不可以不忍，忍所以為義，是成王教君陳果于刑殺，以殘忍為義也〔註40〕。

尚書全解則曰：

> 蓋王氏解經，多以忍為義，亦多以仁、義對說，如今立政篇容德、義德，亦曰：言義則知容之為仁，言容則知義之為忍。……蓋忍者，先儒以為含忍是也。蘇氏曰：有殘忍之忍，有容忍之忍。近世學者乃謂當斷不可

〔註35〕見邵博見聞後錄卷二十。
〔註36〕見愛日齋叢鈔卷二引李燾之說。
〔註37〕「王氏傷於鑿」，見於朱熹與蔡仲默帖，朱子語類綱領引述之。並參程元敏先生三經新義輯考彙評（一）尚書中尚書新義總評一章。
〔註38〕參見前書諸家評論及載引佚文按書分條考一章中，蘇軾東坡書傳條。
〔註39〕見林之奇尚書全解卷二三牧誓篇。
〔註40〕見東坡書傳卷十六。

以不忍，忍所以爲義，是成王教君陳果於刑殺，以殘忍爲義也。夫不忍人

之心，人之本心也，故古者以不忍勸人，以容忍勸人則有之矣，未有以殘

忍勸人者也。此蓋指王氏以爲言〔註41〕。

以此推之，東坡所謂「近世學者」等稱謂，均指王安石無疑矣。陳善捫蝨新話云「荆
公於三經新義，託意規諷，至於大誥篇則幾乎罵矣。召公論眞有爲而作也。後東坡
作書解論，又矯枉過直而奪之〔註42〕。」陳氏以爲蘇軾之駁王安石，有意氣之爭，
矯枉過直，蓋彼重在王安石依經立說之用故也。程元敏先生亦以爲所謂「近時學者」，
當謂王安石〔註43〕。

（二）蘇軾書傳駁斥王安石之論

　　既知蘇東坡書傳之作，乃專就荆公而發，則凡王安石託尙書以明其新法意者，
俱爲蘇氏所辯駁。王安石之借三經發揮新法之義，古今皆有論之矣。如陳善以爲「託
意規諷」，汪應辰則於張綱書解云：

臣竊以王安石訓釋經義，專以濟其刑名法術之説〔註44〕

林之奇尙書全解大誥篇云：

　　王氏此言，假之以爲新法地也。故每於盤庚遷都，周公東征，以傅會

其説而私言之，以寓其意焉。殊不知己之所爲，與盤庚、周公之事相近，

而實不侔也〔註45〕。

又湯誥篇中云：

　　王氏此説，徒以其爲新法之地而已，學者遂信之，以成湯之意果如是，

豈不誤歟〔註46〕！

王安石既藉經籍以爲新法立本，是以蘇氏書傳每就其所倡議者加以反擊。今安石之
書已佚，不可得其全貌，茲據程元敏先生所輯成〈三經新義輯考彙評（一）——尙
書〉之資料，復加細考東坡書傳，以論其反王之論，茲分七項言之：

1、反新政

　　王安石於熙寧之際，推行新法，故其書義，亦每有求新之論，以貶斥反對新法
之人。其康誥義云：

〔註41〕見尚書全解卷三六。
〔註42〕見陳善捫蝨新話卷一。
〔註43〕程先生之論，見其三經新義輯考彙評（一）尚書上編頁236之註十六。
〔註44〕見經義攷卷八十引。
〔註45〕見尚書全解卷二七。
〔註46〕見前書卷十五。

敬明乃罰者，教康叔以作新民之道也。民習舊俗，小大好草竊姦宄，卿士師師非度，而一日欲作而新之，其變詐強梗，將無所不為，非有以懲之則不知所畏，故當敬明乃罰也〔註47〕。

蘇東坡書傳，則每藉尚書以發揮其論辯，加以諷刺。其書傳於咸有一德篇云：

一者不變也。如其善而一也，不亦善乎！如其不善而一也，不幾桀乎？曰：非此之謂也，中有主之謂一；中有主則物至而應，物至而應，則日新矣；中無主則物為宰，凡喜怒哀樂皆物也，而誰使新之；故伊尹曰：始終惟一，時乃日新。予嘗有言：聖人如天，時殺時生，君子如水，因物賦形，天不違仁，水不失平，惟一故新，惟新故一；一故不流，新故無斁，此伏犧以來所傳要道也。伊尹恥其君不如堯舜，故以是訓之。如眾人之言新，而一非新也。伊尹曰：一所以新也。是謂萬物並育而不相害，道並行而不相悖〔註48〕。

其言一者，非謂固執不通，謂乃為事之準則，有一於中則常新，無一於中則雖新而實物宰之已；王安石執己私意以行所謂新法，則亦宰於物而已。又東坡書傳盤庚上云：

斆，教也。由乃在位者，教自有位而下也。箴規也，服事也，矇誦工諫，士傳言，庶人謗于市，此先王之舊服正法也；今民敢相聚怨誹，疑當立新法，行權政，以一切之威治之。盤庚，仁人也，其下教於民者，乃以常舊事而已，言不造新令也。以正法度而已，言不立權政也。曰無或敢伏小人之攸箴者，憂百官有司逆探其意而禁民言也。盤庚遷而殷復興，用此道斆〔註49〕？

東坡言殷之所以復興，蓋以能用先王舊服正法，而非新令權政，此仁君教治其民之法，此顯然為王氏新法而發者也。

2、主人治

王安石推行新法，是欲以法治天下，一如申商，故其新法屢下，保甲、保馬、青苗、免役等法頒行，新法如毛，民或困之。三經新義書義召誥「節性」云：

當明政刑以節之〔註50〕。

是其推行新法之本意，即以法治國家也。東坡傳書亦每論徒以法治國之弊。其書傳曰：

唐虞官百而天下治，夏商暠為倍之，德衰而政卑也。堯舜官天下，無

〔註47〕見前書卷二八引王安石之說。
〔註48〕見東坡書傳卷七，頁19。
〔註49〕見前書卷八，頁1。
〔註50〕見尚書全解卷三十頁25引。

患失之憂，故任人而不任法；人得自盡也，故法簡官少而事省。夏商家天下，惟恐失之，不敢以付人，人與法相持而行，故法煩官多而事冗。後世德愈衰，政愈卑，人愈不信，而一付之法，吏不敢任事，相倚以苟免，故法愈亂，官愈多而事不舉；人主知此則治矣〔註51〕。

蘇東坡之所謂後世者，雖未明言所指，然以當時國政察之，則必暗指新法也。東坡又曰：

春秋傳曰：鄭子產鑄刑書。晉叔向譏之曰：昔先王議事以制，不爲刑辟，其言蓋取諸此。先王人法並任，而任人爲多，故律設大法而已，其輕重之詳，則付之人，臨事而議，以制其出入，故刑簡而政清。自唐以前治罪科條，止于今律令而已。人之所犯，日變無窮，而律令有限，以有限治無窮，不聞其有所闕，豈非人法兼行，吏猶得臨事而議乎！今律令之外科條數萬，而不足于用，有司請立新法者日益而不已。嗚呼！任法之弊，一至於此哉〔註52〕！

蘇氏主人法兼用，而以任人爲多，法之煩多，徒增困擾，故其論法，主簡約。其說「五流有宅，五宅三居」曰：

三居如今律，五流其詳不可知矣。堯舜以德禮治天下，雖有蠻夷寇賊，時犯其法，然未嘗命將出師，時使皋陶作士，以五刑三就，五流三居之法治之足矣〔註53〕。

既以任法有弊，則任人唯賢，治民以德，其必然之理也。是以東坡於書傳曰：

民之弗率，不以政令齊之，而以話言曉之，此盤庚之仁也〔註54〕。

3、去刑戮

任法者既以法治人，則必倚刑罰以威畏之，使民服行而不越軌，斯法之大用也。王安石以爲：

民悦汝德，乃以汝罰之行也。有罪而不能罰，則小人無所懲艾，驕陵放橫，責望其上無已。雖加以德，未肯心說，故于罰行，然後說德也〔註55〕。

是王安石之治國，實主「道之以政、齊之以刑〔註56〕」一路，而王氏於召誥義云：

不敢慢小民而淫用非彝，亦當敢於殄戮有罪以乂民也〔註57〕。

〔註51〕見東坡書傳卷十六，頁9周官篇。
〔註52〕見前書卷十六，頁12、13。
〔註53〕見前書卷二，頁2舜典。
〔註54〕見前書卷八，頁8盤庚中。
〔註55〕見尚書全解卷二十八，頁37。
〔註56〕見論語爲政第二第三章。

蘇東坡書傳，即針對其言而論其失曰：

> 古今說者皆謂召公戒王過用非常之法，又勸王亦須果敢殄滅殺戮以爲
> 治。嗚呼！殄滅殺戮，桀紂之事，桀紂猶有所不果，而召公乃勸王，使果
> 于殄戮而無疑！嗚呼！儒者之叛道，一至于此哉！皋陶曰：與其殺不辜，
> 寧失不經。人主之用刑，憂其不慎，不憂其不果也，憂其殺不辜，不憂其
> 失不經也。今召公方戒王以慎罰，言未終而又勸王以果于殄戮，則皋陶不
> 當戒舜以寧失不經乎？季康子問孔子曰：如殺無道以就有道，何如？孔子
> 曰：子爲政，焉用殺！子欲善而民善矣。君子之德風，小人之德草，草上
> 之風必偃。夫殺無道以就有道，爲政者之所不免，其言蓋未爲過也，而孔
> 子惡之如此；惡其特殺以爲政也。今予詳考召公之言，本不如說者之意，
> 蓋曰：王勿以小民過用非法之故，亦敢于法外殄戮以治之。民自用非法，
> 我自用法；民自過，我自不過，稱罪作刑而已。民之有過，罪實在我，及
> 其有功，則王亦有德，何也？王之位，民德之先倡也。如此則法用于天下，
> 王亦顯矣。兵固不可弭也，而佳兵必亂；刑固不可廢也，而恃刑者必亡。
> 痛召公之意爲俗儒所誣，以啓後世之虐政，故具論之〔註58〕。

林之奇於此論曰：「凡書之告戒以不殺之言者，王氏皆以爲使之殺也。蘇氏破其說矣。
正猶治獄之吏，持心近厚者，惟求所以生之；持心近薄者，惟求所以殺之〔註59〕。」
其論兇當，亦可見蘇氏此論乃爲王氏而發也。不特此也，蘇氏於胤征篇亦評王氏之
論曰：

> 先王之論威愛，稱事當理而已，不惟不使威勝愛，若曰：與其殺不辜，
> 寧失不經。又曰：不幸而過，寧僭無濫。是堯舜已來，常務使愛勝威也。
> 今乃謂：威勝愛則事濟，愛勝威則無功。是爲堯舜不如申商也，可乎？此
> 胤侯之黨，臨敵誓師，一切之言當與申商之言同棄不齒，而近世儒者欲行
> 猛政，輒以此藉口，予不可以不辨〔註60〕。

蘇氏以王安石藉此行猛政，故解胤征說羲和忠於夏而貳於羿，故佯狂而沈湎於酒，
政時亂日，如此則此誓師之言，乃羿胤亂黨之言〔註61〕，不可據以言治道；夫如是，
則安石之言無所倚憑矣。林之奇尚書全解，多取於蘇氏之說，然於胤征則不主羲和

〔註57〕見尚書全解卷三十。
〔註58〕見東坡書傳卷十三，頁 11、12。
〔註59〕見尚書全解卷三十。
〔註60〕見東坡書傳卷六，頁 9、10。
〔註61〕見前書卷六，頁 5、6、7。

忠夏貳羿之說，於此章則以爲王、蘇二氏之說爲穿鑿之辭〔註62〕。蘇氏不主嚴刑殺戮，故其解舜典「流宥五刑」曰：

> 五刑墨劓荆宮辟也。作五流之法以宥。五刑之輕者，墨薄刑也，其宥乃至于流乎？曰：刑者終身不可復，而流者有時而釋，不賢于刑之乎？〔註63〕

其解舜典「四罪」曰：「殛、誅死也。流放竄皆遷也〔註64〕。」而孔傳則曰：「殛、竄、放、流皆誅也。」於此可見其薄刑之意。非特於中邦諸侯百姓如此，至於苗民，亦不敢輕用師旅。其說皋陶「苗頑弗即工，帝其念哉」句云：

> 今天下定矣，而苗猶不即工者，帝不可以不求諸己也。故曰：帝其念哉。此禹得之于益，班師而歸諫舜之詞也。而說者乃謂禹勸舜當念三苗之罪而誅之。夫所謂念哉者，豈誅有罪之言乎？〔註65〕

此所謂「說者」，實謂王安石也。

4、主寬緩

王介甫爲政，一切以法治之，威權並用，失之忠厚，而政下如驟，民難適從，故東坡解書，特重寬緩、忠厚之義。王安石解康誥「乃其速由文王作罰，刑茲無赦」句云：

> 此父子兄弟所以爲無可赦之道。周公誥康叔速由文王作罰刑，而誅此不孝不友之人。蓋殷俗之薄，非罰不能齊整其民而使之遷善，故其說不得不然也〔註66〕。

蘇氏則辯之曰：

> 我獨閔此人，不幸得罪於三監之世，不得罪于我政人之手，天與我民五常之性，而吏不知訓，以大泯亂，乃迫而麗之曰：乃其速由文王作罰，刑茲無赦。則民將辟罪不暇，而父子兄弟益相怨疾，至于賊殺而已，後雖大叟擊痛傷之，民不率也。舜命契爲司徒曰：敬敷五教，在寬。寬之言緩也，五教所以復其天性，當緩而不當速也〔註67〕。

王氏曰「速」，蘇子則曰「緩」，可見二者對立之態勢。蘇東坡解梓材「引養引恬」曰：

> 亂生於激，事不小忍而求速決，則釁故橫生，靡所不至，小引延之，

〔註62〕見尚書全解卷十三。
〔註63〕見東坡書傳卷二，頁8舜典。
〔註64〕見前書卷二，頁9。
〔註65〕見前書卷四，頁6皋陶謨。
〔註66〕見尚書全解卷二八康誥引。
〔註67〕見東坡書傳卷十二，頁8、9康誥。

人靜而亂自衰；使相容養，以至恬安，是謂引養引恬。古我先王，未有不
順此者，監無所用殺也〔註68〕。

其解「引」為引延之引，與王安石曰「引養者，引民而養之；引恬者，引民而恬之」
迥然大異，孔傳作「能長養民，長安民」，蘇解亦不取孔義，是其特標「引延」之義，
以為攻王之矛。其解蔡仲之命「詳乃視聽，罔以側言改厥度」句云：

以一偏之言而改其常度，非其本心也。生于視聽之不審爾。故患在欲
速，不在緩，緩則視聽審，而事無不中矣〔註69〕。

此句本與緩速之義無關，而東坡於此突發斯言，是有所為而發之也。

5、信五行災異

朱子語類云：「老蘇著洪範論，不取五行傳，而東坡以為漢儒五行傳不可廢。」
東坡之所以不繼其父之說而主不廢五行，蓋亦為王安石而為之者也。王安石解洪範
庶徵曰「若，似也」，又曰：

君子之於人也，固當思其賢，而以其不肖者為戒。況天者固人君之所
當取象也，則質諸彼以驗此，固其宜也〔註70〕。

朱熹嘗謂王氏之論，以為洪範庶徵，固不必如漢儒之說，必以某事與某徵相應，以
致使人難盡信服，然如安石之言，一齊都不消說感應，以若字作如似解，一如譬喻
之言，則亦不可〔註71〕。晁公武則論之曰：「以庶徵所謂若者不當訓順，當訓如；
人君之五事，如天之雨暘燠寒風而已。大意言天人不相干，唯有變異，不足畏也〔註
72〕。」王安石之思想，本無取陰陽災異之說，然以此為政，則君權無所歛抑，有流
於暴虐之弊，以神道設教之立場言之，五行災異之說，自亦有其效用，故蘇軾解書，
力主五行災異之說不可廢。其論高宗肜日云：

祖己之言曰：天之監人有常義，無所厚薄，而降年有永有不永者，非
天天人，人或以中道自絕于天也。人有不順之德，不聽之罪，天未即誅絕，
而以孽祥為符信，以正其德；人乃不悔禍，曰：是孽祥其如我何？則天必
誅滅絕之矣。今王專主于敬民而已，數祭無益也。夫先王孰非天嗣者，常
祀而豐于昵，其可乎？此理甚明。而或者乃謂先王遇災異，非可以象類求，
天意獨正其事而已，高宗無所失德，惟以豐昵無過。此乃諂事世主者，言

〔註68〕見東坡書傳卷十三，頁2、3。
〔註69〕見前書卷十五，頁3。
〔註70〕見尚書全解卷二五引。
〔註71〕朱子之論，見朱子語類卷七九。
〔註72〕見晁公武郡齋讀書志卷一。

天人本不相與，欲以廢洪範五行之說。予以爲五行傳未易盡廢也。書曰：
越有雛雉足矣，而孔子又記其雛于耳，非以耳爲祥乎？而曰不可以象類
求，過矣。人君於天下無所畏，惟天可以徹之，今乃曰天災不可以類象求，
我自視無過則已矣，爲國之害，莫大于此，予不可以不論〔註73〕。
蘇氏此一觀點，亦見於金縢篇之傳解中。其言曰：

大木既拔，築之而復生，此豈人力之所及哉！予以是知天人不相遠，
凡災異可以推知其所自，五行傳未易盡廢也〔註74〕。

五行傳既不可盡廢，所謂不可盡廢者，即取其義而不用其說，是以蘇氏傳洪範，即
據此一方法以解五事、庶徵，並加以相配而言。其論洪範五事曰：

聖人以爲此五者之事，可以交天人之際，治陰陽之變。山川之有草木，
如人之有容色威儀也，故貌爲木而可以治雨；金之聲如人之有言也，故言
爲金，而可以治暘；火之外景如人之有目也，故視爲火而可以治燠；水之
內景如人之有耳也，故聽爲水而可以治寒；土行于四時，金木水火得之而
後成，如人心之無所不在也，故思爲土，而可以治風；此洪範言天人之大
略也。或曰：五事之敘與五行之敘異，蓋從其相勝者。是殆不然，聖人敘
五事專以人事之理爲先後，如向所云者，其合于五勝，適會其然耳，從而
爲之說，則過矣〔註75〕。

據此則明見蘇氏駁斥王安石之論，有取於五行災異之說，然亦不盡全納劉向之說，
此所謂「不盡廢」之義證也。其論五事之配五行，均以類象之意求而論之，謂「如
人之某某」，即是也。蘇東坡既論天人既有相通之理，故凡感應、災異、祥瑞等書所
載之事，均一切持以爲論。其於說命，則言高宗夢得傳說爲可信，其言曰：

武丁恭默思道，神交于上帝，得良弼於夢中〔註76〕。

其於泰誓中「朕夢協朕卜」下云：

高宗言夢，文王、武王言夢，孔子亦言夢，其情性治，其夢不亂〔註77〕。

是其信夢有相感應之道也。其于禹貢「禹錫玄圭」云：

以五德王天下，所從來尚矣。……禹以治水得天下，故從水而尚
黑；……帝錫禹以元圭，爲水德之瑞，是夏尚黑也。此五德所尚之色，見

〔註73〕見東坡書傳卷八，頁24。
〔註74〕見前書卷平一，頁7。
〔註75〕見前書卷十，頁5。
〔註76〕見前書卷八，頁16。
〔註77〕見前書卷九，頁4。

　　于經者也〔註78〕。

此蘇氏據之以言五德終始之說，亦皆以類象求之，而以玄圭爲水德之瑞，是有取於符瑞之說矣。王安石則以爲「禹錫玄圭于堯，以告成功也。玄、天道也，歸功於堯，故錫玄圭〔註79〕」，蘇氏亦以此異王也。蘇東坡論舜典「納于大麓，烈風雷雨弗迷」句，則又用災異符瑞之說以駁斥王安石。其論曰：

　　　　或曰：大麓，太山麓也。古者易姓告代，必因泰山，除地爲墠，以告天地，故謂之禪。其禮既不經見，而考書之文，則堯見舜爲政三年，而五典從，百揆敍，四門穆，風雨不迷，而後告舜以禪位，而舜猶讓不敢當也。而堯乃於未告舜禪之前，先往太山以易姓告代，豈事之實也哉。書云：烈風雷雨弗迷。是天有烈風雷雨而舜弗迷也；今乃以爲陰陽和，風雨時，逆其文矣。太史公曰：堯使舜入山林川澤，暴風雷雨，舜行不迷，此其實也。堯之所以試舜者亦多方矣，洪水爲患，使舜入山林相視原隰，雷雨大至，眾懼失常而舜不迷其度量，有絕人者，而天地鬼神，亦或有以相之歟？且帝王之興，其受命之祥，卓然見於詩書者多矣：河圖洛書，玄鳥、生民之詩，豈可謂誣也哉！恨學者推之太詳讖緯，而後之君子亦矯枉過正，舉從而廢之，以爲王莽、公孫述之流，沿此作亂，使漢不失德，莽、述何自而起，而歸罪三代受命之符，亦過矣〔註80〕。

蘇東坡據文章之義，並引太史公之言，以爲「烈風雷雨」，乃「鬼神相之」，「受命之符」，其事眞有可信，而以「或曰」之說爲不然。此所謂「或曰」者，實即王安石之說也。王安石以爲大麓即泰山之麓，後世封禪之說，傅會於此，所以易姓告代也；而烈風雷雨弗迷者，則陰陽不失序也〔註81〕。按大麓舊有二說，孔傳以爲「大錄萬機」，史公以爲山林之麓，唯王安石以泰山之麓解之；王安石之說，乃以禮制爲基礎，而蘇東坡則以受命之符解之。此二家之大較也。

6、不宜以周禮解尚書

　　王安石三經新義，除周官新義外，皆雜出眾手，王介甫之愛周禮，蓋周禮者，王者治國之藍圖，聖人政治之要典也；王氏新政和戎、青苗、充役、保甲、市易五種，除和戎法之外，餘皆出於周禮〔註82〕。晁公武亦云：「介甫以其書理財者居半，

〔註78〕見前書卷五，頁3。

〔註79〕見傅寅禹貢集解卷二引。

〔註80〕見東坡書傳卷二，頁3。

〔註81〕見董鼎書集傳輯錄纂疏卷一。又林之奇尚書全解卷二。

〔註82〕見臨川集卷四一。上神宗五事箚子。

愛之，如行青苗之類皆稽焉，所以自釋其義者，蓋以其所創新法盡傅著之，務塞異議者之口〔註83〕。」安石之重視周禮，可見一斑矣。其釋三經，皆務爲新法張本，故其解書解詩，亦多據周禮之說立言，祈三經一體協力，馳新法而拒眾議也。安石解詩，主「詩禮足以相解」。其答吳孝宗書云：

> 子經以爲詩禮不可以相解。乃如某之學，則惟詩禮足以相解，以其理同故也〔註84〕。

王氏釋詩經〈兩無正〉篇之「正大夫」，則曰「周官八職，一曰正，六官之長是也〔註85〕」，是其明徵。王氏雖未明言周禮與尚書之關係及其所採取之態度，然就王氏新義佚文考之，亦足見王氏亦以周禮解書，以使尚書與周禮協諧同義。王氏於尚書周官篇「冢宰掌邦治，統百官，均四海」下云：

> 爲其以賦式理財爲職，故曰均。

> 周官一書，理財居其半，故以理財爲冢宰之職〔註86〕。

其解舜典「象以典刑」云：

> 象者，垂以示人之謂。若周官垂治象、刑象之法于象魏是也〔註87〕。

王安石以周官之言理財獨多，故以之解冢宰之職，考之晁公武之說，亦不誣矣。然周禮一書，北宋慶曆之間，已備受議疑，陸游嘗言有「毀周禮」者〔註88〕，蘇東坡亦其中之重要角色。東坡策〈天子六軍之制〉云：

> 其言五等之君，封國之大小，非聖人之制也，戰國所增之文也。……

> 先儒或以周禮爲戰國陰謀之書，亦有以也〔註89〕。

蘇氏既不信周禮，故謂以禮推解尚書者，皆爲未宜。其解舜典「六宗」云：

> 孔安國六宗：四時也，寒暑也，日也，月也，星也，水旱也，其說自西漢有之，意其必有所傳受，非臆度者，其神名壇位，皆不可以禮推，猶秦八神，漢太乙之類，豈區區曲學所能以私意損蓋者哉〔註90〕。

書之義既不必以禮推之，則以周禮解尚書，其事可議。東坡于武成〈分土爲三〉下云：

〔註83〕見郡齋讀書志卷二。
〔註84〕見臨川集卷七四。
〔註85〕見呂祖謙家塾讀詩記引。
〔註86〕見尚書全解卷三六。
〔註87〕見前書卷二。
〔註88〕見王應麟困學紀聞卷八經說條引陸游之說。
〔註89〕見蘇東坡全集卷九策問。
〔註90〕見東坡書傳卷二，頁5。

公侯百里，伯七十里，子男五十里，自孟子、王制皆云爾，此周制也。鄭子產言列國一同，今大國數圻，若無侵小，何以至焉。而周禮乃曰：公之地五百里，侯四百里，伯三百里，子二百里，男百里，凡五等。禮曰：封周公于曲阜，地方七百里，皆妄也。……而近歲學者必欲實周禮之言，則為之說曰：公之地百里而已，五百里者，并附庸言之。夫以五百里之地，公居其一，而附庸居其四，豈有此理哉。予專以書、孟子、王制及鄭子產之言考之，知周禮非聖人之全書明矣〔註91〕。

東坡此說，亦見於〈天子六軍之制〉策，此言「近歲學者」，蓋指王安石也，王氏欲孟子、王制與周禮無相悖，故創立此說以調停之。今王氏之論說已佚而不見，然此說尚存黃倫尚書精義引胡氏之言中，其言曰「周官之制，兼附庸而言之」，其論或即本之安石〔註92〕。

雖然，東坡亦偶有引周禮以傳書者，其於君牙篇「太常」下云：

周禮司勳，凡有功者銘書于太常，祭于大烝，曰月為常〔註93〕。

此東坡所謂周官非聖人之全書，而猶有取之者焉。

7、其他駁斥王氏之論說

東坡既不滿王安石之新政，復恨其藉聖經以為新政張本，故其書傳，每針對介甫之說而反之，除李燾所謂「與安石辯者凡十八、九條」外，其他或刻意異王反王之論，所在多有，茲例舉以見一斑。尚書並益稷「予乘四載，隨山刊木」一句，王安石以為「鯀治水九載，兗州作十有三載乃同，禹之代鯀，蓋四載而成功也」，東坡則以為：

水行乘舟，陸行乘車，泥行乘輴，山行乘樏，秦漢以來師傳如此，且孔氏之舊也，故安國知之，非諸儒之臆說也。四載之解，雜出尸子、慎子，而最可信者，太史公也。亦如六宗之說，自秦漢以來尚矣，豈可以私意曲學，鐫鑿附會為之哉，而或者以為鯀治水九載，兗州作十三載，乃同，禹之代鯀，蓋四載而成功也。世或喜其說。然詳味本文，予乘四載，隨山刊木，則是駕此四物以行于山林川澤之間，非以四因九通為十三載之辭也。按書之文，鯀九載績用弗成，在堯未得舜之前，而殛鯀在舜登庸歷試之後，鯀殛而後禹興，則禹治水之年，不得與鯀之九載相接，兗州之功，安得通

〔註91〕見前書卷九，頁12、13。
〔註92〕見黃倫尚書精義卷二八。參呂氏家塾讀記詩記魯頌閟宮「錫之山川，土田附庸」下，引王氏之言，可證此說乃王安石之論也。
〔註93〕見東坡書傳卷十八，頁4、5。

四與九爲十三乎！禹之言曰：娶于塗山，辛壬癸甲。是娶在治水之中。又
曰啓呱呱而泣，予弗子，唯荒度土功，是啓生在水患未平之前也。禹服緦
三年之喪，自免喪而至于娶，而至于娶，而至于子，自有子至于止禹而泣，
亦久矣，安得在四載之中乎？反覆考之，皆與書文乖異。書所云作十有三
載乃同者，指兗州之事，非謂天下共作十三載也。近世學者喜異而巧于鑿，
故詳辯之以解世之惑〔註94〕。

此所謂「近世學者」，乃指王安石也。王安石之說，不見他書引用，唯東坡書傳引而
評辯之，蓋其說牽附數目，大反舊說，爲學者所非，東坡辯之甚詳明，故其說遂浸
佚也。又湯誓篇「升自陑」句，王氏以爲「升陑，非地利也，亦人和而已〔註95〕」，
蘇東坡則曰：

升陑而戰，記事之實，猶泰誓師渡孟津而已。而或曰：升高而戰，
非地利，以人和而已。夫恃人和而行師于不利之地，亦非人情，故皆不
取〔註96〕。

王氏以爲人和爲戰之主，勝於地利，此亦孫子兵法之理論〔註97〕，其說蓋亦前取於
劉敞之說〔註98〕。東坡則以爲人和雖可取，地利亦不可棄，陷不利之地而戰，非戰
之上策也，是以主記事之實爲辭。至於洪範「五事」之義，王安石以爲五事之序，
自有其義，曰：「五事以思爲主，而貌最其所後也，而其次之如此，何也？此言修身
之序也。恭其貌，順其言，然後可以學而至於哲；既哲矣，然後能聽而成其謀；能
謀矣，然後可以思而至於聖。思者，事之所成終而所成始也，思所以作聖也；既聖
矣，則雖無思也，無爲也，寂然不動，感而遂通天下之故可也〔註99〕。」而東坡則
以爲「五事」之序，乃人成長官能運用先後之序也。其言曰：

人之生也，五事皆具而未能用也。自其始孩而貌知恭，見其父母，匍
匐而就之，擎跽而禮之，是貌恭者先成也；稍長而知言語以達其意，故言
從者次之；于是始有識別，而目乃知物之美惡，耳乃知事之然否，於是而
致其思，無所不至矣。故視明、聽聰、思睿者又次之〔註100〕。

此五事之序義言之，王氏之說，實較東坡平順而有深意，東坡則流於牽強附會，可

〔註94〕見前書卷四，頁2，王安石之說亦載引於此。
〔註95〕見尚書全解卷十四。
〔註96〕見東坡書傳卷七，頁2。
〔註97〕見孫子兵法行軍第九。
〔註98〕見晁公武郡齋讀書志卷四。
〔註99〕見臨川集卷六五洪範傳。
〔註100〕見東坡書傳卷十，頁5。

見東坡之故與王異，致有不辨義理而強言之者焉。

東坡書傳，雖處處皆爲新義而發，亦每每勉與之異，然亦有取於王氏之處，唯未加聲張耳。若皐陶謨「思曰贊贊襄哉」，王氏曰：「思曰之曰，當作日，形近之訛〔註101〕。」東坡亦曰：「曰當作日」，又於益稷篇「予思日孜孜」下云：

> 皐陶曰：予未有知者，猶曰吾不知其他也，思日夜贊襄而已。……
> 皐陶之意曰：吾不知其他也，思日夜進益而已。……禹亦因皐陶之言而進之曰予何言。…又曰：予思日孜孜者，亦猶皐陶之思日贊贊襄哉也。其言皆相因之辭。予是以知曰之當爲日也。伏生以益稷合于皐陶謨，有以也夫〔註102〕。

此「曰」疑當爲「日」，始於王安石，而東坡、張九成、蔡沈、王柏等均取用其說；東坡於此未言二孔之舊說，亦於新說未加一辭以明其源，特於益稷篇詳加辯理，而曰「以是知之」者，一如己所獨見，未有因於前人焉；此亦特爲之耳，以示己無所取於王氏也。

（三）疑尚書序及經文之誤

陸游嘗云：「唐及國初，學者不敢議孔安國、鄭康成，況聖人乎！自慶曆后，諸儒發明經旨，非前人所及。然排繫辭，毀周禮，疑孟子，譏書之胤征、顧命，黜詩之序，不難於議經，況傳、注乎〔註103〕！」東坡於此，既有毀周禮，又有譏書，而於疑經，陸氏未言，其實蘇軾早有疑經傳之論。屈萬里先生曾曰：「宋代疑經之說，大致可分三類：一是懷疑經義之不合理；二是懷疑先儒所公認的經書作者：三是懷疑經文的脫簡、錯誤、訛字等〔註104〕。」第一類疑經義之不合理，即宋代新經義之所以起；第二類疑作者，發展遂成後世疑僞之濫觴；第三類之疑乃就文辭字義立說。然三類之間亦相摩相盪之效。東坡於書經，於小序有疑其義之不明者，有疑其闕誤者，甚至有棄小序而不用者；於經文則多疑其錯簡、闕文、訛字。茲分述之如下：

1、疑小序

東坡之疑小序，亦分數端言之：

（1）疑小序之義

尚書金縢序云：「武王有疾，周公作金縢。」唐孔氏於此，亦嘗爲小序辯曰：「案經周公策命之書，自納金縢之匱，及爲流言所謗，成王悟而開之，史敘其事，乃作

〔註101〕見王柏書疑卷二引。
〔註102〕見東坡書傳卷四，頁1。
〔註103〕見同註88。
〔註104〕見屈萬里先生書傭論學集，宋人疑經的風氣一文。

此篇，非周公作也。序以經具，故略言之〔註105〕。」東坡於書傳則直指作者非周公。
其言曰：

　　　金縢之書，緣周公而作，非周公作也。周公作金縢策書爾〔註106〕。

東坡之說，雖與唐孔穎達無異，然孔氏乃以迴護立場言之，而東坡則直指其失，疑
小序之義也。

（2）疑小序有闕誤

　　尚書泰誓序曰：「惟十有一年，武王伐殷，一月戊午，師渡孟津，作泰誓三篇。」
孔穎達申孔傳之義曰：「惟文王受命十有一年，武王服喪既畢，舉兵伐殷，以卜諸侯
伐殷之心，雖諸侯僉同，乃退以示弱；至十三年紂惡既盈，乃復往伐之，其年一月
戊午之日，師渡孟津，王誓以戒眾，史敘其事，作泰誓三篇〔註107〕。」二孔均以「一
月戊午」紀時之文，繫之十三年，遂有觀兵示弱之說。歐陽修嘗作泰誓論，論其觀
兵受命之非〔註108〕；東坡於此，則疑其紀時之文有闕。其辭曰：

　　　文王受命九年而崩，武王以大統未集，故即位而不改元。十一年喪畢，
　　觀兵于商而歸；至十三年乃復伐商。敘所謂十一年，武王伐殷者，觀兵之
　　事也；所謂一月戊午師渡孟津作泰誓者，十三年之事也；而并爲一年言之，
　　疑敘文有闕誤〔註109〕。

東坡於義則直襲二孔之說，惟直疑序文有闕誤，則前人未嘗言之。稍后則程頤河南
經說繼之〔註110〕朱熹亦有取於此。

（3）棄小序而不用

　　尚書多士序云：「成周既成，遷殷頑民，周公以王命誥，作多士。」孔傳曰：「稱
成王命告令之。」孔疏曰：「周公以成王之命誥此眾士，言其須遷之意，史敘其事，
作多士。」是序及二孔均以多士篇及周公以成王之命誥多士，雖稱王命，其內容則
未必成王之意，主導者乃周公而非成王。而東坡於此則不用小序而以己意爲之序曰：

　　　成王命多士，周公傳之，作多士〔註111〕。

東坡此言，意雖與小序、二孔無甚大異，然東坡改以成王爲主，是多士一篇，乃成
王親自發誥命，周公唯傳命者耳，則是篇內容，當全屬成王之意；此與序及二孔之

〔註105〕見尚書正義卷十三。
〔註106〕見東坡書傳卷十一，頁3。
〔註107〕見尚書正義卷十一。
〔註108〕詳見本文歐陽修條。
〔註109〕見東坡書傳卷九，頁1。
〔註110〕見同註88。
〔註111〕見東坡書傳卷十四，頁1。

立場大異也。蓋陳坡有見於多士篇皆稱「王若曰」，與多方篇「周公曰王若曰：猷告爾四國多方」不同，多方之解作周公稱成王命告諸侯，顯而易見，而多士則不如此，二者顯然有別。而康誥、酒誥、梓材三篇。雖亦稱「王若曰」、「王曰」，然其稱謂有顯然非成王之意者。東坡於康誥曰：

> 康叔、成王叔父，而周公弟，謂之孟侯則可，謂之小子則不可；且謂武王爲寡兄，此豈成王之言。蓋周公雖以王命之康叔，而其實訓誥皆周公之言也。故曰朕其弟小子封〔註112〕。

多士一篇，既稱「王若曰」，又無周公代言之迹，則爲成王之言矣。且多士篇刊於洛誥之後，洛誥既有「復子明辟」，歸政成王之語，則是成王已長，即位後而自發號令也。東坡於「復子明辟」下云：「至此歸政，則成王之德始明于天下〔註113〕。」自發號令，是明德於天下之始也。是以東坡以爲多士序有不合經文體例，遂廢棄不用，而以己意爲之序，此一作爲，實開有宋改經廢序之先例。惟其言後世鮮有重之者，故不彰顯。

2、疑經文

蘇軾之於尚書經文，所疑亦非一端，分述如下：

（1）疑脫簡

尚書皋陶謨云：「曰若稽古皋陶，曰允迪厥德，謨明弼諧。禹曰：俞如何？。」東坡則以爲：

> 允迪厥德，謨明弼諧者，史之所述，非皋陶之言也，而禹曰：俞，所然者誰乎？此其間必有闕文者矣。皋陶有言而禹然之，且問之，簡編脫壞而失之耳〔註114〕。

按是篇既名曰「皋陶謨」，則其首言自古即以爲皋陶之言，故二孔傳疏，皆以是解之。然較以堯典、舜典、大禹謨，則其首言又非其人之言，乃史稱其人之德耳，此與皋陶謨文式相同而義解相異，是有不倫者存焉。考之舜典「愼徽五典」以上二十八字，乃後人所加，大禹謨爲僞篇，姑不論，茲就堯典言之；堯典以「放勳欽明文思安安」爲史稱之辭，而皋陶謨則以「允迪厥德，謨明弼諧」爲皋陶之言，二篇皆源自古，句式相同，可能其始作即出於一手，今解之者異其義，是有可疑者。故東坡解「放勳」爲「論其德之辭」而非堯名者，即因「允迪」決非皋陶之名故也〔註115〕。東坡

〔註112〕見東坡書傳卷十二，頁2。
〔註113〕見前書卷十三，頁13洛誥篇。
〔註114〕見前書卷三，頁12。
〔註115〕此義見東坡書坡卷一，頁1堯典。

以文句形式相比而求其義，遂以「允迪厥德，謨明弼諧」八字為史之所述，與堯典、舜典、大禹謨相同；夫如是，則下文「禹曰俞，如何」一句，有不得其解者，是以疑其中「必有闕文」。東坡此疑，據本經相同之句型相較，而求其同異，其理自具，可謂慧光獨明，有過人者也。

（2）疑錯簡

尚書舜典有云：「夔曰：於，予擊石拊石，百獸率舞。」而益稷篇亦有此文。歷來學者均視為當然，未有疑之者，而劉敞七經小傳始倡錯簡之說，以為舜典之句乃益稷篇錯簡衍生而來；此說是非，已於本論文劉敞學案相關論說中有所討論，請參看。蘇東坡承其意而論曰：

> 此舜命九官之際也，無緣夔於此獨稱其功；此益稷之文也，簡編脱誤，復見於此〔註116〕。

此說蔡沈於書集傳亦取而用之。

又禹貢篇，東坡以為「織皮、崑崙、析支、渠搜，西戎即敘」一句，當在「厥貢惟球琳琅玕」句之下「浮於積石」句之上。其論曰：

> 禹貢之所篚，皆在貢後立文；而青、徐、揚三州皆萊夷、淮夷、島夷所篚，此云：織皮、崑崙、析支、渠搜，西戎即敘。大意與上三州無異；蓋言因西戎即敘而後崑崙、析支、渠搜三國皆篚織皮，但古語有顛倒詳略爾。其文當在厥貢惟球琳琅玕之下，其浮于積石，至於龍門、西河，會于渭汭三句，當在西戎即敘之下；以記入河水道，結雍州之末。簡編脱誤，不可不正也〔註117〕。

此禹貢文之所以置疑，蓋東坡就通篇文例為據，其例乃篚在貢後，而以入河水道作結，而此雍州與通篇文例殊異，故疑其編簡脱誤也。

東坡疑錯簡之大著者，當數康誥首章及洪範「王省惟歲」一段。東坡書傳康誥篇下云：

> 自惟三月哉生魄至此，皆洛誥文，當在洛誥周公拜手稽首之前；何以知之？周公東征，二年乃克管蔡，即以殷餘民封康叔，七年而復辟；營洛在復辟之歲，皆經文明甚；則封康叔之時，決未營洛，又此文終篇，初不及營洛之事，知簡編脱誤也〔註118〕。

此東坡據封康叔與營洛邑二事時間先後差距之言，並考經文內容皆不及營洛，獨首

〔註116〕見前書卷二，頁14。劉敞之說，見七經小傳卷上，頁2。
〔註117〕見前書卷五，頁21。
〔註118〕見前書卷十二，頁1。

段及之，可見二者本非一篇相連之文，是以斷爲錯簡脫誤。此說洪邁容齋續筆，蔡沈集傳，簡朝亮尚書集注述疏，均取用之；而金履祥尚書表注，則以爲當在梓材篇首；吳澄書纂言則以爲與梓材「曰王封」至「戕敗人宥」七十四字，互爲錯簡；陳櫟書集傳纂疏則謂當在召誥「越七日甲子」之前；陳夢家則以爲應屬於召誥，方苞謂與多士篇應；吳汝綸則以爲係大誥之末簡；雖眾說紛紜，而以此四十八字爲他篇之錯簡則無異也。可見東坡此一錯簡之疑，後世遂成定讞矣。屈萬里先生以爲東坡謂當係洛誥篇首之文爲近是。其言曰：

> 按召誥：召公先周公至洛相宅，於三月初得卜，遂營洛；與本章首三句所言合。召誥又言：周公乃朝用書命庶殷、侯、甸、男、邦伯。亦與本章後段諸語合。洛誥之末章爲總結，本章蓋洛誥引首之文而錯簡於此也〔註119〕。

屈先生之說，誠爲有理，可補東坡說之不足，然亦足見東坡之眼光犀利也。

而洪範篇「王省惟歲」一節，東坡以爲乃「五紀之文」。其論曰：

> 自此以下，皆五紀之文也；簡編脫誤，是以在此。其文當在五曰歷數之後。莊子曰：除日無歲，王省百官，兼有司之事，如歲之總日月也〔註120〕。

東坡此疑錯簡，蓋就其內容審視，即可明之，蘇氏以前千百年來，未有人能言之者，蓋皆懾於聖經之威而不加思耳。金履祥尚書表注云：「東坡蘇氏、無垢張氏、石林葉氏、容齋洪氏，皆曰此章爲五紀之傳。」顧炎武日知錄以爲蘇東坡康誥與此洪範之疑錯簡，乃「皆至當無可復議〔註121〕。」是此亦爲後世定論矣。

（3）疑衍文

尚書舜典曰：「陟方乃死。」孔傳曰：「升道南方巡守，死於蒼梧之野而葬焉。」東坡則以爲：

> 說者以爲舜巡守南方，死于蒼梧之野。韓愈以爲非，其說曰：地傾東南，巡非陟也；陟方者，猶曰升遐爾。書曰：惟新陟王是也。傳書者以乃死爲陟方之訓，蓋其章句，而後之學者，誤以爲經文。此說爲得之〔註122〕。

東坡採韓愈之說，以爲「乃死」二字，本爲「陟方」之訓，後因傳書者之誤，遂闌入正文之中成衍文。蓋「陟」訓升，而以地理言之，地傾東南，不可謂陟；故就尚

〔註119〕見屈萬里先生尚書集釋洛誥篇首。
〔註120〕見東坡書傳卷十，頁14。
〔註121〕見日知錄卷十考次經文條。
〔註122〕見東坡書傳卷二，頁15。

書全書中「陟」字之義，唯「新陟王」義可通，故有是說。

（四）尚書之新解

　　困學紀聞卷八經說引陸游所謂「譏書之胤征、顧命」，蓋指蘇軾書傳而言也。晁公武曰：「又以胤征爲羿篡位時；康王之誥爲失禮，引左氏爲證，與諸儒之說不同〔註123〕。」其後若陳振孫直齋書錄解題，四庫全書提要，均以此爲東坡書傳之特徵。考蘇氏之解胤征曰：

　　　　太康失國之後，至少康祀夏之前，皆羿、浞專政僭位之年，如曹操之于漢，司馬仲達之于魏也。胤征之事，蓋出于羿，非仲康之所能專明矣。羲和湎淫之臣也，而貳于羿，蓋忠于夏也，如王凌、諸葛誕之叛晉，尉遲迴之叛隋；故羿假仲康之命，以命胤侯而往征之。何以知其然也？曰：胤侯數羲和之罪，至于殺無赦，然其實狀止于酗酒、不知日食而已，此一法吏所辦耳，何至于六師取之乎？夫酒荒廢職之人，豈復有渠魁脅從之事，是強國得眾者也。孔子敘書，其篇曰：羲和湎淫，廢時亂日者，言其罪止于此也。曰：胤往征之者，見征伐號令之出於胤，非仲康之命也，此春秋之法。曰然則孔子何取于此篇而不刪去乎？曰書固有非聖人之所取而猶存者也。孟子曰：盡信書不如無書，吾于武成取二三策而已。紂之眾既已倒戈，然猶縱兵以殺，至于血流漂杵，聖人何取焉！予于書見聖人所不取而猶存者二：胤征之挾天子令諸侯，與康王之誥釋斬衰而服袞冕也。春秋晉侯召王而謂之巡狩。孔子書之于策曰：天子狩于河陽。若無簡牘之記，則後世以天王爲眞狩也。胤征之事，孔氏必有書傳之說也，久遠而亡之耳〔註124〕。

按東坡據史記及春秋，知「羿既逐太康，太康崩，其弟仲康立，而羿爲政〔註125〕」，而史記夏本紀云：「帝仲康時，羲和湎淫。」是羲和湎淫，時在仲康之時，而政在羿不在仲康也。故胤侯之征，其令未必出仲康也。又考之堯典，堯命羲和欽若昊天，敬授人時，而下即接以放之薦「胤子朱啓明」，爲堯所鄙之曰「嚚訟」，東坡於「胤子」，用孔傳之義曰「胤國子爵，朱名，書有胤侯。吁疑怪之辭也；口不道忠信之言爲嚚。或曰：太史公曰：嗣子丹朱開明。」東坡書傳，屢取於太史公之說，而於此則取孔傳而以史公之說爲「或曰」，蓋其見羲和歷世爲朝廷曆官，堯重用之，未見惡迹，而「胤侯」自堯時即爲「口不道忠信之言」者，以此推之，仲康之時，政不在

〔註123〕見經義攷卷七九引晁公武曰。
〔註124〕見東坡書傳卷卷六，頁7。
〔註125〕同註124。

仲康而在后羿，羿既爲叛篡之臣，而特命胤侯往征於羲和，而未命其他，以類相從之理推之，是此胤侯與堯之胤子有相似者，故東坡於堯典解「胤子」，採孔傳之說，並重言之曰「書有胤侯」，可見東坡解堯典時，嘗致思於胤征也。胤侯與后羿既非忠臣志士，東坡以曹操之於漢比之，則彼所伐者，未必即爲大惡，故東坡考之，以爲沈湎于酒，廢時亂日，其罪未至於王師往伐之烈，且以胤征之文考之，其言「先時者殺無赦，不及時者殺無赦」，非王者之法，故東坡曰：「曹操、司馬仲達、楊堅之流，討貳己者，未嘗不以王室爲辭。」此東坡爲求尚書文義通篇相諧，並求與時代背景相合，故有是說之倡。復考東坡之解胤征，再三非其嚴刑峻法之意。如「先時後時」一段，東坡云：

> 先後時，罪之薄者，必殺無赦，非虐政乎？惟軍中法則或用之；穰苴斬莊賈是也。傳曰：國容不入軍，軍容不入國。此政典夏之司馬法，止用于軍中，今無以加羲和之罪，乃取軍法一切之政而爲有司沈湎失職之罪，蓋文致其罪，非實事也〔註126〕。

又東坡於「威克厥愛，允濟；愛克厥威，允無功」一段曰：

> 先王之用威愛，稱事當理而已，不惟不使威勝愛，若曰：與其殺不辜，寧失不經；又曰：不幸而過，寧僭無濫，是堯舜已來，常務使愛勝威也。今乃謂威勝愛則事濟，愛勝威則無功，是爲堯舜不如申商也，而可乎？此胤侯之黨，臨敵誓師一切之言，當與申商之言，同棄不齒。而近世儒者，欲行猛政，輒以此藉口，予不可以不辨〔註127〕。

東坡於篇末特明「近世儒者」欲藉此篇文義，施行猛政，此「近世儒者」即指王安石新法之流，是王氏嘗據此篇以發其「猛政」之論，東坡反對新政，反對王學，故就此篇發論，指爲叛臣亂賊之言，則胤征之言無可取，而王氏新法亦失其據。總而言之，東坡就尚書通篇前後文義之協諧，及其駁斥王說之立場爲言，遂成此說。

東坡此說，無垢張九成取之〔註128〕。朱子語類亦曰：

> 問：東坡疑胤征。曰：袁道潔考得是，太康失河北，至相方失河南。然亦疑羲、和是箇曆官，曠職，廢之誅之可也，何至誓師如此，大抵古書之不可考，皆此類也〔註129〕。

是朱熹於東坡之說，雖未全取，然於置疑胤征之言，亦以爲有理。蔡沈集傳則據胤

〔註126〕見東坡書傳卷六，頁9。
〔註127〕見前書卷六，頁1。
〔註128〕見尚書精義卷十三引無垢曰。
〔註129〕見朱子語類尚書二。

征篇首明言「惟仲康肇位四海，胤侯命掌六師……胤后承王命徂征」，是胤侯之命乃仲康之意，以見「禮樂征伐之自天子出」，並以孔子編書，無取於亂臣賊子之所爲，以非蘇說；然東坡亦嘗舉春秋「天王狩於河陽」之例爲言，並以爲孔氏必有說而亡以解之，是亦自有說理矣。

東坡於康王之誥，則以爲康王釋斬衰而就嘉禮爲非，其言曰：

> 成王崩，未葬，君臣皆冕服，禮歟？曰：非禮也。謂之變禮，可乎？曰：不可。禮變於不得已，嫂非溺終不援也。三年之喪，既成服，釋之而即吉，無時而可者。曰：先王之命，不可以不傳，既傳，不可以喪服受也。曰：何爲其不可也？曰：以喪冠者，雖三年之喪可也。既冠于次，入哭踊者三，乃出。孔子曰：將冠，子未及期日而有大功齊衰之服，則因喪服而冠；冠，吉禮也，猶可以喪服行之；受顧命，見諸侯，獨不可以喪服乎？太保使太史奉冊授王于次，諸侯入哭于路寢而見王于次，王喪服受教戒諫，哭誦答拜，聖人復起，不易斯言也。始死方升，孝子釋服離次，出居路門之外，受干戈虎賁之逆，此何禮也？漢宣帝以庶人入立，故遣宗正太僕奉迎，以顯異之；康王元子也，天下莫不知，何用此紛紛也。……今康王既以嘉服見諸侯，又受乘黃玉帛之幣，曾謂盛德之王，不若衰世之侯，召、畢公不如不產叔向乎？使周公在，必不爲此。然則孔子何取于此一書也？曰：至矣，其父子君臣之間，教戒深切著明者，猶足以爲後世法，孔子何爲不取哉？然其失禮，則不可以不論〔註130〕。

東坡以爲康王雖有喪服在身，猶可以喪服行即位之禮，此亦猶以喪服之行冠禮，不必釋服爲之，釋服，則非禮矣。晁公武郡齋讀書志卷一，於孫莘老尙書解十三卷下云：「至謂康王以喪服見諸侯爲非禮，蘇氏之說，蓋本於此。」是東坡此說，亦前有所承。考孫莘老即孫覺，經義考錄其有書義十述一卷，尙書解十三卷，並引郡齋之說；孫覺與蘇東坡，本爲故交，過從甚密，蘇集中有與贈和之詩多首，其〈次韻孫莘老見贈時莘老移廬州因以別之〉中云：「龔黃側畔難言政，羅趙前頭且眩書。」下自注云：「莘老見稱政事與書。」蓋孫覺亦以書法聞也。今孫覺之作已佚〔註131〕，無可考其實，晁氏之說或是事實。

然則東坡何爲而主此說？除本之禮制之論外，或亦有所爲而言也。東坡之言曰：「曾謂盛德之王，不若衰世之侯，召、畢公不如子產叔向乎？使周公在，必不爲此。」是其論康王之所以失禮，責不在康王，而在召、畢，召公畢公既在，而猶使康王有

〔註130〕見東坡書傳卷十七，頁13、14。
〔註131〕見經義考卷七九。

此失，是顧命大臣之未能輔弼而格正之也。此論或即暗諷神宗新法之弊，有失于政，罪不在神宗而其咎在大臣無以輔導之於正也。故東坡歎曰「使周公在，必不爲此」，即暗歎朝廷之無高識大臣如周公者，致有此過；此或即東坡之深意也。

　　東坡此說，林之奇全解取之，蔡沈書集傳並全引上述東坡之論而爲書注。而陳善捫蝨新話云：

　　　　予在永嘉與陳元智共論東坡書傳，至顧命成王崩，方殯，康王釋服離
　　次，出居路門之外，受干戈虎賁之迎，以爲失禮，歎訝久之。予曰：唐呂
　　諲乾元二年同平章事，以母喪解，三月復召，知門下省，上元初，加同中
　　書門下三品，當賜門戟；或勸諲以凶服受吉禮，不宜；諲釋衰拜賜，人譏
　　其失禮。此殆與周康王事無異也。元智曰：不然，康王雖幼，成王子也，
　　周公雖已死，召公尚在，不容失禮如此。以坡語爲非是。予固不然其語，
　　然亦未有以難之。自邇遂歸。其後因讀春秋及魯郊禘事，見先儒謂周公有
　　人臣所不能爲之功，故成王賜以人臣所不得用之禮樂，而孔子蓋曰：魯之
　　郊禘，非禮也；周公其衰矣！因思成王時已有此失，況康王乎！當賜周公
　　天子禮樂時，召公豈不在。中夕臥念及此，不覺扑髀曰：恨元智不在，當
　　折其角矣〔註132〕。

由是觀之，東坡以康王爲非禮之說，嘗於學者之間引發爭議；而陳善之言，亦可爲坡公之一助也。

　　除胤征、康王之誥外，東坡於呂刑，亦有自創之說。歷來學者之論呂刑，皆以穆王「耄亂荒忽」爲說。左傳昭公十二年載：「昔穆王欲肆其心，周行天下，將皆必有車轍馬跡焉。」韓愈則謂「周穆王無道，意不在天下〔註133〕。」而東坡之師歐陽修，亦以爲「亂始於穆王，而繼出幽厲之禍〔註134〕。」而東坡則以爲穆王非「耄亂荒忽」之君。東坡曰：

　　　　刑必老者制之，以其更事而仁也。耄荒度作刑者，以耄年而大度作刑，
　　猶禹曰：予荒度土功。度約也，猶漢高祖約法三章也〔註135〕。

東坡解「耄」爲耄年，無孔傳之亂義，且以爲更事而仁；解「荒」與益稷「禹曰荒度土功」同，荒，大也，無荒忽之義，則穆王之命呂侯作刑，非耄亂荒忽，乃仁德彌篤而發爲仁政也。東坡又曰：

〔註132〕見陳善捫蝨新話。
〔註133〕見韓愈文徐偃王遺碑。
〔註134〕見歐陽修正統論下。
〔註135〕見東坡書傳卷十九，頁2。

　　　　　至周公時，五刑之屬各五百，周公非不能改以從夏，蓋世習重法而驟
　　　　輕之，則姦民肆而良民病矣。及成康刑措，穆王之末，姦益少而後乃敢改
　　　　也〔註136〕。

是東坡以爲穆王能繼成康之治。雖然，東坡亦嘗評議穆王，其言曰：

　　　　　嗚呼！予讀穆王之書一篇，然後知周德之衰，有以也。夫昭王南征而
　　　　不復，至齊桓公乃以問楚是終穆王之世，君弒而賊不討也。而王初無憤恥
　　　　之意，乃欲以車轍馬跡，周行于天下；今觀君牙、伯同二書，皆無哀痛惻
　　　　怛之語，但曰：嗣先人宅丕后而已。足以見無道之情，非祭公謀父以祈招
　　　　之詩收王之放心，則王不復矣。呂刑有哀敬之情，蓋在感悔之後，時已耄
　　　　矣〔註137〕。

是東坡以爲穆王雖有「無道之情」，而至耄年感悔，大施仁德之政，雖不及成康，亦
可謂之賢君矣。東坡是說，朱熹不以爲然，然朱熹於蘇解「耄荒」一詞，亦以爲有
理。語類卷七十九記朱子說呂刑云：

　　　　　東坡解呂刑「王享國百年耄」，作一句，「荒度作刑」作一句，甚有理。

蔡沈書集傳以爲穆王訓夏贖刑，乃以歛民財，此亦朱子之意，然蔡氏亦引其師說以
爲蘇解亦通，然耄亦貶之之辭〔註138〕。宋末章如愚則採蘇子之說而加詳焉〔註139〕。

　　東坡有論武王一篇，以爲武王非聖人〔註140〕，亦嘗爲後世所議論。洪邁容齋續
筆二，嘗論湯武之事曰：

　　　　　東坡志林云：武王非聖人也。昔孔子蓋罪湯武。伯夷叔齊，不食周
　　　　粟，而孔子予之，其罪武王也甚矣。至孟軻始亂之。使當時有良史，南
　　　　巢之事，必以叛書，牧野之事，必以弒書。湯武仁人也，必將爲法受惡。
　　　　可謂至論。然予切考孔子序書，明言伊尹相湯伐桀，成湯放桀于南巢；
　　　　武王伐商，武王勝商殺受，各蔽以一語，而大指皦如，所謂六藝折衷，
　　　　無待於良史復書也。

凡前述諸例，皆足見蘇氏勇於創爲新說，雖或有所爲而爲，然言之既成理，而義亦
足以發前儒未發之經旨，爲後世學者所參攷；彼創新之論，亦足鼓動後學以己意解
經之風。

〔註136〕見前書卷十九，頁1。
〔註137〕見前書卷十八，頁5，君牙篇末。
〔註138〕見蔡沈書集傳卷六。
〔註139〕見章如愚山堂考索讀集卷五〈辨世儒議穆王之非〉條。
〔註140〕見東坡全集續集卷八論武王。

（五）蘇軾解尚書之法

蘇軾書傳，雖爲王安石三經新義而發，而其解尚書，亦自有法度，今歸納其要點，析述如次：

1、以經解經

以本經解經，爲解經基本之法，其法務求通經無相乖舛之義，夫如是，全經之中，一字一詞，往往得其共通之意，此於解義之事，實爲要務；若字詞相同，而義解互異，信乎於理有所不通而易致後世之疑惑也。東坡解書，即力求全經相諧而無違義，由此其書傳往往有異解出焉。東坡於書傳，亦標立以經解經之法，其論「三宅三俊」云：

> 古今學者解三宅三俊多不同，惟專以經訓經，庶得其正。書曰：迪知忱恂于九德之行，是知九德爲三俊也。皋陶之九德，則箕子三德之詳者也，并三爲一，則九德爲之俊明矣。書曰：宅乃事，宅乃牧，宅乃準。是事也，牧也，準也爲三宅，所以宅三俊也。書曰流宥五刑，五流有宅，五宅三居。又曰：茲乃三宅無義民。此三宅所以宅五流也。人之有疾也，食而不藥，不可；藥而不食，亦不可；三宅三俊，如藥食之交相養，而不知食之養藥耶？藥之養食耶？所以宅三俊及所以宅五流者，皆曰三宅，如此而後經之言可通也〔註141〕。

此東坡通尚書之言「宅」「三宅」作論，自發新義；其言「之宅所以宅五流」，則就舜典「五流有宅，五宅之居」與此「三宅三俊」比而合觀以言之也。

又東坡解呂刑「耄荒度作刑」與益稷「荒度土功」同觀，遂以「荒度」一辭併解，非如孔傳以「耄荒」解，而如是則斷句及義解均異乎先儒矣。

東坡亦嘗就文例以求經義。如解堯典「放勳」，用孔傳義而不主史記堯名之說，蓋就文例而言，皋陶謨皋陶曰下「允迪」，其不可爲皋陶之名甚明，同一文句型式，故「放勳」不可爲堯名，由是用孔傳「放上世之功化」之義也。而堯典帝堯曰下文字，既非堯之言，則皋陶曰下之文，當亦非皋陶之言，如是遂疑其下有闕文〔註142〕。凡此者，皆東坡以經解經之成效也。

2、以史證經

五經皆上古之書，解義常有文獻不足徵之歎，然典章制度，皆有損益之理可尋；人情性理，亦無舜予天人之別；故雖上古法制，以後世典章溯求可也；人心情性，

〔註141〕見東坡書傳卷十六，頁2。
〔註142〕詳見本章前疑經文一節。

反求諸己之衷，亦得之矣。東坡書傳，每以後世之事以印證其解尚書遠古之理，亦有以也。不唯此也，東坡或據後世史事以解經。如解禹貢「海岱惟青州」，其言曰：

> 西南至岱宗，東北跨海，至遼東。舜十二州，分青爲營州，即遼東也。
> 漢末公孫度據遼東，自號青州刺史〔註143〕。

此據漢末之事，以明營州與青州於古爲相關，是以後世典制以證前世典制也。又東坡解湯誓序「伊尹相湯伐桀」云：

> 古之君臣有如二君而不相疑者，湯之于伊尹，劉玄德之于諸葛孔明是也。……孔子曰：伊尹相湯伐桀，太甲不明而廢之，思庸而復之，君臣相安，此聖人之事也。玄德、孔明，雖非聖人，然其君臣相友之契，亦庶幾于此矣。元德之將死也，囑孔明曰：禪可輔輔之，不可，君自取之。非伊尹之流而可以屬此乎！孔明專蜀事，二君雍容進退，初不自疑，人亦莫之疑者，使常人處之，不爲竇武、何進，則爲曹操、司馬仲達矣。世多疑伊尹之事，至謂太甲爲殺伊尹者，皆以常情度聖賢也〔註144〕。

此東坡以後世情理以證上聖之心也。盤庚中「茲有亂政同位，具乃貝玉，乃祖先父，丕乃告我高后曰：作丕刑于朕孫，迪高后丕乃崇降弗祥」，孔傳以爲：

> 我有治政之臣，同位於父祖，不念盡忠，但念貝玉而已。……汝父祖見汝貪而不忠，必大乃告湯曰：作大刑於我子孫，求討不忠之罪。

東坡則以爲此段之言，乃因遷都而發也。其論曰：

> 春秋傳曰：昔平王東遷，七姓從王牲用備具，王賴之而賜之騂旄之盟。鄭子產曰：我先君咸公與商人皆出自周，庸次比耦以艾殺此地，斬之蓬蒿藜藋而共處之，世有盟誓以相信也；曰爾無我叛，我無強賈，毋或匃奪，爾有利市寶賄，我勿與知。蓋遷國危事也，方道路之勤，營築之勞，寶賄暴露而貪吏擾之，易以生變，故于其將行，先盟之鬼神曰：凡我亂政同位之臣，敢利汝貝玉，則其父祖當告我高后而誅之；不獨如此而已，王亦自誓于眾曰：朕不肩好貨。又曰：無總于貨寶。丁寧如此，所以儆百官而安民心，此古者遷國之法也〔註145〕。

孔傳以下，歷來學者，未嘗以遷國盟誓解之，而東坡則本之平王東遷之事，比而觀之，遂以遷國事危，盤庚爲安定人心，並儆其伺謀者而發爲盟誓解此，是東坡本諸後世史事以解經義也。

〔註143〕見東坡書傳卷五，頁5。
〔註144〕見前書卷七，頁1。
〔註145〕見前書卷八，頁11。

－205－

3、信用史記之說

東坡解書，既以駁斥王安石之說爲鵠的，則凡與王說不同者，每多取其說；而史記之說，太史公親自向孔安國問故，其說尤爲可信。故東坡於史公之說，取之特多。其解益稷「予乘四載，隨山刊木」曰：

> 水行乘舟，陸行乘車，泥行乘輴，山行乘樏，秦漢以來，師傳如此，且孔氏之舊也，故孔安國知之，非諸儒之臆說也。四載之解，雜出于尸子，愼子，而嚴可信者，太史公也〔註146〕。

太史公之說既最可信，於是乎解尚書多據以爲說矣。其解「四岳」云：

> 孔安國以四岳爲羲和四子；而太史公以羲和爲司馬之先，以四岳爲齊太公之祖，則四岳非羲和也。當以史爲正〔註147〕。

東坡書傳引史公之說，所在多有，茲不贅述。

4、取捨於孔傳

東坡解尚書，於孔傳或取或否；有明言舊說先儒之非者，舊說先儒即孔傳也，然亦有以孔傳爲正者，蓋或亦因王氏以視其取捨也。其釋舜典「咨汝二十有二人」云：

> 書曰：內有百揆四岳，堯欲使巽朕位，則非四人明矣。二十二人者，蓋十二牧、四岳、九官也，而舊說以爲四人，蓋每訪四岳，必僉曰以答之；訪者一而答者眾，不害四岳爲一人也〔註148〕。

孔傳以四岳爲羲和四子，而史記則以爲司馬之先，爲一人，故東坡於此評舊說之非，即非孔傳也。然東坡解書，於孔傳之義亦多所取資而未明言者，以孔傳與東坡書傳相較，尤可見其相因之處；東坡亦有稱用孔傳而明言者，其解舜典「六宗」云：

> 六宗，尊神也，所祭不經見，諸儒各以意度之，皆可疑，惟晉張髦以爲三昭三穆，學者多從其說。然以書考之，受終之初，既有事於文祖，其勢必及餘廟，豈有獨祭文祖于齊七政之前，而別祭餘廟于類上帝之後者乎？以此推之，則齊七政之後，所祭者天神，非人鬼矣。孔安國六宗：四時也，寒暑也，日也，月也，星也，水旱也；其說自西漢有之，意其必有所傳受，非臆度者，其神名壇位，皆不可以禮推，猶秦八神，漢太乙之類，豈區區曲學所能以私意損益者哉〔註149〕！」

此東坡以孔傳有師承來歷，可以取信；之所以如此，蓋在非張髦之三昭三穆說，而

〔註146〕見前書卷四，頁1。
〔註147〕見前書卷一，頁7堯典。
〔註148〕見前書卷一，頁14。
〔註149〕見前書卷二，頁4、5。

張髦之說,正王安石之所本故也〔註150〕。

5、以義理說尚書

東坡於慶曆之時,不滿於王氏新法,而於洛學二程之說,亦有異議,故宋明理學者多視蘇軾為異端;全謝山謂「蘇氏之學,雜于禪者」,朱子以東坡易解,蘇轍老子解,張九成中庸解,呂氏大學解並駁之,謂之雜學辯。宋元學案甚至不為立案,而謂之「蘇氏蜀學略」,置之於書末王氏新學略之後〔註151〕,可見東坡於理學之地位矣。朱子嘗言東坡之為人曰:

> 天情放逸,全不從心體上打點,氣象上理會,喜怒哀樂發之以嬉笑怒罵,要不至悍然無忌,其大體段尚自好耳。放飯流歠而問無齒決,吾於東坡,宜若無罪焉〔註152〕。

東坡雖以二程之故,與理學家幾成水火,然東坡書傳特見重於朱熹,則其書或於義理之發揮有可取者焉。蘇氏雖以文垂其名,然其執義理以解書,亦處處可見。如東坡解堯典「象恭滔天」曰:

> 貌象恭敬而實滅天理,滔滅也。

蘇氏以「實滅天理」解「滔天」,則是其以理性之意解之也。夫如是則此「滔天」與下文「浩浩滔天」義不同;程門學者林之奇評謂「審如是說,則與下文浩浩滔天語意斷異,夫典之言滔天一也,豈容有異哉〔註153〕」,其說甚是,則蘇氏於此以義理硬解而已。東坡於大禹謨「人心道心」一段,亦有其義理之見。其論曰:

> 人心,眾人之心也;喜怒哀樂之類是也。道心,本心也,能生喜怒哀樂者也。安危生于喜怒,治亂寄于哀樂,是心之發,有動天地傷陰陽之和者,亦可謂危矣;至于本心果安在哉?為有耶?為無耶?有則生喜怒哀樂者非本心矣;無則孰生喜怒哀樂者;故夫本心學者不可以力求,而達者可以自得也,可不謂微乎!舜戒禹曰:吾將使汝從人心乎?則人心危而不可據;使汝從道心乎?則道心微而不可見。夫心豈有二哉,不精故也,精則一矣。子思子曰:喜怒哀樂之未發謂之中,發而皆中節謂之和;中也者,天下之大本也,和也者,天下之達道也。致中和,天地位焉,萬物育焉。夫喜怒哀樂之未發,是莫可名言者,子思子名之曰中,以為本心之表著;古之為道者必識此心,養之有道,則卓然可見于至微之中矣。夫苟見此心,

〔註150〕見尚書全解卷二引王氏。
〔註151〕見宋元學案卷九十九「蘇氏蜀學略」並附錄及王梓材補注。
〔註152〕見同前註附錄部份。
〔註153〕見尚書全解卷一。

則喜怒哀樂無非道者，是之謂和。喜則爲仁，怒則爲義，哀則爲禮，樂則爲樂，無所往而不爲盛德之事，其位天地，育萬物，豈足怪哉？若夫道心隱微而人心爲主，喜怒哀樂各隨其欲，其禍可勝言哉！道心即人心也，人心即道心也，放之則二，精之則一；桀紂非無道心也，放之而已，堯舜非無人心也，精之而已。舜之所謂道心者，子思之所謂中也；舜之所謂人心者，子思之所謂和也〔註154〕。

東坡以十六字心傳與中庸之義相結合，發爲是論，以見道心人心之不異，在能精一與否耳。坡翁於此特發長論，與理學者之重此十六字心傳，無以異也。

6、藉經義以發政論

葉水心習學記言曰：「以文爲論，自蘇氏始〔註155〕。」蘇東坡不獨以文爲論，其傳書亦每發議論，或論爲政之道，或議措政之失。其于無逸篇「文王受命惟中身，厥享國五十年」下論云：

令德之主，欲其長有天下以庇民，仁人之意，莫急于此，此周公所以身代武王也。……使人主不壽者五：一曰色，二曰酒，三曰便辟嬖倖，四曰臺榭游觀，五曰田獵，此五者，無逸之所諱也，既困其身，又困其民，民怨咨籲天，此最害壽之大者；予欲以惡衣食，遠女色，卑宮室，罷遊田，夙興勤勞，以此五物者爲人主永年之藥石也〔註156〕。

東坡因無逸言古者聖王久年之道，以爲人君當戒無逸所諱者五事，遂發其意見，示人君永年之法。其論西伯戡黎云：

孔子曰：紂之不善，不如是之甚也。予乃今知之。祖伊之諫，盡言不諱；漢唐中主所不能容者，紂雖不改而終不怒，祖伊得全：則後世人主有不如紂者多矣〔註157〕。

此藉紂之不殺祖伊，見紂於受諫之度，有逾於漢唐中主，亦可示人主於受諫之度，當寬廣以容涵，以成聖功之義。東坡亦藉解書以發爲政者之所當戒者，其論武成曰：

春秋傳曰：天生五材，民並用之，闕一不可，誰能去兵，兵不可去，則牛馬不可無；雖堯舜之世，牛馬之政，不可不修；而武王歸馬休牛，倒載干戈，包之虎皮，示不復用者，蓋勢有不得不然者也。夫以兵雄天下，殺世主而代之，雖盛德所在，懼者眾矣。武庚紂子也，殺其父，用其子，

〔註154〕見東坡書傳卷三，頁7
〔註155〕見宋元學案卷九十九蘇氏蜀學略附錄引。
〔註156〕見東坡書傳卷十四，頁8、9。
〔註157〕見前書卷八，頁25。

付之以殷民，武王知其必叛矣，然必用之，紂子且用，況其餘乎！所以安
諸侯之懼也。楚靈王既縣陳蔡，朝諸侯，卜曰：當得天下民。惠王之無厭
也，故從亂如歸；知伯、夫差，皆以此亡，戰勝而不已，非獨諸侯懼也，
吾民先叛矣。湯、武皆畏之，故湯以慙德令諸侯曰：慄慄危懼，若將隕于
深淵，其敢復言兵乎？武王之偃，則湯之慙德也。秦漢惟不知此，故始皇
不及一世而天下亂，漢雖不亡，然諸侯功臣皆叛，高祖以流矢崩，不偃武
之過也〔註158〕。

此藉武王歸獸偃武，以發偃武之義，爲開國之君所當戒，不偃武則人心危懼，猜疑
奸謀由是而作，其必有如秦嬴、夫差者矣。

7、體味經文之辭氣

　　朱子稱東坡書傳曰：「東坡書解卻好，他看得文勢好。」又曰：「東坡解經，莫
教說著處直是好，蓋是他筆力過人，發揮得分外精神〔註159〕。」東坡文章，後世擅
名，故其於經文之辭氣體會，有過人之敏銳力。如其論君牙篇云：

　　　　嗚呼！予讀穆王之書一篇，然後知周德之衰，有以也。夫昭王南征而
不復，至齊桓公乃以問楚，是終穆王之世，君弒而賊不討也。而王初無憤
恥之意，乃欲以車轍馬跡，周于天下；今觀君牙，伯同二書，皆無哀痛惻
怛之語，但曰嗣先人宅丕后而已，足以見無道之情，非祭公謀父以祈招之
詩收王之放心，則王不復矣。呂刑有哀敬之情，蓋在感悔之後，時已耄矣
〔註160〕。

由文章辭氣之體味，以見穆王之無道之情，推以言周德之衰，斯亦可謂善體文辭者。
東坡於文侯之命，亦用此法，其言曰：

　　　　予讀文侯篇，知東周之不復興也。宗周傾覆禍敗極矣。平王宜若衛文
公、越句踐然；今其書乃施施焉與平康之世無異。春秋傳曰：攜王之禍，
諸侯釋位以間王政，宣王有志而後效官。讀文侯之篇，知平王之無志也。
唐德宗奉天之難，陸贄爲作制書，武夫悍卒，皆爲出涕，唐是以復興。嗚
呼！平王獨無此臣哉〔註161〕。

陳振孫書錄解題嘗以此爲東坡書傳之解題，是陳氏亦謂東坡以文章辭氣作體味爲有
得也。

〔註158〕見前書卷九，頁9、10。
〔註159〕見朱子語類卷一百三十，總頁3113。
〔註160〕見東坡書坡卷十八，頁6。
〔註161〕見前書卷二十，頁2、3。

四、蘇軾尚書學之評價與影響

東坡書傳之作，本因王氏新義而成，然坡翁以天縱之資，發揮議論，就文立說，亦每有創獲；後世之反王學者，每多取其說；而發揮己見，因經立說者，以致疑政經傳者，亦舉而效之。前節所述東坡之尚書學，多就其爲後人所稱者立論，足以見其勝場，然亦有評議其失者。分陳如下：

（一）反王之太過

蘇氏爲書傳，一心以反王爲依皈，故全書義解，多與王氏新義背違，至有不惜刻意異王之說。如尚書周官「慎乃出令，令出惟行弗惟反」句，王安石論曰：「令出而反，民輕上而不信令矣。然必謹出令，不至於反〔註162〕。」東坡則曰：

　　令出不善，知而改之，猶賢於不反也。然數出數改，則民不復信上，

　雖有善令不行矣。故教以善令，非教其遂非也〔註163〕。

此分明爲針對王氏發言，致有流於意氣用事者。故陳善曰：「荊公於三經新義，託意規諷，至大誥篇則幾乎罵矣！召公論眞有爲而作也。後東坡作書論解，又矯枉過直而奪之〔註164〕。」此評蓋亦非虛語也。

（二）太　簡

朱熹與蔡仲默帖，謂「蘇氏傷於簡」。語類又曰：「或問書解誰者最好，莫是東坡書爲上否？曰：然。又問：但若失之簡？曰：亦有只消如此解者。」是朱子既以東坡書傳失之太簡，然亦以爲此正東坡之優點，相對於王氏之鑿，林氏之繁，呂氏之巧，則以東坡爲最可取矣〔註165〕。總觀東坡書解，除大辯王說諸條及自發議論處者外，其他經文，多以數語疏解其義而已，尤有甚者，一篇之中，惟解數語，若冏命篇，自「王若曰」起，至「厥后自聖」一大段，止云：「至哉此言，可以補說命之缺也。孔子取于君牙、伯冏二書者，獨斯言歟？」又自「后德惟臣」至「惟予汝辜」一大段，止云：「引小人以昵王，人臣不敬，莫大于此」，末惟曰：「憲典也，迪上以先王之典也。」冏命全篇之解，止於此五十二字，不可謂之不簡〔註166〕；然考其所以簡之理，厥有二焉。一、凡義解之無甚可論議者，即常引孔傳一二語以解之，雖彼未明言用孔，然以孔傳較之可知，通觀全書，此例極多；或有異孔而不顯者，亦以己意致語，不加論述，故解語寥寥而簡；二、凡經文之意，本自然明白，有不需

〔註162〕見尚書大全卷九引，並見董鼎書集傳輯錄纂註卷六。
〔註163〕見東坡書傳卷十六，頁12。
〔註164〕見捫蝨新話卷一。
〔註165〕朱子之說均見朱子語類卷七八綱領。
〔註166〕見東坡書傳卷十八，頁6、7。

解者，則不容費辭，若上述囧命篇即其例也。書傳之中其解伏生所傳今文諸篇，每有章句注疏之辭，而於僞古諸篇，則多發議論而已；夫如是深思之，則易見今文與古文之文辭有大異者，遂發「今文難，古文易」之疑，緣此而有考僞古之辨；東坡之簡，亦足啓迪後人之思焉。

（三）流於牽強

東坡解書爲反王之說，嘗刻意爲反論以解，致有流於牽強附會者。如解洪範五事，王氏以爲修身爲學之序，蘇則以爲人生成長之序，並以類象而求牽其說，是其例也。又東坡解禹貢，朱子嘗評之曰：「東坡不曾親見東南水勢，只是隨意想硬說；且江漢之水，到漢陽軍已合爲一，不應至揚州復言三江〔註167〕。」東坡解「三江」，既知其「過秣陵，京口以入于海，不復三矣」，而附益爲「味別」之說。其言曰：

> 蓋此三水性不相入，江雖合而水則異，故至于今而有三泠之說。古今稱唐陸羽知水味，三泠相習而不能欺；不可誣也。予又以禹貢考之，若合符節。

其於「潛沱既道」及「東爲中江，入于海」二句，三復「味別」之論〔註168〕。東坡以味別解三江，並引陸羽水味有別爲據，蓋或因東坡好烹茶煮水之道故也。蘇集中論茶水之詩不少，如卷五有虎跑泉，卷十八有論「龍井水」，後集卷七有「波江煎茶」詩，可見東坡之精好此道，其「味別」之論，蓋緣此也。蔡沈評之曰：

> 蘇氏知其說不通，遂有味別之說。禹之治水，本爲民去害，豈如陸羽輩辨味烹茶爲口腹計耶！亦可見其說之窮矣。以其說易以惑人，故并及之〔註169〕。

蘇氏以「味別」解三江，確爲穿鑿附會之說，四庫提要亦云：「其解禹貢三江，定爲南江、中江、北江，本諸鄭康成，遠有端緒，惟未嘗詳審經文，考覈水道，而附益以味別之說，遂以啓後人之議。」其言良是也。

（四）類于權術

東坡之父明允，以文見賞於歐陽修，而其文得力於戰國策獨多，東坡嘗承父學〔註170〕，是以其文縱橫恣肆，有類戰國游士者，鶴林玉露嘗論東坡之文曰：

> 莊子之文，以無爲有；戰國策之文，以曲作直。東坡平生熟此二書，

〔註167〕見朱子語類卷七九禹貢。
〔註168〕上述東坡說禹貢，見於其書傳卷五，頁11、15、26。
〔註169〕見蔡沈書集傳卷二。
〔註170〕見蘇東坡全集前附蘇轍東坡先生墓誌銘曰：「公之文，得之於天，少與轍皆師先君。」

　　故其爲文，橫說豎説，惟意所到，俊辨痛快，無復滯礙〔註171〕。

東坡深受國策之薰染，故其爲文作論，時有權術之論見焉。汪玉山答李仲信曰：

　　　　文章於事，必求其實，於理，必求其正。東坡謂賈誼當先交絳、灌，

　　使其不忌，然後舉天下惟所欲爲；賈生痛哭之時，灌已死矣，絳已之國矣。

　　此非其實也；先交之而實欲取其權，此非其正也〔註172〕。

此東坡於賈誼論之說，實即戰國策權謀之論。東坡解尚書，亦偶有此論存焉。其解
堯典「師錫帝曰：有鰥在下曰虞舜」云：

　　　　帝知岳不足禪而禪之岳，知舜可禪而不舉，何也？以天下予庶人，古

　　無是道也。故必先自岳始，岳必不敢當也，岳不敢當而後及其餘，曰：吾

　　不擇貴賤也。而眾乃敢舉舜，理勢然也。堯之知舜至矣，而天下不足以盡

　　知之，故將授之天下，使其事發於眾，不發於堯，故舜受之也安〔註173〕。

按東坡以爲堯之禪四岳，非眞禪，欲其讓而舉舜，是堯先賊四岳而行己意也，枉寸
而直尋，先得而後反者，此權謀縱橫之言，以之解書，是誣聖王而汙後世也。其論
說命曰：

　　　　信一夢而以天下之政授匹夫，此事之至難者也，武丁恭默思道，神交

　　於上帝，得良弼于夢中，武丁自信可也，天下其孰信之；故三年不言，既

　　免喪而猶默也。夫天子三年不言，百官萬民，莫不憂懼以待命，若大旱之

　　望時雨也，故一言而天下信之若神明然。昔楚莊王、齊威王皆三年不出令，

　　而以一言致彊霸，亦此道也。恨其所得非傅説之流，是以不王，然亦可謂

　　神而明之者矣〔註174〕。

武丁三年不言，而其意乃欲成臣民之渴求，以副其言之效信，斯非權術之論也乎？
朱子評東坡曰：「東坡書解文義得處較多，尙有粘滯，是未盡透徹〔註175〕。」東坡
解書，時存私見，若以權術解經，易誤導後人，朱子之評良是也。

第三節　蘇　轍

一、生平事略

　　蘇轍字子由，蘇軾弟也。年十九，與兄軾同登進士，又同策制舉，因極言得失，

〔註171〕見鶴林玉露卷之三乙編東坡文條。
〔註172〕見宋元學案「蘇氏蜀學略」蘇軾條下附錄引。東坡之論賈誼，見東坡全集應詔集卷九。
〔註173〕見東坡書傳卷一，頁8。
〔註174〕見前書卷八，頁15、16。
〔註175〕見朱子語類卷七八綱領。

而於禁廷之事為尤切。授商州軍事推官。時老泉敕修禮書，因乞養親京師。神宗立，王安石執政，出青苗書與轍論議，轍以為不便民；王安石又訪求四方遺利，轍力陳其不可；荊公怒，奏除河南推官，改著作郎，移績溪縣。哲宗立，召除右司諫。時司馬溫公以王荊公私設詩書新義，考試天下士，欲改科舉別為新格，轍以為試不輕易，急難施行，惟經義兼取注疏及諸家論議，或出己見，不專用王氏學，令舉人知有定論。遷起居郎中書舍人。代兄為翰林學士，尋權吏部尚書，出使契丹；使還，為御史中丞。時元豐舊黨人多起怨言，執政欲稍用之以平夙怨，謂之調停；轍力斥其非，宣仁皇后且以轍之言讀於簾前，調停之說遂已。紹聖初，李清臣等言熙豐事以激怒，轍奏不可，以奏中引漢武事，哲宗不悅，落職。自是以後，官職起落隨執政者而變易，以大中大夫致仕；築室於許，號潁濱遺老，終日默坐，如是者幾十年。政和二年卒，年七十四，謚文定。轍之名與其兄軾相上下，所著詩傳，春秋傳，古史，老子解，欒城文集，並行於世，又有龍川略志十卷，別志八卷〔註176〕。

二、尚書學之著述與著錄

蘇轍有洪範五事說一篇，見於欒城三集卷八中，經義考亦著錄之〔註177〕。此外，欒城應詔集卷四有「書論」一篇〔註178〕，經義考未見著錄，是朱氏之失也。

三、蘇轍之尚書學

蘇轍之學，以文章名，其晚年著老子解，自許甚高，至謂當世無一人可與語此者，其兄軾亦以為不意晚年見此奇特。其尚書之學惟洪範五事說及書論二篇。茲析陳如后：

（一）洪範五事說

蘇氏一門，於尚書洪範篇，特所偏愛，明允有洪範圖論三篇，指劉向之弊，闢類應之妄；其兄軾作東坡書傳，其中洪範之說與洵論相似，而亦頗為新論以駁王氏新義之說；至轍或以家學之故，獨鍾洪範之篇，其說又異乎父兄。其論五事與五行之關係曰：

> 昔禹觀洛書，而得九疇之次，初一曰五行，次二曰敬用五事，二者天
> 人之道，而九疇之源本也〔註179〕。

〔註176〕參見宋史卷三百三十九本傳，及宋元學案卷九十九蘇氏蜀學略，總頁1863。

〔註177〕見卷九六，頁2。

〔註178〕見其書卷四，頁2。

〔註179〕見欒城集三集卷八，總頁69、7。下述所引洪範五事說之文，皆見于此，茲不復贅述。

此與蘇洵以五行含羅九疇，五事檢御五行之論相近。其文下又曰：

> 漢劉向父子，始采諸儒之說，而作五行傳，其論五事，失其實者過半，後世因之，予以爲不然。

此亦與父洵評劉向之五失同也。轍論五事之序，當以人事言，不與天事合；其言曰：

> 人之生也，形色具而聲氣繼之，形氣具而視聽繼之，形氣視聽具而喜怒之變至，喜怒哀樂既至而思生焉。……故形色爲貌，聲氣爲言，目爲視，耳爲聽，心爲思，此五事之所以爲先後也。

此以人生軀體官能成長之序言，與東坡書傳之說相近〔註180〕；然其論五事與五行相應之序，則異乎前儒；其言曰：

> 言爲五藏，發爲五事，以應五行；故脾之發爲貌而主土，肺之發爲言而主金，肝之發爲視而主木，腎之發爲聽而主水，心之發爲思而主火，自黃帝以來，知醫者言之詳矣，捨此則無以治病，無以生殺人也。……土之爲物，形色先具，而水火木金附焉，故形色之著者莫如土，土實爲脾；……土得其性，則能勝水，故其休徵時雨，……土失其性，則不能勝水，故其咎徵常雨。肺之於人，氣之所從出入也，方其有氣而未聲，則無以接物而物亦莫之喻也；氣至於有聲，聲成言，言出而物從之矣；故言之德從，從之至義；……言之能義，如暘之能晞，出而物莫之違也。物之有聲者，莫如金，故言主金，義則金得其性，故其休徵時暘；……。物之能視者，有待於日，日入則視無以致其用，及其升於東方，然後視者皆明，木位在東，而日之所從見也，故視主於木，而木爲肝，視之德明，明之至哲，哲則木得其性，木得其性，故其休徵時燠；……目施明於外者也，耳納聰於內者也，明施於外則爲燠，聰納於內則爲寒；寒，水之性也；……聰之至則謀則水得其性，水得其性，故其休徵時寒；……心虛而應物者也，火無形而離於物者也，二者其德同，同故無所不照；心之用思，思則得之，不思則不得，及其至也，無思無爲，寂然不動，感而遂通天下之故，由思而至於無思，則復於性矣；……故思之德睿，睿之至聖，其功行於萬物，無所不入，而不知其所以入，惟風亦然；易曰：風自火出；家人聖則火得其性，火得其性，故其休徵時風；……此五者，洛書之本說，與黃帝之遺書，合醫者由之，至于今不變，而漢之諸儒反之，此智者之所以太息也。

茲就蘇轍之論，試作一圖，表列如下：

〔註180〕參見蘇軾東坡書傳卷十，頁4、5。

五藏	五事	德效	五行	庶徵	休徵	咎徵
脾	貌	恭——肅	土	雨	肅時雨若	狂恆雨若
肺	言	從——乂	金	暘	乂時暘若	僭恆暘若
肝	視	明——哲	木	燠	哲時燠若	豫恆燠若
腎	聽	聰——謀	水	寒	謀時寒若	急恆寒若
心	思	睿——聖	火	風	聖時風若	蒙恆風若

〔註181〕

蘇轍據醫者之言立論，蓋亦前有所本。五經異義云「今尚書歐陽說：肝，木也；心，火也；脾，土也；肺，金也；腎，水也」。禮記月令正義引鄭玄駁五經異義云：「今醫病之法，以肝爲木，心爲火，脾爲土，肺爲金，腎爲水，則有瘳，若反其術，不死爲劇。」是蘇轍用鄭玄所舉之說，而鄭說爲駁歐陽今文之義而言也〔註182〕。

蘇轍於洪範五事說中，引用佛家之語以爲論，曰：「土實爲脾，皮肉筋骨，髓腦垢色，皆土之屬而脾之餘也，此佛氏所謂地大者也。」夫引佛氏之言以解儒者之經，乃蘇轍晚年著書之常態，其老子解中可詳見之。

（二）書 論

蘇轍書論乙篇，主在論王霸之異，王道之君，宅心仁厚，寬以待民，其言似迂遠；霸者之言不求眾，協勢以行，其言剛決。蘇氏論之言曰：

> 及觀三代之書，至其將有以矯拂世俗之際，則其所以告諭天下者，常丁寧激切疊疊而不倦，務使天下盡知其君之心，而又從而折其不服之意，使天下皆信以爲如此而後從事，其言回曲宛轉。……然其使天下樂從而無黽勉不得已之意，其事既發而無紛紜異同之論，此則王者之意也〔註183〕。

蘇轍復舉盤庚之遷爲例，謂當其時天下皆咨嗟而不悅，盤庚爲稱其先王之五遷，先

〔註181〕此圖之作，前有程元敏先生《王柏之生平與學術》，總頁 693 中畫之，後有蔣秋華《宋人洪範學》，總頁 113 中繪之，然二者皆有可議者；蓋蘇轍之論，以五事爲主，其五事之序：貌、言、視、聽、思，自有其義，不可顚倒；程先生於圖中，思與聽互易其位，其相條配者俱然，未知理據爲何。蔣氏之圖，則於五行以下，抄自程先生圖而稍增一二字，另補五藏之目於圖上，其順序則一依蘇轍以脾、肺、肝、腎、心爲之；然則其圖遂誤以腎配火，心配水矣，顯然蔣氏抄錄之時，未見程先生圖之順序有異於蘇氏本來順序也。茲識己所見於此。本圖依蘇氏「畜爲五藏，發爲五事，以應五行」之順序繪列，或能近蘇氏本意。
〔註182〕參見陳喬樅《尚書歐陽夏侯遺說考》，總頁 27～32。見皇清經解續編，總頁 1889～1891。
〔註183〕見欒城應詔集卷四，頁 20、21。

后之將降罪疾，並其身所受之害而曉諭之，務使其不悟之心豁然明貫，故言之如此其詳也。若夫後世法家之言則異夫是，以爲無恤眾言，無所告諭於天下，雖其事終亦有成，其視三代之治，相去遠矣；此王霸之所以爲異者也〔註184〕。

考此說與其兄東坡書傳相同，東坡言三代之政，主寬緩忠厚，蓋亦因王安石而發也。東坡書傳論盤庚三篇，以爲盤庚遷民，雖民怨紛紛而終不怒，引咎自責，益開眾言，反覆告諭，以口舌代斧鉞，忠厚之至也〔註185〕。可見蘇轍此說出於東坡也。

（四）蘇轍尚書學之評價及影響

蘇轍尚書之學，皆前有所承，其洪範五事則別取於歐陽尚書今文說及鄭玄之論，其非劉向五行傳則繼其父洪範圖論之意，而書論則承其兄盤庚忠厚之說，是所論者本無特異之處，然其引用佛書之言解尚書洪範，則確爲其獨特之處。朱子評其老子解曰：

> 蘇侍郎晚爲是書，合吾儒於老子，以爲未足，又并釋氏而彌縫之，可謂舛矣，然其自許甚高，至謂當世無一人可與語此者；……以予觀之，其可謂無忌憚者與。……予之所病，病其學儒之失而流於異端，……誠懼其亂吾學之傳而失人心之正耳。……王氏有高明處己，中庸處人之論；龜山楊公以爲如此則是道常無用于天下，而經世之務皆私智之鑿，愚于蘇氏亦云〔註186〕。

朱子之言雖爲老子解而發，然施之于洪範五事說，亦無不可。至於其五事說，王柏評之曰：

> 長蘇氏、少蘇氏用醫家之論；以貌爲木，言爲金，視爲火，聽爲水，思爲土，此固一說也，然遂以雨爲土徵，暘爲金徵，風爲火徵，可乎〔註187〕？

其以爲少蘇氏之論不通甚明顯，蓋醫家之法非洪範義，不可妄相附致也〔註188〕。

〔註184〕參見前註。
〔註185〕參見東坡書傳卷八，頁14、15。
〔註186〕見宋元學案卷九十九蘇氏蜀學略，總頁1863、1864、1865引。
〔註187〕見書疑卷五，頁8然所述五事、五行之相配，與蘇轍之說不全相同。程元敏先生以爲蘇軾未嘗用醫家之論條配，王柏偶疏失之。其說是也。參見程先生《王柏之生平與學術》，總頁694。
〔註188〕參見王鳴盛尚書後案，皇清經解卷四百一十五，頁26、27。其說非專就蘇氏發，乃就歐陽說而發，然其理同也。

第八章 晁、吳尚書學案

第一節 晁說之

一、生平事略

晁說之，字以道，一字伯以，清豐人。因慕司馬光為人，自號景迂生。元豐五年進士；以文章典麗，可備著述，而博極群書，為時名臣屢薦。司馬光著潛虛未成而病，囑說之為補，遜謝不敢；又從邵雍門人楊賢寶，傳其先天之學；其於泰山孫復之門，從姜潛講洪範；不名一家。元符三年，知無極縣，應詔上書數十萬言，大抵指荊公政事之非。後累遷知成州，以歲旱，盡蠲其稅，轉運使大怒，欲減其分，說之持不可，遂丐致仕去。靖康初，召至京，除祕書少監，已而以中書舍人兼詹事，上以宿儒待之。說之從司馬光學，守其疑孟子之說，又惡王安石，而安石最尊孟子，說之請去孟子於講筵，欽宗從之，太學之士譁然。又言荊公不應配享神宗，亦不足配享孔子。宋室左遷，高宗即位，召之赴行在；然病甚，在海陵，嘆曰：「平生著述，悉為灰燼，惟易不可以已。」力疾追述舊作。建炎三年，卒於舟中，年七十一。

說之博極群書，善畫山水，工詩，通六經，尤精易傳。所著凡三十二種，其中十九種為經學，易、詩、書、春秋、中庸、論語、孝經、曆譜皆有之。今存儒言、晁氏客語、及景迂生集二十卷，又名嵩山文集〔註1〕。

二、尚書學之著述與著錄

晁以道尚書學之著述，據其子晁子健序云，有書晁氏傳，書論二種，然為兵燹

〔註1〕參見嵩山文集卷二十，頁47晁子健景迂生集跋。宋元學案卷二二，總頁489、45。
宋人傳記資料索引冊三，總頁1954，宋人軼事彙編頁222。

所燬，蕩然無存，子健力為尋訪，得洪範小傳一篇，今在嵩山文集卷十一，其中闕文二十二行又四字，四庫全書本亦闕，然於末增「師火也」三字聯綴上下，以泯其殘缺之迹。經義考亦著錄之〔註2〕，然於書晁氏傳、書論則失收。

晁氏又有〈堯典中氣中星〉、〈日法〉二文，皆論尚書堯典事，經義考有著錄曰「堯典星日歲考」。又有殘篇序文論尚書諸篇之大要〔註3〕，皆足見其尚書之學也。

三、晁說之之尚書學

晁說之長於易，至晚疾猶念於茲；其從司馬光學，溫公以潛虛續成之事托之；又從邵雍弟子學，故亦長於天文曆法；以是之故，晁氏尚書之學，於洪範、堯典特致意焉。茲述其尚書之說如左：

（一）堯典中氣中星、日法

晁氏〈堯典中氣中星〉一文，主論堯典中四方中星及「中天」之意。其論「日中星鳥，以殷仲春日：

> 日中，方陽用事也，故稱日云；以此正夫仲之中氣；……春分之昏，星七度中而南正中天也。所謂南正中天者，南方之中星見而正乎東也；南方之中星，星是也。彼井、鬼、柳則過中，張、翼、軫則未中；若以謂七宿合昏畢見者，孔氏之誤也；豈有七宿百九度而于一夕間畢見者哉！此實春分之一時正位之中星也，非春分之常夜昏見之中星也〔註4〕。

晁氏以為孔傳所謂「春分之昏，鳥星畢見以正仲春之氣節」之說非是，以時而言，乃春分一夕之昏，以對象言，乃指鳥星之中星，「星」宿是也，不可以鳥星七宿全體言，堯典記此者，在正春分中氣也。其於「日永、星火，以正仲夏」、「宵中，星虛，以殷仲秋」、「日短，星昂，以正仲冬」諸節，其說相同，惟疑其文字或因傳抄而誤。其於「日永」節下云：

> 所謂東正中天者，東方之中星見而正乎南也；東方之中星、房是也。

其於「宵中」一節，則曰：

> 所謂北正中天者，北方之中星見而正西也，北方之中星，虛是也。

其於「日短」一節，則曰：

〔註2〕參見經義考卷九六，頁2。
〔註3〕晁氏二篇在嵩山集卷十一。經義考著錄見卷九三，頁2；殘篇書傳序則見於文集卷十七。
〔註4〕見嵩山文集卷十一，頁17、18。

所謂南正中天者，南方之中星見而正乎北也，南方之中星，昴是也〔註5〕。
以四節比觀之，可見其說星宿右旋，四時中氣四方之中星見於南方，以正其方之
位，可見「日短」一節「南正中天」、「南方」之「南」，皆當作「西」，始合天象
及其說也。

又晁氏於〈日法〉一文中，解說「寅賓出日」、「寅餞納日」、「朞三百有六旬有
六日，以閏月定四時成歲」三句。其解「寅賓出日」曰：

> 帝堯之時，嵎夷實地之中也。何則？冀州帝堯之所都，當是之時，天
> 下之中也，嵎夷又冀州之中也。測其出之景而導之，謂之寅賓出日。……
> 儐如賓主之儐，徐邈之讀是也，古文儐通作賓〔註6〕。

按孔傳以爲「東表之地稱嵎夷」，則「嵎夷」非冀州之地，更非冀州之中，而晁氏以
爲「嵎夷」乃冀州之中與孔傳大異。又晁氏之意，以「宅嵎夷曰暘谷，寅賓出日」
連言，與孔傳以「寅賓出日，平秩東作」連言異，亦可見晁氏之說與孔傳大異也。
其解「寅餞納日」與「寅賓出日」相似。

其解「朞三百有六旬有六日」，以爲「實名而數虛」，蓋歲之日實三百六十五日
有奇，而云「三百有六旬有六日」者，以四分一日亦得一日之數，故謂之「數虛」。
所以然者，陰陽之理，死生之義，消息之數，周而復始之義，于是乎在也〔註7〕。

（二）洪範小傳

晁說之精研易數，是以於尚書洪範之學，得之也深，知之也早。其洪範小傳序
云：

> 說之二十年前爲洪範之學，本諸伏生、劉向、一行，而古今之說，不
> 敢遺也，爲傳數千言。靖康丙午年冬，遇金賊于睢陽，五世圖書，悉以灰燼，
> 寧知有吾之洪範傳！今年戊申冬，飄流金陵，遇東里好學後生，嘗標記予
> 傳之五行于本書，予欣然見之，如覩再生之物也。……因作小傳，自安其
> 私也，而念學者之益，良亦未易議也。……至其次序則多本諸泰山姜至之
> 先生，論五行則張廷評景發之云〔註8〕。

其自言洪範之學，得之姜潛、張景。然姜潛、張景之說，今已亡佚，惟張景之說，
尙有一二爲林之奇尚書全解所引用，可窺一斑。若晁氏論「五福六極」曰：

> 九五福，一曰壽，土也；二曰富，水也；三曰康寧，火也；四曰攸好

〔註5〕以上三條均見於文集卷十一，頁 19、20、21。
〔註6〕見嵩山文集卷十一，頁 23。
〔註7〕參見前書卷十一，頁 24、25。
〔註8〕見前書卷十一，頁 3。

德，木也；五曰考終命，金也；惟五福實亦備用，如壽富而康寧，康寧而壽富，攸好德而考終命，考終命而壽富之類。六極一曰凶短折，土也，金也；二曰疾，火也；三曰憂，火也；四曰貧，水也；五曰惡，木也；六曰弱，木也〔註9〕。

按晁氏之意，則凶短折對壽與考終命，皆土也，此極對二福也；疾與憂對康寧，皆火也，此福對二極也；貧對富，皆水也，此一福對一極也；惡與弱對攸好德，皆木也，此亦一福對二極也。張景於五福六極則云：

其義相反，不必數之相敵；五福曰壽，曰考終命，六極曰凶短折，此一極而反二福也；五福曰富，六極曰貧，此一極之反一福也；五福曰康寧，六極曰疾曰憂，五福曰攸好德，六極曰惡曰弱，此二極而反一福也，蓋亦各盡其意而已矣〔註10〕。

二者相較言之，晁氏全同於張景，可證其說已學出張景者，非虛言也。至於其謂「次序」多本諸泰山姜潛，其意指經文之位置改易也。洪範小傳於三德疇「惟辟作福」至「民用僭忒忒」一段下云：「當次于五福之疇。」又於庶徵「曰王省惟歲」以下一段下云：「當次五紀之疇。」然則此兩條改經之說，蓋出於姜潛歟！

晁氏謂五行之說，出於張景，今考洪範小傳，於九疇中各標以五行之所屬，其意即五行通貫九疇也。茲就其說列為圖表示之：

五行	五事	八政		五紀	皇極	三德	稽疑	庶徵	五福	六極
水—	聽	（食貨祀）	—司空—師—賓—司寇—司徒	（闕文）	（闕文）	—柔克—沈潛 —剛克—高明 —柔克—彊弗友 —剛克—爕友 —正直—平康	—驛—霽—雨—蒙—克（貞悔）	—寒—燠—雨—暘—風	富 康寧 攸好德 考終命 壽	貧 疾憂 惡弱 凶 短折
火—	視									
木—	貌									
金—	言									
土—	思									

若此相配之意，果真出於張景，則張景可謂首創以五行貫九疇之說者也。

（三）書　論

嵩山集於卷十七有書論序一篇，其文首頁缺，無標目，或即「書晁氏傳」之自序也。其論多異諸儒。其論曰：

召公之不悅，類乎無上；太甲以不順伊尹而放；群叔才有流言而誅；啟行挈孥之刑，以誓不用命；盤庚行劓殄之刑以遷國；周人飲酒而死；魯

〔註 9〕見前書卷十一，頁 29、3。
〔註10〕見林之奇尚書全解卷二五，頁 31 引之。

人不楨榦而屋誅；敢於殄戮而刑足以服人心。股肱不喜而有刑以俟之；先
時不及時而殺無赦，爲政事之典。民或可咈之，言或可伏之；太史、內史
以爲君之友，而威不可詐，老不足敬，禍不足畏，凶德不足忌，其政之苛，
致於屬婦，紛不可襞，予竊懼焉〔註11〕。

晁氏之「書晁氏傳」今無可見，然就此觀之，可知其論書義與前人說大異其趣，晁
氏亦自謂：「愚於成周說洛邑，雖曰窮經，而類侮聖人之言者〔註12〕。」；然晁氏以
爲之所以然者，亦有其故也，晁說之曰：

　　　顧惟此經秦火煨燼之後，孔壁朽折之餘，孔安國初以隸篆推科斗，
　　既而古今文字錯出，東京劉陶乃取正於杜林，而傳至唐，古體隸篆勢，
　　彌不能一；明皇帝雅所不好，詔學士衛包悉以今文易之，其去本幾何其
　　遠矣〔註13〕。

尚書既經如斯諸劫，必有屬訛錯亂於其間，若止據今所傳本之尚書立言說義，必有
謬妄，故晁氏評曰：「今之學者盡信不疑，殆如手授於洙泗間，不亦惑歟〔註14〕！」
故晁氏於書經，多有疑改之論。茲分述如后：

1、改經文分合及次序

　　今傳僞孔傳本，分堯典、舜典、皋陶謨、益稷爲四篇，然先秦經文及漢今文，
於今之堯典、舜典本爲一篇，皋陶謨、益稷亦相連爲一篇，僞孔安國序云：「伏生又
以舜典合於堯典，益稷合於皋陶謨。」孔疏云：「伏生之本，亦壁內古文，而合之者，
蓋以老而口授之時，因誦而連之，故殊耳〔註15〕。」孔疏又於益稷篇題下云：「（馬、
鄭、王）又合此篇於皋陶謨，謂其別有棄稷之篇，皆由不見古文，妄爲說耳。」而
晁氏不信孔序孔疏，反信漢今文馬、鄭、王之本，其言曰：

　　　安國分堯典爲舜典，分皋陶謨爲益稷，……其失著矣，曾未之省也〔註16〕。

晁氏又以爲孔傳本經文篇第有誤，其言曰：

　　　（安國）以立政先乎周官，無逸後乎多士，謂旅獒爲武王之史，其失
　　著矣，曾未之省也〔註17〕。

按其說今不可知其詳矣，然大異於前儒之說也。其說後儒若胡宏皇王大紀或取之。

〔註11〕見嵩山文集卷十七，頁2。
〔註12〕見前書卷十七，頁3。
〔註13〕同註11。
〔註14〕同註12。
〔註15〕見尚書正義卷一，頁13、14。下述皋陶謨條見卷五，頁1。
〔註16〕見嵩山文集卷十七，頁2。
〔註17〕同前註。

2、改經文錯簡

晁氏於洪範小傳，以爲三德疇自「惟辟作福」以下，當次于五福之疇，而庶徵疇自「曰王省惟歲」以下，當次五紀之疇，其說乃得之於姜潛；晁氏又曰：

> 洛誥之史序存於康誥，而召公之年見於洛誥，泯亂隱晦，尚復有省之者耶！惟是武成頗有爲之次第者，而武王在商之行事，序在歸豐之後，抑亦可歟〔註18〕！

按晁氏所謂「洛誥之史序存於康誥」，即指康誥篇自「惟三月哉生魄」至「乃洪大誥治」一段，乃洛誥之史序也；此說自來皆以爲蘇東坡書傳所創，今晁氏此論曰「尙復有省之者乎」，按考其序之時，在哲宗紹聖丙子冬十二月，即紹聖三年，而東坡書傳草於元符三年，後晁氏四年〔註19〕然則東坡書傳謂洛誥錯簡於康誥之說，可能襲用晁說之之論；或蘇軾未見其書而自得之，即然，然亦視晁氏爲後矣，今當以此說還諸其人。至於「召公之年見於洛誥」，其詳不可知矣。

至於武成錯簡之說，孔疏已有此意而未確言之，劉敞七經小傳出，始有改易之事，其後王安石、程頤皆有改本故晁氏云「頗有爲之次第者」，然其又曰「武王在商之行事，序於歸豐之後，抑亦可歟」，是於劉、王、程諸改本猶有不以爲然，唯其說亦不可知矣。

3、疑闕文

劉敞七經小傳，疑堯典「宅南交」有闕文，當爲「宅南曰交趾」〔註20〕；前乎此者，鄭玄已疑其當作「宅南交曰明都」、與「宅朔方曰幽都」相對成文〔註21〕；晁氏則曰：「有幽都而有明都〔註22〕。」是用鄭玄之說，疑經文脫漏有缺文也。晁氏同條又云：

> 高宗肜日、盤庚、微子非全經。

其說不可知，然當是疑有殘缺也。

4、晁氏書論佚文所見之尚書說

晁氏書傳及書論，雖經兵燹而散失，然其說於南宋時並未亡佚，若洪範小傳亦標註於士子之書中是也。南宋學者，多見其書。茲就後來學者所引晁氏書傳、書論之說，其有足稱之者，列述如后：

〔註18〕見嵩山文集卷十七，頁3。
〔註19〕參見蘇東坡全集前附王宗稷編東坡先生年譜頁28。
〔註20〕參見其書卷上，頁1。
〔註21〕參見正義卷二，頁17。
〔註22〕見嵩山文集卷十七，頁3。

（1）禹貢九江即洞庭說

　　程大昌作禹貢論，博引諸家禹貢之說，其中引晁說之者一條曰：

　　　　近世晁說之氏雜引山海經、博物志、水經、地記，而斷以洞庭應塞九

江，又其一也〔註23〕。

而傅寅禹貢說斷，於荊州「九江孔殷」之下，亦引晁氏之言曰：「洞庭，九江也。」
是晁說之嘗有是論。程大昌以爲其說不可據；傅寅則以爲九江之九不以數說，葉夢
得亦以爲晁氏之說爲是，而傅氏取葉氏說，而葉氏之說出於晁氏也〔註24〕。九江即
洞庭之說，其詳則不可得而知矣。

（2）金縢「丕子之責」解

　　孔傳金縢「丕子之責」曰：「大子之責，謂疾不可救於天，則當以旦代之。」其
意謂武王乃元子，三王在天，當有救之使不死之責，若不能救之，則以周公旦代其
死。朱熹以爲不然，引晁氏之說曰：

　　　　此一段先儒都解錯了，只有晁以道說得好，他解丕子之責，如史傳中

責其侍子之責，蓋云上帝責三王之侍子，侍子指武王也。上帝責其求服事

左右，故周公乞代其死〔註25〕。

然則晁氏之說，大異於孔傳，而朱熹甚取之。

四、晁說之尚書學之評價及影響

　　晁氏本有「書晁氏傳」、「書論」之著述，然經靖康之難，五世圖書，悉燬于兵
燹，故其學說多佚失，然南宋學者，亦有論之；洪邁論「晁景迂經說」曰：

　　　　景迂子晁以道，留意六經之學，各有一書，發明其旨，故有易規、書

傳、詩序論，中庸、洪範傳、三傳說，其說多與世儒異。……其論書曰：

予於堯典見天文矣，而言四時者不知中星；禹貢敷土治水，而言九州者不

知經水；洪範性命之原，而言九疇者不知數；舜於四凶，以堯庭之舊，而

流放竄殛之；穆王將善其祥刑，而先醜其耄荒；湯之伐桀，出不意而奪農

時；文王受命爲僭王；……（以下與嵩山集相近，上引者乃集中所缺之部

份）……論堯典中星云……凡此以上，皆晁公之說，所辯聖典，非所敢知；

但驗之天文，不以四時其同在天者常有十餘宿，自昏至旦，除太陽所舍外，

餘出者過三之二，安得言七宿不能於一夕間畢見哉！蓋晁氏不識星故云爾

〔註23〕見程大昌禹貢論卷上，頁36。
〔註24〕見傅寅禹貢說斷卷二，頁26。葉氏之說，亦同見於此所引。
〔註25〕見董鼎書集傳輯錄纂註卷四，頁4引。

〔註26〕。

洪邁此段，正可補嵩山集所缺之文；洪氏評晁說之〈堯典中氣中星〉之論爲不識星也。呂東萊與朱侍講書曰：

> 晁景迂其學固雜，然質厚而少穿鑿，可取者固多；大抵北方前輩，議論雖各有疵，要可養忠厚，革浮囂？自當兼存〔註27〕。

程大昌爲禹貢論，引晁說之「九江即洞庭」之說而評之曰：

> 晁氏所引水經、地說，以洞庭應塞其目，地雖在荊而源不出岷，皆的然不可據〔註28〕。

朱熹亦稱晁氏書傳晁氏書傳可參考，且其解說金縢「丕子之責」之義，亦以爲唯晁氏所言爲可取〔註29〕。全祖望於景迂學案下謂晁氏曰：

> 昭德晁氏兄弟，大率以文詞游坡谷間，如補之、詠之、充之，皆盛有名，獨景迂湛深經術，親得司馬公之傳，又爲康節私淑弟子；其攻新經之學，尤不遺餘力；世但知推龜山、了翁，而不知景迂更過之。宋史乃爲補之、詠之作傳，而景迂失焉，陋矣〔註30〕。

惜哉！晁氏說之之書，爲兵火所燬，其精華不可復見，今僅存尚書之說如上述，亦足雄視百代矣。

　　晁氏之尚書說，其影響於後世者，大有三端：其一，首倡康誥首段四十八字乃洛誥之脫簡，其後東坡、洪邁、朱熹、蔡沈、張文伯、王柏、俱主此說。其二，晁氏以爲洪範九疇皆可相配，以五行貫串其間，是開後來王柏研幾圖中「維皇建極圖」、「皇極不建圖」，以九疇共環相配之意也〔註31〕。其三，其考尚書篇次，以爲有誤；若其謂旅獒爲武王時書爲非，則胡宏皇王大紀用之矣。

第二節　吳　棫

一、生平事略

〔註26〕見洪邁容齋隨筆三筆卷一，頁1、2，其所引晁氏書論之文，前半爲今嵩山文集所闕者，今引錄於此，以便觀審，後半已見前一節所論引。

〔註27〕見宋元學案卷二二景迂學案，總頁519附錄引。

〔註28〕見程大昌禹貢論卷上，頁38。

〔註29〕參見註24。朱子稱晁氏書傳可參考，見董鼎纂註書中前附綱領。並經文「今我即命于元龜……」下輯錄文中。見通志堂經解冊14總頁8318，漢京版，台北。

〔註30〕同前註同卷，總頁49。

〔註31〕可參見程元敏先生王柏之生平與學術冊下，總頁69、691。

吳棫，字才老，建安人。舉徽宗宣和六年進士第〔註32〕。嘗召試館職，不就。紹興中除太常丞，以忤時宰秦檜，出爲泉州通判。有能名，剛直有謀，明恕能斷。時悍卒謀亂，一郡洶洶大恐，才老命戮數人，立定，蓋出於笑談之間。紹興二十二年壬申，去閩。紹興二十四年卒〔註33〕。平生著述甚豐，若書裨傳，詩補音，論語指掌考異續解，楚辭釋音，韻補等〔註34〕。朱子謂近代訓釋之學，惟才老爲優〔註35〕。黃宗羲列爲景迂同調〔註36〕。才老之學，長於辨析，考據精審，朱子及其後之學者咸稱焉。

二、尚書之著述與著錄

吳才老之於尚書，有書裨傳之作。經義考云：

> 吳氏棫書裨傳，宋志十二卷，授經圖十三卷。未見。一齋書目有之。……
> 其書菉竹堂目尚存。

按：朱熹嘗云：「聞新安有吳才老裨傳，頗有發明，卻未曾見〔註37〕。」可見其書本亦流傳不廣，是以朱子大儒，初亦未嘗得見。而徐蔵與吳棫乃同里舊識，才老卒後，嘗訪諸其家，不獲其著作，僅得論語續解於延陵胡氏，由是可知其書之不流通〔註38〕。朱子又云：「才老於考究上極有功夫，只是義理上自是看得有不仔細。其書解，徽州刻之〔註39〕。」則朱子後亦得其書，深研極探而有得，故朱熹云：「諸書皆以注疏爲主，書則兼取劉敞……吳棫、薛季宣、呂祖謙〔註40〕。」書裨傳王應麟亦嘗見而引之〔註41〕，蔡沈集傳引之亦夥。至王柏、陳大猷、陳振孫、元董鼎、

〔註32〕才老舉進士之年，蓋有三說。經義考、宋元學案引閩書皆云「舉重和元年進士」。宋人傳記資料索引冊二吳棫條云：「政和八年進士。」吳棫韻補前徐蔵序云：「才老登宣和六年進士。」考之通鑑長編，宋徽宗政和之年號，其年歲僅七年，無八年者，其後即改元重和元年，重和亦僅一年，即改元宣和元年。然則「政和八年」之說誤矣，然其年與重和元年同爲一一一八年。而重和元年之與宣和六年，蓋重之與宣，元之與六恰字形相近而誤。徐蔵與吳棫乃同時同里之交，其序或較可信。

〔註33〕韻補徐蔵序云紹興二十二年壬申歲，才老出閩，又三年而才老死久矣，未明言其死期，姜亮夫歷代人物里碑傳綜表以爲卒於紹興二十四年，蓋徐氏云紹興二十五年才老死久矣，則當在此年之前，姜氏之說，亦合理。

〔註34〕上述吳棫生平事略，參看經義考，宋元學案之景迂學案，宋人傳記資料索引，宋史翼，韻補序。以韻補序爲主。

〔註35〕朱子語語雜類云：「近世考訂訓釋之學，唯吳才老，洪慶善爲優。」

〔註36〕見黃宗羲宋元學案之景迂學案。

〔註37〕見董鼎書集傳輯錄纂註書前列朱子說書綱領引答或人書。

〔註38〕見吳棫韻補徐蔵序文。

〔註39〕見朱子語類綱領。

〔註40〕同註6引學校貢舉私議。

〔註41〕王應麟困學紀聞，王柏書疑，陳大猷書集傳或問，陳振孫直齋書錄解題，均有引及，是彼等必曾見之也。

陳櫟、吳澄、王天與等著作中，亦每每引用。及清閻若璩尚書古文疏證，亟欲加以引證，惜已不能得，是其書已失傳矣〔註42〕。今欲論才老之尚書學，唯於宋元諸學者著作所引，加以掇拾，尚得窺全豹於一斑耳。

吳棫書裨傳一書，其體例今已不得知其全貌，據陳振孫直齋書錄解題云：

> 太常丞吳棫撰。首卷舉要曰總說、曰書序、曰君辨、曰臣辨、曰考異、
> 曰訓詁、曰差牙、曰孔傳，凡八篇…考據詳博。

則其書首有舉要一篇，以通論尚書之各相關問題。復考之諸家所引吳氏書，於尚書諸篇亦多有訓解之語。朱子語類綱領亦云：「曾彥和，熙豐後人，解禹貢，林少穎、吳才老甚取之。」至於舉要八篇之內容，則難加詳考，僅能就其題目思之耳。唯考異一篇，尚有可言之者。困學紀聞云：

> 吳才老書裨傳考異云：伏氏口傳，與經傳所引，有文異而有益於經，
> 有文異而無益於經，有文異而音同，有文異而義同。才老所述，今不復著。

則考異一篇，其內容即以經傳所引尚書之文，與尚書本文相較，從而得其文字、音義之異同。王氏不著吳氏之例，然其條下復增舉數例以明之曰：

> 以閏月定四時成歲，古文定作正，開元誤作定；舜讓于德，弗嗣，班
> 固典引作不台；……〔註43〕

吳棫於尚書考據訓釋之外，尚精研聲韻，朱子輒取其說以叶三百篇〔註44〕。其所著韻補一書，書目中列尚書中有韻之語，此亦可見其精研尚書之一斑。

三、吳氏之尚書學

才老書裨傳為後學稱者，厥在能疑。元袁桷冀氏四書朱陸會同序云：

> 書別於今文古文，晉世相傳，馴致後宋時，則有若吳棫，趙汝談、陳
> 振孫疑焉，有考，過千百年而能獨明者〔註45〕。

經義考云：

> 按：說書疑古文者，自才老始。

閻百詩所取於吳氏者，蓋亦在其疑古文處。朱子謂其看破小序之失，而未敢勇決〔註46〕。今就其懷疑尚書，研治尚書，以及論說尚書義理、音韻等四點，分述如下：

〔註42〕見閻氏尚書古文疏證第百十三條。
〔註43〕見困學紀聞卷二。
〔註44〕見陳振孫書錄解題，宋元學案景迂學案下吳棫條亦有此說。
〔註45〕見清容居士集卷二一。
〔註46〕見經義考卷八十引朱子語。

（一）疑尚書

　　吳氏之尚書學，以疑議尚書見稱。而其所疑之範圍甚廣，幾及書經各層面，茲分三端而述論也。

1、疑古文

　　清閻百詩若璩尚書古文疏證八第一百十三條引才老之言曰：

　　　　伏生傳於既耄之時，而安國隸古，又特定其所可知者，而一篇之中，一簡之內，其不可知者蓋亦無矣。乃欲以是盡求作書之本意，與夫本末先後之義，其亦可謂難矣。而安國所增多之書，今書目具在，皆文從字順，非若伏生之書，屈曲聱牙，至有不可讀者。夫四代之書，作者非一，乃至二人之手而遂定為二體乎？其亦難矣。

又蔡沈書集傳泰誓題下引吳棫之言曰：「疑其書之晚出，或非盡當時之本文也。」

　　按尚書古文易，今文難，此一事實，宋代學者，早已知之矣。林之奇亦論之曰：

　　　　蓋有伏生之書，有孔壁續出之書。夫五十八篇皆帝王所定之書，有坦然明白而易曉者，有艱深聱牙而難曉者，……此二十五篇，皆孔壁續出，其文易曉；餘乃伏生之書……伏生之書所以艱深不可通者，伏生齊人也，齊人之語多艱深難曉……〔註47〕。

林氏吳氏之論，比而觀之，林氏止說明今文之所以難曉在於伏生齊語，而未論古文之所以易明；吳氏則以為伏生今文之難，與伏生之耄雖有關連，而其關鍵在「四代之書，作者非一，乃至二人之手而遂定為二體」，此乃疑之所以生也。朱子承吳氏之意，更為發揮而加精評。朱子語類云：（卷七十八）

　　　　某嘗疑孔安國書是假書。……漢儒訓釋文字，多是如此，有疑則闕。今此卻盡釋之，豈有千百年前人說底話，收拾於灰燼屋壁中與口傳之餘，更無一字訛舛，理會不得〔註48〕。

又云：

　　　　伏生書多艱澀難曉，孔安國壁中書卻平易易曉。或者謂伏生口授女子，故多錯誤。此不然，古今書傳所引書語，皆已如此。不可曉〔註49〕。

由此可見，吳氏此一觀點，確能獨燭千百年之謎團，彼雖未能一掃而廓之，然提點之功大矣。

　　吳氏之疑古文，亦有就局部而為之說者。朱子文集卷六十五大禹謨注引吳氏曰：

〔註47〕見拙齋文集卷十六。
〔註48〕見語類卷七六。
〔註49〕同註48。

此書不專爲大禹而作，此十七字當是後世模仿二典爲之。皋陶謨篇首
九字，亦類此。

吳氏謂大禹謨及皋陶謨篇首之贊辭，俱爲後人僞作，非原文所有，朱子亦以爲然，
於其文下曰：

此篇稽古之下，猶贊禹德，而後篇便記皋陶之言，其體亦不相類，吳
氏之說，恐或然也。

可見吳氏疑古文之論，多爲後學取用。清閻百詩尚書古文疏證八第百一十三云：

朱弁升應浙江行省試對策曰：今文古文，篇有分合，辭有難易；觀其
文理之相接，則可見其始合而今分矣；觀其體制之迴殊，則可疑其彼何獨
難而此何獨易矣。若是者朱子、吳才老固已獻疑，而世之大儒，亦已有明
辨而釐正之者矣。

足見吳氏才老之識，燭照百代之明也。

2、疑書序

吳才老之疑尚書，不獨謂古文可疑，其於書序之說，疑之更甚。吳氏說書，多
不取書序之說。書集傳伊訓篇引吳氏之言曰：

殯有朝夕之奠，何爲而致祠，主喪者不離於殯側，何待於祇見？蓋太
甲之爲嗣王，嗣仲壬而王也。太甲太丁子，仲壬其叔父也。嗣叔父而王而
爲之服三年之喪，爲之後者，爲之子也。太甲既即位於仲壬之柩前，方居
憂於仲壬之殯側，伊尹爲至商之祖廟徧祀商之先王，而立太甲告之。不言
太甲嗣而言伊尹，喪三年不祭也。奉太甲徧見商之先王，而獨言祇見厥祖
者，雖徧見先王而尤致意於湯也。……湯既已祔于廟，則是此書初不廢外
丙、仲壬之事，但此書本爲伊尹稱湯以訓太甲，故不及外丙、仲壬之事爾。

書序云：「成湯既沒，太甲元年，伊尹作伊訓。」以爲太甲繼成湯而嗣位，稱元年，
而不數外丙、仲壬，吳氏以爲非也。又書序武成曰：

武王伐殷，往伐，歸獸，識其政事，作武成。吳氏以爲歸獸者非。吳
氏曰：「或以歸馬放牛爲歸獸，非也。史記本紀：武王克殷，乃罷兵西歸，
行狩，記政事，作武成。班固亦作歸狩，當以狩爲正。」

朱熹嘗評吳氏疑小序之見曰：

才老說胤征、康誥、梓材等篇，辨證極好。但已看破小序之失，而不
敢勇決，復爲序文所牽，殊覺費力耳〔註50〕。

〔註50〕同註46。

朱子雖以吳氏不能勇決爲評，然其廓清之功不可沒。誠無吳氏在前，篳路藍縷，朱元晦亦能勇決如斯乎！亦可疑也。

3、疑今文

　　吳才老之疑今文，不在疑其僞，乃在夫其篇章簡牘之分合錯置，及其書篇先後之順序。朱子語類卷七十九總論康誥梓材之文云：

> 五峰、吳才老皆說是武王書，只緣誤以洛誥書首一段，置於康誥之前，故敘其書於大誥、微子之命之後。

陳大猷書集傳或問康誥下曰：

> 或問吳才叔因朕其弟之言，以康誥爲武王之書，如何？

據此知吳氏之以康誥爲武王時書者，蓋因其中作者以「朕其弟」稱康叔，爲武王而非成王明矣。朱子嘗論此事云曰：

> 且如朕弟、寡兄，是武王自告康叔之辭無疑。蓋武王、周公、康叔同叫作兄，豈應周公對康叔一家人說話，安得叫武王作寡兄，以告其弟乎！
> 蓋寡者，是向人稱我家、我國長上之辭也。只被其中有作新大邑于周數句，遂牽引得序來作成王時書〔註51〕。

朱晦翁雖未明言其持論之所來自，然此說發軔於吳才老者，殆無可疑。才老於酒誥，疑爲兩文誤合爲一。其言曰：

> 酒誥一書本是兩書，以其皆爲酒而誥，故誤合而爲一。自王若曰：明天命於妹邦以下，武王告受故都之書也；自王曰封，我西土棐徂邦君以下，武王告康叔之書也。書之爲體，爲一人而作，則首稱其人；爲眾人而作，則首稱其眾；爲一方而作，則首稱一方；爲天下而作則首稱天下。君奭書首稱書君奭，君陳書首稱君陳，爲一人而作也。甘誓首稱六事之人，湯誓首稱格汝眾，此爲眾人而作也。湯誥首稱萬方有眾，大誥首稱大誥多邦，此爲天下而作也。多方書爲四國而作，則首稱四國；多士書爲多士而作，則首稱多士。今酒誥爲妹邦而作，故首言明大命于妹邦，其自爲一書無疑〔註52〕。

吳氏此論，蔡沈未嘗全然之〔註53〕。然持此論以觀酒誥，則其非純爲康叔而發可知之矣。吳才老於梓材篇，疑後半非梓材之文。董鼎書集傳輯錄纂註梓材篇題下曰：

> 吳才老辨梓材後半截不是梓材。緣其中多是勉君，乃臣告君之辭，未

〔註51〕見朱子語類卷七九尚書二康誥條。
〔註52〕見蔡沈書集傳酒誥篇題下注引。
〔註53〕同註52。

當如前一半稱王曰、又稱汝，爲上告下之辭，亦有此理。處謙又説，梓材
是洛誥中書，甚好。其他文字亦有錯亂，而移易得出人意表者，然無如才
老此樣處恰恰好。

吳氏就文中稱謂之語以見其異怪處，眞可謂明珠夜光也。故蔡沈集傳亦稱「獨吳氏
以爲誤簡者爲得之〔註54〕」，誠不虛譽。吳氏又以尙書之篇序爲非；今本尙書以洛
誥、多士、無逸、君奭、蔡仲之命、多方、立政爲序，吳才老則以爲按其發生之序，
當先多方、次洛誥、次多士、次君奭、次蔡仲之命、次立政、次無逸。吳氏曰：

> 周公東征，三年而歸，明年奉王東伐淮夷，遂踐奄，還歸於豐而作多
> 方，及營洛成周，而作多士〔註55〕。

吳氏之說，亦見陳大猷或問。其引吳氏曰：

> 方遷殷民於洛之時，成周未作，其後王與周公患四方之道，監三監之
> 叛，於是始作洛邑，欲徙周而居之。其曰：昔朕來自奄，大降爾四國民命，
> 我乃明致天罰，移爾遐逖，比事臣我宗多遜者，述遷民之初也。曰今朕作
> 大邑于茲洛，予惟四方罔攸賓，亦惟爾多士攸服奔走臣我多遜者，言遷民
> 而後作也。故洛誥一篇，終始皆無欲遷殷民之意。惟周公既諾成王留洛之
> 後，乃曰：伻來毖殷。又曰：王伻殷。乃承敍當時殷民已遷于洛，故其言
> 如此〔註56〕。

夫如此，則多方應在洛誥、多士之前。又才老之於無逸云：

> 考於君奭、立政、洛誥諸篇，周公於成王皆有沖孺幼小之稱，而無逸
> 獨無，故知其爲最後也〔註57〕。

他若西伯戡黎之西伯，吳氏以爲武王，呂祖謙、薛季宣、陳鵬飛亦主之〔註58〕。

（二）研究尚書之態度及方法

才老之所以能獨見百世之疑，除其學養精深，勤探深思之外，亦有其態度及方
法使然。茲歸納而條列之如後：

1、文例之分析：

夫文章之述作，自有其常模，如敘事之筆法，尊卑之稱謂等，皆有脈胳可尋，
苟有越軌者，錙銖必見乎明察之士。吳氏於此，特有獨到之處。若吳氏之辨舜典「舜

〔註54〕見書集傳梓材篇題下注。
〔註55〕見吳澄今文尚書纂言多士條引。
〔註56〕見書集傳或問多士條引。
〔註57〕見吳澄今文尚書纂言無逸篇下引。
〔註58〕見董鼎書集傳輯錄纂註西伯戡黎篇。

讓于德弗嗣」一節云：

> 自此至帝乃殂落，雜載二十八載居攝事〔註59〕。

又於「肇十有二州，封十有二山，濬川」一節云：

> 此一節在禹治水後，其次不當在四罪之先。蓋史泛記舜所行之大事，
> 初不計先後之序也〔註60〕。

所謂雜載其事，不計先後，即基於體味史官記事者之文例爲說，否則肇州封山濬川之事，其先後順序大有疑問矣。

　　吳氏之究考梓材，其前面只是告戒，其後都稱「王」，恐應自是一篇，不應王告臣下，不稱朕而自稱王〔註61〕。此則就文中人物相對關係之尊卑稱謂之例爲說，以見梓材之可疑，亦自有理。其考酒誥，謂當本是兩書而誤合爲一，即從誥體之文例，首稱其對象，今酒誥一文中有前後兩不同之對象，一爲妹邦，一爲康叔封，則當分爲兩篇，故有是疑〔註62〕。

2、措辭語氣之對比

　　語文措用，古今有之異，山川阻隔，辭亦不同；如先秦之稱爾汝，實無禮之辭〔註63〕，今則你我連用，視爲平常；雅言女子之美曰姣，粵方言姣則謂女子之淫蕩者〔註64〕，是以比對辭氣措語，斯亦有可諦之者焉。吳才老之疑泰誓晚出，即以此一方法爲之。其言曰：

> 湯武皆以兵受命，然湯之辭裕，武王之辭迫；湯之數桀也恭，武之數
> 紂也傲。學者不能無憾。疑其書之晚出，或非盡當時之本文也〔註65〕。

此所謂「裕，迫；恭、傲」者，吳才老嘗舉一例以證明之。彼曰：

> 案帝辛本紀稱紂，書稱受，或二字古通用。湯六數桀罪，未嘗斥爲桀；
> 武十數紂罪，未嘗不呼爲受。餘見傳〔註66〕。

所謂「裕迫恭傲」，此爲明徵。清閻若璩亦嘗引用此條之方法，以證成其僞古文說之理論。尚書古文疏證第九十八云：

〔註59〕見王天與尚書纂傳卷二舜典篇。
〔註60〕見同註59。
〔註61〕見朱子語類綱領，董鼎輯錄纂註梓材篇題下引之亦同。
〔註62〕見蔡沈書集傳酒誥篇題下引。
〔註63〕孟子盡心下篇云：「人能充無受爾汝之實，無所往而不爲義也。」朱注云：「蓋爾汝，人所輕賤之稱。」
〔註64〕左傳「棄位而姣，不可謂貞」下杜注：「姣，淫之別名。」今東莞語、廣州方言「姣」，讀平聲，與釋名「戶交切」同，即用其音義。見東莞縣志卷十一。
〔註65〕見蔡沈書集傳泰誓篇題引。
〔註66〕見董鼎書集傳輯錄纂註泰誓上纂註引。

晚出泰誓，疑者固眾，予獨怪其古人有言曰以下，如獨夫受洪惟作威，乃汝世讎。當時百姓讎紂，固往往而有，何至武王深文之為世讎。樹德莫如滋，去疾莫如盡，發端訊語也，何至武王易其辭為除惡務盡以加諸紂身。湯誓師不過曰：爾尚輔予一人，致天之罰；牧野誓師曰：今予發惟恭行天之罰。如是而已，何至此為肆予小子，誕以爾眾殄殲乃讎，若當時百姓，亦未知讎紂，而武王實喉使之者。噫！其甚矣。夫時際三代，動關聖人，而忽有此詬屬之言，群且習為當然。先儒曰：不識聖賢氣象。

而顧炎武於日知錄中，亦持此法以疑書泰誓。其言曰：

商之德澤深矣。尺地莫非其有也，一民莫非其有也；武王伐紂，乃曰獨夫受，洪惟作威，乃汝世讎，曰：肆予小子，誕以爾眾士，殄殲乃讎。何至于此？紂之不善亦止其身，乃至并其先世而讎之，豈非泰誓之文，出於魏晉人之偽撰者邪〔註67〕？

顧氏、閻氏，均以吳氏此法，探驪得珠，蓋亦深明辭氣之妙者。然考此法，吳氏之前，學者已先有言之者。唐劉知幾史通云：

案武王為泰誓，數紂過失，亦猶近代之有呂相為晉絕秦，陳琳為袁檄魏，欲加之罪，能無辭乎？而後來諸子，承其偽說，競列紂罪，有倍五經〔註68〕。

劉氏雖未明言古文之偽，然察乎數紂罪之過激，有類後世之語辭，此一端倪之瞥見，亦靈光之駿發者也。

3、異文之考覈

書裨傳中，首卷舉要有考異一篇，考異者，考覈異文，相與比較，每能見駢枝兀突，樂林濫竽，刮剔蠹蛆，斯法尤明且實。吳氏本篇已不得而見矣，然王應麟之補述，則足徵其成法。王氏曰：

在治忽，今文作采政忽，史記作來始滑，漢書作七始詠，忽又或作曶……又康誥曰：惟乃丕顯考文王，克明俊德。今無俊字。……高宗亮陰，禮記作諒闇，漢五行志作涼陰，大傳作梁闇。……〔註69〕

才老亦用此法。蔡沈集傳洛誥「公無困哉」下註引吳氏曰：

前漢書兩引公無困哉，皆以哉作我，當以我為正。

後世引用其法而有成者，當數閻百詩。其尚書古文疏證第二十三條，以今孔傳本與

〔註67〕見日知錄卷二泰誓條。
〔註68〕見史通疑古篇。
〔註69〕見困學紀聞卷二。

蔡邕石經相互考覈之後曰:「余然後知此晚出於魏晉間之書,蓋不古不今,非伏非孔,而欲別爲一家之學者也。」其第二十四條則以史記與之相較,第二十五條,以說文與之相較,其結果皆同,以證今孔本之不倫;此亦吳氏方法之功也。

4、情理之推求

遠古渺邈,而文獻不足,故於古代之事,前儒每以情理推之,蓋猶孟子所云「心之所同然者何也,謂理也〔註70〕」。此法宋明儒者最常用之。吳氏名列宋元學案之一員〔註71〕,推理之法屢見於其文中。吳氏於伊訓篇云:

> 意太甲是時不明之跡已見端緒,故伊尹稱湯以訓,庶幾其速改而不能,後卒有桐宮之遷〔註72〕。

吳氏以「伊尹乃明言烈祖之成德以訓于王」之前因,後果,推而論之,乃成其說。又太甲下於「君罔以辯言亂舊政,臣罔以寵利居成功」句下云:

> 上篇稱嗣王不惠于阿衡,必其言有與伊尹背違者,辯言亂政,或太甲所失在此;罔以寵利居成功,己之自處者素定矣。下語既非泛論,則上語必有爲而發也〔註73〕。

吳氏以「居成功」句非虛言,則「亂舊政」句亦必有所指,遂推上篇「不惠於阿衡」之故,其以「必」「或」爲辭,正推理之語也。

5、資料之活用

古書文獻不足徵,故必旁搜遠紹,廣羅博引以爲用焉,孔子尙有杞、宋之歎〔註74〕,前輩解經,每困於此而闕疑;夫古之與今雖不盡同,亦不盡異,蓋今世乃源於古,古代變以成今,其相遞承之迹,明而易見,故子曰「雖百世可知」〔註75〕,此亦推理之內容也。吳氏於康誥云:

> 先儒多謂康叔尚幼,以此書多稱小子故也。康叔,武王弟,武王九十三而終,康叔至此安得尚幼。今陝右之俗,凡尊之命卑,貴之命賤,雖長且老,亦以小子呼之,若相親愛之辭,疑此所謂小子亦然〔註76〕。

其引用資料有及於當世之言,陝右之地,即古之宗周所在,武王所都,其俗當時尙如此,雖其說未必全然,而其於資料之活用,實有高明之處。

〔註70〕見孟子告子上篇第七章。
〔註71〕見景迀學案。
〔註72〕見董鼎書集傳輯錄纂註伊訓篇引。
〔註73〕見王天與尚書纂傳卷十二下。
〔註74〕見論語八佾篇第九章。
〔註75〕見論語爲政篇第二十三章。
〔註76〕見陳大猷書集傳或問卷下康誥引。

6、信用史記之言以駁孔

　　宋代諸儒之於史遷，有奉爲金科玉律者，亦有斥爲經義罪人者，蓋皆徇彼一家之取捨耳。吳氏於尙書，多據史記以駁評孔傳之說，蓋史遷嘗從孔安國問故〔註77〕，而時又近古，故較之他書爲何信。吳氏解大禹謨「天之歷數在汝躬」下云：

　　　　正朔自天子出，諸侯受而行之。天之歷數在汝躬，言當天道爲天子，歷象日月以出正朔，而號令天下。司馬遷言堯立羲和之官，明時正度，陰陽調，風雨節，年者禪舜，戒之曰云云，舜亦以命禹，由此觀之，帝王之所重也〔註78〕。

此引史遷之言爲說，以爲歷象日月，出正朔即歷數，與孔傳所謂「天道」不同，吳氏之論，較近人事。才老論微子之命云：

　　　　如孔氏之說，則是微子前此未封，至成王而始封，非矣。惟史記世家言周公既承王命誅武庚，乃命微子代殷後，使奉其先祀，作微子之命以申之，其說爲是〔註79〕。

則其更據史記以非孔傳，陳大猷亦以爲吳氏之說爲是。蓋武王且封箕子於朝鮮，豈有捨微子不封，至成王誅武庚而始封之哉！是據史記之說以論，實較近理。

（三）論尚書之義理

　　吳棫雖以考究功夫名家，然其宋代義理之學，亦根柢深厚，是故黃宗羲列之於宋元學案之中；朱子雖曰「只是義理上自是看得不子細〔註80〕」，評吳氏之義理有差，然亦足證其於義理上有所建立。呂東萊與朱侍講書曰：

　　　　吳才老之說，就解論語上看，則有味，原其所發，則渠生平坐在記誦考究處，故凡何必讀書之類，辯之必力，其發亦自偏。〔註81〕

可知吳才老以其考究功夫轉入義理，或失之過求甚解，然以事論事，就經解經，不空言性命，亦其學之特色。茲舉例以明其義理之學。吳氏論牧誓云：

　　　　湯武之師，順乎人而應乎天者；蓋無一而不聽於天也。師出自周，踰月而後至，既陳商郊，俟天休命，彼果於致罪者，不必若是矣。使紂于是時下罪己之詔，取平日惡黨而戮之，見諸侯而謝其不德，願徼福於成湯高宗，以無乏其祀，彼八百諸侯，或有爲之動心者，武王未必致伐也。今乃

〔註77〕見漢書儒林傳司馬遷傳。
〔註78〕見王天與尚書纂傳卷三上大禹謨引。
〔註79〕見陳大猷書集傳或問卷下微子之命條下引。
〔註80〕朱子語類綱領。
〔註81〕見宋元學案景迂學案吳棫條附錄。

率離心之人，犯同德之師，一矢未加而前徒已倒戈矣。天之休命，遂集於
周，而武王亦順而受之。嗚呼！湯武之有天下，豈有心爲之耶？〔註82〕

吳氏所言，蓋湯武之事以明王者之師與夫天命傳遞之理；皇天無親，唯德是輔之義，
眚災肆赦，怙終賊刑之戒，於是乎在焉。吳才老論洪範「汝則從，龜從、筮逆、卿
士逆、庶民逆，作內吉，作外凶」云：

> 天下之事，卿士庶民皆不可而猶有吉者，蓋自古未之有也。使箕子之
> 說行，後世人君將有棄卿士，忽庶民而惟龜之從，邪說異議得以乘間而入，
> 天下自此多事矣。此蓋商俗尚鬼，習聞其說，遂信不移，雖箕子之賢，不
> 能拔於流俗也。〔註83〕

此論洪範稽疑之理，極富人本思想，甚得孔子所謂「不占」之義〔註84〕，亦與孟子
所謂「民貴」之觀念相合〔註85〕。其論呂刑篇「三后成功」之義曰：

> 皐陶不與三后之列，遂使後世以刑官爲輕。後漢楊賜拜廷尉，自以代
> 非法家，言曰：三后成功，惟殷於民，皐陶不與焉，蓋吝之也。是後非獨
> 人臣以刑官爲輕，人君亦以爲輕矣。觀舜之稱皐陶云：刑期無刑，民協于
> 中。又云：四方風動，惟乃之休。其所係乃如此，是可輕哉？〔註86〕

則其於政治思想，主張明法而任賢，以矯後世之失，合於孟子所言「徒善不足以爲
政，徒法不能以自行」之理。〔註87〕

　　總而論之，才老之義理學問，篤實不虛，往往就經以言理。於諸書所引文字觀
之，其政治思想一本於儒家，且力溯至於孔孟而後休〔註88〕，較之空言心性者，亦
有所得焉。

（四）論尚書之音韻

　　吳氏之學除書經裨傳之作外，其備受後世稱道者，蓋在音韻之學。其屬音韻之
作，有詩補音，韻補二書。詩補音今不傳，陳振孫書錄解題謂朱子詩集傳，多本之
以協合三百篇之音。至於韻補一書，乃就廣韻二百六韻，注古通某，古轉聲通某，

〔註82〕見陳大猷或問卷下牧誓條引。
〔註83〕見董鼎輯錄纂註洪範文下引。
〔註84〕見論語子路篇第二十二章。
〔註85〕見孟子盡心篇下第十四章。
〔註86〕見王天興尚書纂傳卷四三呂刑篇文下引。
〔註87〕見孟子離婁上第一章。
〔註88〕吳棫韻補徐蕆序云：「才老從容爲蕆言曰：擢第後數年，不求官，築室三間，中設夫
　　　子像，古書陳前，謝外事，凝神靜慮，永味古訓，是身侃侃然常若游洙泗間，而揖
　　　遜乎聖賢之前後也。」可見其思想以孔盧爲依皈。

古通某或轉入某，以言古韻，其所取材之古書，上自易、書、詩，下逮宋之歐陽、蘇轍凡五十種〔註89〕；雖有「參錯冗雜、漫無體例」之評〔註90〕，然其據古書以明古音，開創之功，實不在小。是故錢大昕謂曰：

> 才老博考古音，以補今音之闕，雖未能盡得六書之原本，而後儒因是知援詩易楚辭以求古音之古，其功已不細〔註91〕。

夫尚書之文，乃君臣謀謨之語，奏議之屬，本非韻文，是以古之言音韻者，鮮少及之。然尚書一經，亦有押韻之章節，賡歌之類是也。韻補於所採古今書籍，首列尚書，其下並明言有韻之處曰：

> 尚書：賡歌，五子之歌，仲虺之誥「佑賢輔德」一節，伊訓「聖謨洋洋」一節，洪範「歲日月時」一節，皆韻。

吳氏所列之文句章節，誠皆有韻，雖然，尚未盡列之者，若洪範之「王道偏頗」一節即是也。考吳氏所列之目，蓋大略舉例而言，非謂有韻者盡在此也。韻補書目後吳氏自言其體例曰：「其用韻已見集韻諸書者，皆不載。」徐蒇序亦云：「才老懼其繁重，不能行遠，於是稍削去，獨於最古者，中古者，近古者各存三二條，其間或略遠而舉近，非有所不知也。」是前述用韻者，乃集韻諸書所未取，而吳氏以為有韻之章節也，此亦見吳氏讀書之精細。

考以聲韻論尚書而明彰之例，唐明皇以韻不協而改洪範「無偏無頗」為「無偏無陂」一事已啟其先。其敕曰：

> 每讀尚書洪範，至無偏無頗，遵王之義，三復茲句，常有所疑，據其下文，並皆協韻，惟頗一字，實則不倫。又周易泰卦无平不陂，釋文云：陂字亦有頗音，陂之與頗，訓詁無別，為陂則亦會意，為頗則聲不成文。……
> 〔註92〕

唐玄宗之所以改「頗」為「陂」者，以其音不協諧，而字訓又可相通故也。韻補於七歌下「義」字注云：

> 宜也。周官注儀作義，古皆音俄。周易鼎耳革，失其義也。古文尚書無偏無陂，遵王之義，陂音坡。

又同韻「皮」字下注云：

> 蒲波切，膚也。說文波、坡、頗、跛，皆以皮得聲。

〔註89〕見韻補書目。
〔註90〕見四庫全書總目題要。
〔註91〕見韻補跋。
〔註92〕見冊府元龜天寶三載所載詔書，為孫逖撰